MERCADO SOMBRIO

MISHA GLENNY

Mercado sombrio

O cibercrime e você

Tradução
Augusto Pacheco Calil
Jorge Schlesinger
Luiz A. de Araújo

Copyright © 2011 by The Bodley Head

Grafia atualizada segundo o Acordo Ortográfico da Língua Portuguesa de 1990, que entrou em vigor no Brasil em 2009.

Título original
DarkMarket — CyberThieves, CyberCops and you

Capa
Kiko Farkas e Adriano Guarnieri/ Máquina Estúdio

Preparação
Beatriz Antunes

Revisão técnica
André Conti

Índice remissivo
Luciano Marchiori

Revisão
Luciane Helena Gomide
Jane Pessoa

Dados Internacionais de Catalogação na Publicação (CIP)
(Câmara Brasileira do Livro, SP, Brasil)

Glenny, Misha
     Mercado sombrio : o cibercrime e você / Misha Glenny ; tradução Augusto Pacheco Calil, Jorge Schlesinger, Luiz A. de Araújo — São Paulo : Companhia das Letras, 2011.

     Título original: DarkMarket — CyberThieves, CyberCops and you.
     Bibliografia
     ISBN 978-85-359-1988-2

     1. Crime organizado — Política governamental 2. Crime por computador 3. Crime por computador — Prevenção I. Título.

11-11821	CDD 364.168

Índice para catálogo sistemático:
1. Cibercrime : Problemas sociais 364.168

[2011]
Todos os direitos desta edição reservados à
EDITORA SCHWARCZ LTDA.
Rua Bandeira Paulista, 702, cj. 32
04532-002 — São Paulo — SP
Telefone (11) 3707-3500
Fax (11) 3707-3501
www.companhiadasletras.com.br
www.blogdacompanhia.com.br

Para Miljan, Alexandra e Callum

Sumário

Prólogo 11

Livro Um

PARTE I

1. O telefonema de um investigador 31
2. Miranda fala de um admirável mundo novo 40
3. Mister Hyde de Lagos 52

PARTE II

4. Os arquivos de Odessa 65
5. CarderPlanet 74
6. Um assunto de família 76
7. Boa no aperto da jiboia 89
8. Reescrevendo o Script 99

PARTE III

9. Tigre, tigre 107
10. Teoria dos jogos 113
11. Impossível voltar atrás 118
12. Uma passagem para a Índia 125
13. Shadowlândia 129

PARTE IV

14. O cometa Iceman 141
15. O CardersMarket 146
16. O DarkMarket 152
17. O escritório 158
18. Mentes desconfiadas 168
19. Donnie Brasco 173
20. Um plano astucioso 182

PARTE V

21. O legado de Dron 191
22. Cara, você já era 198
23. Matrix liquidado 202
24. A conexão francesa 207
25. O homem invisível 213

INTERLÚDIO

O país do não sei quê e do não sei onde 221

Livro Dois

PARTE I

26. Um turco em Pittsburgh 251
27. O sublime portal 262

PARTE II

28. *Ciao*, Cha0 271
29. Muito discretamente 277

PARTE III

30. O mundo onírico de Mert Ortaç 290
31. Um servo de dois mestres 299
32. Deleite turco 305
33. O retorno ao Hades 311
34. Investida turca 317
35. A morte do DarkMarket 322

PARTE IV

36. Duplo risco 327
37. Zorro desmascarado 332
38. Quem é você? 340
39. A caminho de lugar nenhum 341
40. O expresso do meio-dia 347

Epílogo 353
Fontes 369
Agradecimentos 371
Glossário 375
Índice remissivo 379

Prólogo

CRIME@SÉCULO21.COM

Na implacável busca humana por conveniência e crescimento econômico, desenvolvemos em pouco tempo um nível alarmante de dependência em relação aos sistemas em rede. Em menos de duas décadas, grande parte da chamada "infraestrutura nacional crítica" da maioria dos países (CNI, na língua dos geeks) passou a ser controlada por sistemas computadorizados cada vez mais complexos.

Os computadores dirigem importantes parcelas de nossa vida: regulam nossa comunicação, nossos veículos, nossa interação com o comércio e o Estado, nosso trabalho, nosso lazer — nosso *tudo*. Num dos muitos julgamentos de crimes cibernéticos que presenciei nos últimos anos, um juiz britânico impôs uma ordem restritiva a um hacker, que entraria em vigor assim que ele fosse libertado da prisão. Ele seria posto sob a supervisão de um policial, que deveria impedi-lo de acessar a internet por mais de uma hora por semana. "Quando meu cliente terminar de cumprir sua sentença", destacou o advogado do réu durante a audiência, "não haverá quase nenhuma atividade humana que não seja mediada pela internet. Como é possível que ele leve uma vida normal sob tais circunstâncias?" Foi uma pergunta retórica.

Mas, de todo modo, uma boa pergunta. Aqueles que já esqueceram o celular em casa por algumas horas com certeza experimentaram uma intensa sensação de perda e irritação, semelhante aos sintomas de abstinência sentidos por dependentes de drogas. Curiosamente, quando privados de seus telefones por três dias, a corrosiva sensação de inquietude costuma ser substituída pela euforia da libertação, conforme a pessoa é transportada de volta a um mundo, não tão distante, no qual não tínhamos nem precisávamos de celulares e organizávamos nossa vida muito bem sem eles. Hoje em dia, no entanto, a maioria sente que não é possível viver sem esses pequenos computadores portáteis.

Talvez a máquina mais comparável ao computador seja o carro. A partir dos anos 1940, quando ele se tornou um artigo padrão nas famílias, apenas uma minoria dos motoristas compreendia o que de fato ocorria sob o capô. Ainda assim, um bom número deles era capaz de consertar o próprio veículo em caso de pane, e um número ainda maior de proprietários sabia dar um jeito no carburador para ao menos chegar em casa. A maioria conseguia, no mínimo, trocar um pneu furado.

Hoje, se o problema for apenas um pneu furado, é provável que a pessoa chegue a seu destino. Mas um número cada vez maior de panes é agora causado por um defeito no computador da caixa de controle — o invólucro de plástico preto que costuma ficar atrás do motor. Se o problema for aí, nem mesmo se o motorista for um experiente mecânico de tanques de guerra ele conseguirá fazer o carro andar. Talvez um engenheiro da computação fosse capaz de resolver o problema, mas na maior parte dos casos, porém, é preciso mesmo substituir a unidade.

Os sistemas de computadores são muito mais complexos e frágeis que os motores de combustão interna, de forma que, em caso de problemas, apenas um minúsculo grupo de pessoas sabe o que fazer além de se guiar pelo conhecido mantra: "Já tentou reiniciar o sistema?".

Agora nos encontramos numa situação em que essa minúscula elite (podemos chamá-los de geeks, nerds, programadores, securocratas ou pelo termo que preferirmos) detém um entendimento profundo de uma tecnologia que a cada dia comanda nossa vida de maneira mais intensa e extensa, enquanto a maioria de nós não entende nada do seu funcionamento. Comecei a reconhecer a dimensão do problema durante as pesquisas para o meu livro anterior sobre o crime organizado global, *McMáfia*. Viajei ao Brasil para investigar os crimes cibernéticos porque esse país cativante é, além de suas muitas qualidades positivas, um grande centro de práticas nefastas na rede — apesar de poucos saberem disso na época.

No Brasil conheci ladrões cibernéticos que tinham criado uma fraude de *phishing* muito bem-sucedida. O *phishing* continua a ser um dos pilares mais infalíveis da criminalidade na internet. Há duas variações simples. A vítima abre um e-mail indesejado. O anexo pode conter um vírus, permitindo a outro computador em qualquer lugar do planeta monitorar toda a atividade na máquina infectada, como a digitação de senhas bancárias, por exemplo. O outro truque consiste em disparar um e-mail que pareça ter sido enviado por um banco ou outra instituição que possa solicitar login, senha e outros dados do usuário. Se o destinatário cair no truque, o remetente torna-se então capaz de usar tais informações para acessar suas contas na internet. Os hackers brasileiros demonstraram passo a passo como fizeram para transferir para si mesmos milhões de dólares de contas no Brasil, na Espanha, em Portugal, na Grã-Bretanha e nos Estados Unidos.

Visitei então os ciberpoliciais em Brasília que tinham apanhado quatro outros membros dessa quadrilha (apesar de um número ao menos duas vezes maior nunca ter sido rastreado pela polícia), e depois entrevistei o chefe da X-Force, departamento de operações secretas da empresa americana de segurança ISS. No intervalo de mais ou menos uma semana, percebi que o crime organizado convencional, por mais matizes e variações que tenha, traz muito mais riscos para seus perpetradores que o crime cibernético.

O crime organizado à moda antiga, ligado à tecnologia e aos meios de comunicação do século XX, lida com dois consideráveis desafios para atingir o sucesso. A polícia representa o principal risco para seus negócios. A eficácia do policiamento varia com a geografia e o tempo. O crime organizado se adapta a essas diferentes condições e escolhe um, dentre uma série de métodos, para lidar com as forças da lei e da ordem. Pode tentar vencê-las pela força ou corrompê-las; pode corromper os políticos que exercem autoridade sobre a polícia; ou pode dificultar as investigações.

Mas então enfrenta um segundo problema: a ameaça da concorrência, outros malfeitores que caçam sua presa nas mesmas águas. Também nesse caso os grupos ligados ao crime organizado podem tentar se impor pela força, sugerir uma aliança, ou ainda concordar em ser incorporados pelos rivais.

Em nenhum desses casos, porém, a organização criminosa pode optar por ignorar seu rival — atitude que representaria o caminho da derrota, com resultados por vezes fatais. Para garantir a sobrevivência e a prosperidade é fundamental ter a capacidade de se comunicar com os colegas criminosos e a polícia, e, mais importante, de mandar a mensagem correta a ambos.

No Brasil, aprendi rápido que o crime do século XXI é diferente.

O mais importante: é muito difícil identificar quando as pessoas têm más intenções na rede. As leis que regem a internet variam muito de país para país. E esse é um dado significativo, porque, muitas vezes, no ambiente virtual um crime é cometido a partir de um endereço IP (sigla em inglês para protocolo da internet) localizado num determinado país contra um indivíduo ou corporação de outro país, antes de ser concluído (ou transformado em lucro) num terceiro. Um policial na Colômbia, por exemplo, pode identificar que o endereço IP responsável por coordenar um ataque a um banco colombiano vem do Cazaquistão. Em seguida descobre que essa ação não é considerada crime naquele país, e por isso seus equivalentes cazaques em Astana não terão motivos para investigar o crime.

Muitos criminosos cibernéticos são inteligentes o bastante para pesquisar e explorar discrepâncias como esta. "Nunca uso cartões de crédito ou de débito americanos", disse-me um dos mais bem-sucedidos *carders* (especializado em fraudar cartões) da Suécia. "Isso me colocaria sob a jurisdição legal dos Estados Unidos, onde quer que eu estivesse. Por isso uso apenas cartões europeus e canadenses, o que me deixa ao mesmo tempo feliz e seguro — eles nunca vão me apanhar."

A diferença que separa os Estados Unidos da Europa e do Canadá é de grande importância, pois essas são as regiões que apresentam a maior concentração de vítimas de crimes cibernéticos. Os dois últimos contam com leis muito mais robustas para proteger as liberdades e os direitos individuais na rede. Seguidos governos americanos conferiram ao aparato policial poderes maiores do que a maioria dos governos europeus estaria disposta a considerar, permitindo aos policiais um acesso mais fácil aos dados de empresas privadas em nome da luta contra o crime e o terrorismo.

Poderíamos argumentar, por exemplo, que a onipresença multiplataforma e multitarefa do Google viola os princípios da legislação antitruste americana e que a aglomeração de todos aqueles dados pessoais consiste ao mesmo tempo em uma oportunidade para os criminosos e uma ameaça às liberdades civis. Mas o Google poderia perfeitamente responder que a própria essência de sua genialidade e de seu sucesso está na onipresença multiplataforma e multitarefa do site, e que isso em si promove a segurança e os interesses comerciais americanos. Se desejar, o governo americano pode, em questão de horas, acessar os dados do Google recorrendo a procedimentos legais e, como o Google reúne dados de todo o mundo, isso confere a Washington uma imensa vantagem estratégica. Outros governos desejariam ter a mesma sorte. Diferentemente de seus equivalentes chineses, russos e médio-orientais, o governo americano não precisa invadir os sistemas do Google para explorar seus segredos. Em vez disso, pode obter facilmente uma ordem judicial. Quem abriria mão desse poder em nome da legislação antitruste?

A internet é uma teoria da grande bolha — resolvemos um problema que a afeta, mas outro, aparentemente intratável, vem à tona em outra parte.

E, para quem a policia, o maior de todos os problemas é o anonimato. Por enquanto, continua sendo possível para qualquer pessoa com acesso à internet e dotada de conhecimentos específicos mascarar a localização física de um computador.

Há duas maneiras principais de se fazer isso: a primeira muralha cibernética é a VPN, ou rede virtual privada, que faz com que um número de computadores partilhe o mesmo endereço IP. Normalmente um endereço IP é atribuído a uma única máquina, mas, com uma VPN, vários computadores localizados em partes diferentes do mundo podem aparentar estar situados em Botsuana, por exemplo.

Para aqueles que não se satisfazem com a proteção oferecida pela VPN, existe também a possibilidade de erguer uma segunda barreira cibernética por meio dos chamados servidores *proxy*. Um computador nas Ilhas Seychelles pode estar usando um *proxy* na China ou na Guatemala. O *proxy* não revela que o IP original está transmitindo a partir das Seychelles — mas seja como for o computador faz parte de uma VPN centrada na Groenlândia.

Configurar tudo isso exige habilidades avançadas de computação, e por isso tais técnicas tendem a ser usadas pelos dois únicos grupos envolvidos no crime cibernético: hackers de verdade e criminosos de verdade. Mas essa elite de operadores, que representa um novo tipo de crime organizado sério, é apenas uma pequena parte dos que se envolvem nos crimes computadorizados.

Os demais são participantes menores, que agem individualmente, roubam somas não muito expressivas, são ladrões de galinha que mal valem o esforço de caçá-los, levando-se em consideração os recursos escassos à disposição das forças policiais. Apesar de esses personagens não se darem ao trabalho de configurar VPNS, *proxies* e toda uma série de outras técnicas de ocultamento, eles ainda podem dificultar muito a vida dos policiais ao criptografar suas comunicações.

Programas que garantem a criptografia da comunicação escrita (e até falada ou filmada) estão disponíveis à farta na rede, mas dentre todos o que mais se destaca é o PGP, o simpático e coloquial Pretty Good Privacy (Privacidade Bem Decente).

A criptografia é uma poderosa ferramenta, que desempenha um papel importante na segurança cibernética. Trata-se de uma maneira de embaralhar a linguagem usando chaves matemáticas geradas digitalmente, cuja permutação é tão complexa que só pode ser revelada àqueles que possuem a senha correta. No momento, os documentos criptografados são seguros, apesar de a Agência de Segurança Nacional de Washington (NSA), a mais poderosa agência de espionagem digital do mundo, estar sempre buscando formas de decifrá-los. No submundo dos criminosos cibernéticos, já circulam rumores segundo os quais a NSA e seus parceiros de espionagem no Canadá, Grã-Bretanha, Austrália e Nova Zelândia já possuiriam a capacidade de quebrar esses sistemas públicos de criptografia com o uso do seu orwelliano sistema Echelon. De acordo com o que se diz, o Echelon seria capaz de acessar comunicações via telefone, satélite e e-mail em qualquer ponto do planeta.

As implicações políticas da criptografia digital são tão amplas que o governo americano começou a classificar os softwares criptográficos como "munições" na década de 1990, enquanto na Rússia, se a polícia ou a KGB um dia encontrarem um único arquivo criptografado no computador de um usuário, a pessoa poderá ser detida e passar vários anos na cadeia, mesmo que o documento contenha apenas uma lista semanal de compras. Conforme governos e corporações reúnem cada vez mais informações pessoais sobre seus cidadãos ou clientes, a criptografia se torna uma das últimas linhas de defesa ao alcance dos indivíduos para garantir a própria privacidade. É também um instrumento de valor incalculável para quem atua em atividades criminosas na rede.

Assim como os criminosos tradicionais precisam desenvolver maneiras de falar uns com os outros e diferenciar amigos, adversários, policiais e rivais, os cibervilões enfrentam o desafio permanente de tentar estabelecer as credenciais fidedignas de quem quer que esteja conversando com eles na rede. Parte deste livro é dedicada a contar como eles desenvolveram métodos para identificar uns aos outros, e como as forças policiais de todo o mundo tentaram ludibriar a capacidade dos hackers de identificar agentes e informantes confidenciais (CIs) infiltrados na internet.

Ao longo dos anos 1990, a maneira mais simples de evitar que convidados indesejados bisbilhotassem atividades criminosas estava na introdução de um rigoroso sistema de sabatinas e concessão de acesso aos sites dedicados ao debate de práticas indevidas na rede. Apesar dessa medida de segurança, não demorou mais que alguns meses para que forças da lei — o Serviço Secreto americano e agências de espionagem como o FSB (sucessor da KGB) — estivessem rastejando por todos esses sites, após fingirem pacientemente ser criminosos para obter acesso, ou ter persuadido informantes a trabalhar para eles.

A interpretação de certos agentes foi tão convincente que algumas agências da lei chegaram até a dedicar seus recursos à perseguição desses policiais infiltrados, filiados a organizações irmãs, tomando-os por criminosos de verdade.

Como resultado de suas iniciativas, as forças policiais e os espiões conseguiram, ao longo da última década, compilar um grande banco de dados de hackers criminosos: seus apelidos, sua localização real ou presumida, o tipo de atividade em que se envolvem e com quem costumam se comunicar com regularidade. O escalão mais baixo dos criminosos cibernéticos teve seus dados devassados. Mas, apesar de todo esse volume de informação, continua sendo extremamente difícil processar um criminoso cibernético.

É aí que a própria natureza da rede — em particular sua interconectividade — traz uma imensa dor de cabeça para as forças da lei: ninguém pode ter certeza absoluta da identidade daqueles com quem está se comunicando. Estaríamos lidando com um hacker criminoso comum? Ou alguém que conta com amigos no poder? Será mesmo um criminoso do outro lado? Ou um agente infiltrado? Ou um pesquisador militar avaliando as possibilidades das técnicas criminosas de invasão de sistemas? Somos nós que observamos nosso interlocutor ou é ele quem nos observa? Será que ele está tentando obter lucro para si mesmo? Ou para a Al-Qaeda?

"É como uma partida de xadrez heptadimensional", comentou o futurologista Bruno Guissani, "no qual nunca podemos ter certeza de quem é o nosso oponente."

* * *

A chegada ao quartel-general do Google em Mountain View, na Califórnia, não foi exatamente como pôr os olhos no Taj Mahal pela primeira vez, mas ainda assim senti um espasmo de assombro enquanto estacionava o carro na avenida Charleston, diante da placa multicolorida anunciando uma das maravilhas do mundo pós-industrial.

A velocidade com a qual o Google foi diluído em nosso organismo e incorporado pela nossa consciência, com todos os altos e baixos associados a uma substância narcótica controlada, não tem precedentes. Seus únicos rivais são primos da família dos gigantes digitais, como Facebook, Microsoft e Amazon. Mas nem mesmo esses três podem se gabar de um sucesso proporcional ao do Google na assistência, orientação e monitoramento de nossa vida enquanto seus cavernosos servidores cospem zilhões de bytes de informações solicitadas, ao mesmo tempo que absorvem e armazenam perfis de dados individuais e coletivos de bilhões de seres humanos. Esses dados, é claro, revelam muito mais a nosso respeito do que temos consciência. É espantoso pensar naquilo que poderia ocorrer se a informação caísse em mãos erradas. E isso talvez já tenha ocorrido...

A simpática mistura de versões suaves das cores primárias e secundárias, tão familiar por conta do logotipo do Google, é reproduzida ao longo da sede. Por toda parte há objetos macios e de formas irregulares espalhados de modo caótico pelo lugar. As esculturas são projetadas para que as pessoas se sentem nelas, as observem ou brinquem com elas, de modo que o complexo todo se assemelha a um vasto jardim de infância ou, dependendo da ansiedade e do nível de paranoia de cada um, ao bizarro vilarejo de brinquedo do programa de TV *The Prisoner*, exibido nos anos 1960, que mostrava para onde eram mandados os elementos considerados um risco para a segurança nacional e de onde escapar era impossível. Será apenas minha imaginação ou todas as pessoas que vejo pelo lugar, do pessoal da faxina até o alto escalão administrativo, trazem no rosto um sorriso semelhante ao de um transe? Isso tanto encoraja uma interpretação paranoica da essência do Google, como transmite a impressão de que todos ali se esforçam um pouco demais para não parecer malvados. Não consigo decidir se isso é um sonho ou um pesadelo.

É quase um alívio quando encontro Corey Louie, o gerente de confiança e segurança do Google, porque sobre as pessoas que trabalham no ramo da segurança paira uma atmosfera de seriedade e todas elas parecem ter uma queda por segredos, independentemente de quem seja o seu empregador. O comportamento de Louie produz um bem-vindo contraste em relação ao clima budista de união que paira no Google. Esse americano inteligente de origem asiática, na casa dos trinta e de gestos rápidos porém delicados aprendeu os meandros do mundo cibernético não entre os comedores de lótus do Vale do Silício, mas no universo muito mais abrasivo e masculino do Serviço Secreto dos Estados Unidos. Foi recrutado pelo Google dois anos e meio antes da minha visita, no final de 2006. Quando deixou as forças policiais, Corey Louie era o encarregado da unidade de crimes eletrônicos do Serviço Secreto. Pouco lhe escapava acerca de ataques contra redes (chamados de intrusão ou invasão), fraudes em cartões de crédito, os ataques distribuídos por negação de serviço (os chamados D DoS, capazes de desativar sites e redes) e *malwares* — golpes que pouco depois da virada do milênio começaram a se multiplicar como ratos num esgoto. E ele sabia muita coisa a respeito da prática do *carding*, o pão diário do crime cibernético, que consiste em comprar ou vender informações roubadas ou hackeadas de cartões de crédito, centenas de milhares das quais são trocadas ao redor do mundo inteiro antes de serem usadas para fazer compras ou sacar dinheiro em caixas eletrônicos.

Como poderia o Google resistir a um ativo estratégico como Corey Louie? Ora, não poderia. E como Louie poderia resistir a uma guinada estratégica na carreira, entrando para o Google? O clima ameno do sul da Costa do Pacífico versus a umidade, o frio do inverno e uma única semana de cerejeiras floridas da capital; o código casual de vestuário da Costa Oeste versus os colarinhos abotoados de Washington; o dinheiro e a sensação de estar envolvido num projeto dinâmico versus servir ao governo dos Estados Unidos. Uma disputa bastante assimétrica, na verdade.

Enquanto dirigimos pela rodovia 101 a partir de San Francisco, o Google não é o único ícone cibernético pelo qual passamos — Sun Microsystems, Yahoo! e McAfee estão entre os muitos nomes famosos cujos quartéis-generais passam pela janela conforme rumamos para o sul. Quanto mais empresas visitamos para debater questões de segurança, mais ex-agentes do governo encontramos, egressos do FBI, do Serviço Secreto, da CIA, da Agência de Combate às Drogas (DEA) e do Serviço de Inspeção Postal dos Estados Unidos. Toda uma falange de ex-agentes e policiais infiltrados migrou dos arredores frios da capital para levar uma vida boa no Vale do Silício, atraída pelas mesmas condições maravilhosas que levaram o cinema para Hollywood.

Esse fluxo das agências estatais para o setor privado resulta numa clara desvantagem para o governo. O Tesouro investe montanhas de dinheiro na formação de investigadores cibernéticos que, depois de poucos anos de experiência sob seus auspícios, deixam o cargo em busca de um clima mais ameno. Mas esse investimento não se perde por completo: foi ele que levou à consolidação de elos poderosos entre o setor público e o privado. O Google não é apenas uma corporação privada; é também, aos olhos da Casa Branca, um ativo nacional estratégico. A mensagem enviada pela capital é bastante clara: um ataque ao Google representa um ataque aos Estados Unidos. Nesse contexto, a facilidade que alguém como Corey Louie teria para telefonar aos seus antigos colegas do Serviço Secreto e alertá-los para, digamos, um ataque de grandes proporções contra o Gmail, simplifica muito a cooperação entre o setor público e o privado, crítica para a garantia da segurança na internet.

Não sei ao certo, mas apostaria que o padrão de vida de Corey melhorou desde que ele se mudou para a Costa Oeste. Por outro lado, no entanto, ele precisa trabalhar duríssimo para mantê-lo. O Google é um dos dois maiores depósitos de dados do mundo — o outro é o Facebook. É isso o que faz deles negócios lucrativos (os anunciantes pagam sem protestar pelos hábitos pessoais que tais dados revelam) e é isso que os torna o santo graal para os hackers que trabalham em benefício de si mesmos, das redes criminosas, da indústria e de países rivais.

Perto do fim de minha conversa com Corey, ele me contou a respeito de um amigo, um policial, que tinha dedicado muito tempo ao estreitamento de laços de amizades com os hackers. Ele tinha sido tão bem-sucedido na tarefa que chegou a assumir o cargo de administrador de um grande site criminoso. "É provável que ele goste da ideia de conversar com você", me disse Louie. "Meu amigo administrava um site chamado DarkMarket." Aquela era a primeira vez que eu ouvia o nome daquele site e do agente especial Keith J. Mularksi, do FBI. Era o início de uma estranha jornada.

Eu me propus a conhecer e entrevistar tantos personagens da história do DarkMarket quanto possível, espalhados por uma dúzia de países: ladrões, policiais, agentes duplos, advogados, hackers, crackers e criminosos mais prosaicos. Consultei também um grande volume de documentos legais relacionados ao site e aos envolvidos nele. Policiais e criminosos cibernéticos, tanto aposentados como em atividade, forneceram documentos e informações adicionais. Nunca pude acessar um arquivo completo do próprio site, mas procurei e obtive trechos significativos do registro de suas atividades. O agente Mularski, dono de um registro quase completo das atividades do DarkMarket, é a única pessoa envolvida das que conheci que mantinha uma completa supervisão documental.

Além do registro fugidio, algumas das provas documentais — apesar de úteis — eram imprecisas, o que se aplica especialmente ao material que os promotores apresentaram nos julgamentos. Na minha avaliação, essas imprecisões não resultaram de falta de cuidado nem de espírito vingativo, tampouco foram intencionais. Antes, refletem a natureza altamente técnica e confusa das provas apresentadas nos julgamentos de crimes cibernéticos. Juízes e procuradores lutavam para compreender essa cultura particular tanto quanto qualquer outra pessoa quando confrontada pela primeira vez com os delitos cometidos na internet.

Assim, o núcleo desta história reside nas personalidades envolvidas e em suas ações, e tem claramente como base as memórias pessoais daqueles que participaram das situações aqui narradas ao longo de uma década. Sob a já bastante documentada falibilidade da memória, todos os envolvidos estavam perseguindo seus próprios objetivos, buscando sublinhar certas partes de sua atividade no DarkMarket, ao mesmo tempo que ocultavam outras. Nisso foram auxiliados pela natureza dupla da comunicação na internet, uma cultura na qual há poucos castigos para a mentira e a dissimulação.

Minhas tentativas de descobrir quando um entrevistado estava mentindo, exagerando ou fantasiando e quando estava dizendo a verdade foram apenas parcialmente bem-sucedidas. Todos os que entrevistei eram muitíssimo inteligentes, ainda que faltasse a alguns a firmeza necessária no controle moral que é imprescindível para atravessar as turbulentas águas da criminalidade cibernética. Mas, conforme me aprofundei mais e mais no estranho mundo do DarkMarket, percebi que as diferentes versões das mesmas histórias agrupadas no coração do site eram contraditórias e irreconciliáveis. Afinal, foi impossível determinar com perfeita clareza aquilo que de fato se passou entre os participantes e coadjuvantes.

A internet gerou uma quantidade insondável de dados e informação da qual um grande percentual não tem valor nenhum, outro tanto ainda não foi interpretado e uma pequena parcela é perigosa por sua falsidade. A interconectividade que permite a grupos ultraespecializados como os hackers e os agentes de serviços de espionagem navegar entre o crime, a espionagem industrial e as táticas cibernéticas de combate, aliada a nossa crescente dependência com relação aos sistemas em rede, são indicativos de que documentar e tentar compreender a história de fenômenos como o DarkMarket é um exercício intelectual e social de suma importância, ainda que as provas sejam parciais, tendenciosas e pulverizadas entre o universo virtual e o mundo real.

Livro Um

PARTE I

1. O telefonema de um investigador

YORKSHIRE, INGLATERRA, MARÇO DE 2008

Naquela manhã, o reverendo Andrew Arun John estava exausto, quase catatônico. É fácil compreender o motivo. Além de ter sobrevivido a uma longa jornada a partir de Délhi na classe econômica, a viagem ocorreu duas semanas antes da inauguração do novo terminal 5 de Heathrow, e o aeroporto internacional mais movimentado do mundo estava naquele momento impingindo novos padrões de sofrimento nos passageiros. O voo do reverendo tinha saído da Índia perto das três horas da madrugada e, depois de passar pelo controle de passaportes e pelo caos das bagagens, ele ainda teve de enfrentar uma viagem de quatro horas até Yorkshire, no norte da Inglaterra.

Assim que ligou o celular, o reverendo se deu conta de que tinha recebido um grande número de chamadas de sua esposa. Antes que tivesse tempo de retornar e perguntar qual era o motivo de tanta ansiedade, ela telefonou outra vez, e lhe contou que a polícia estava tentando desesperadamente entrar em contato com ele.

Surpreso e confuso, o reverendo respondeu à mulher com rispidez — muito embora tenha se arrependido quase imediatamente por usar esse tom de voz —, afirmando que o que ela dizia não tinha sentido.

A esposa, felizmente, optou por ignorar o mau humor dele. Com calma e clareza, explicou que a polícia queria alertá-lo de que alguém tinha invadido sua conta bancária, que se tratava de uma questão urgente, e que ele deveria telefonar o mais rápido possível para o número que o oficial encarregado havia deixado com ela.

O telefonema da esposa deixou o reverendo ainda mais inquieto, e seu cérebro cansado entrou num surto de hiperatividade. "Quem invadiu minha conta bancária?", indagou-se. "E qual conta? Seria a do Barclays, da Inglaterra?", especulou. "A do Standard Bank, na África do Sul? A do ICICI, na Índia? Seriam as três?" E ainda: o que sua esposa quisera dizer, afinal? "*Como* eles invadiram minha conta?"

Tomando conhecimento de tudo isso pouco depois de um voo tão cansativo, o caso deixou o reverendo apreensivo e irritado. "Cuidarei desse assunto mais tarde, quando chegar a Bradford, e depois de descansar", murmurou para si mesmo.

Bradford fica a 320 quilômetros ao norte do aeroporto Heathrow. Cem quilômetros a leste da cidade fica Scunthorpe, onde a pequena equipe do sargento investigador Chris Dawson aguardava apreensiva o telefonema do reverendo John. O investigador começou a ter a sensação de que estava afundando na areia movediça de um caso que ele suspeitava ser de grandes proporções, e que o confrontava com um problema aparentemente insuperável — ele não conseguia compreendê-lo. As provas reunidas até o momento incluíam centenas de milhares de arquivos de computador, alguns dos quais eram grandes o bastante para conter 350 vezes as obras completas de Shakespeare. Dentro desses documentos havia um acervo planetário de números e mensagens numa linguagem indecifrável para todos, a não ser para os membros de uma pequena elite espalhada pelo mundo, treinados na arcana terminologia do crime cibernético.

Dawson podia não saber nada a respeito daquele novo e particularmente rarefeito ramo de investigação criminal, mas ele era um policial de primeira classe, com muitos anos de experiência no departamento de homicídios. Ele foi capaz de detectar em meio às intermináveis listas e sequências de números uma aglomeração de dados sensíveis, a qual não deveria estar nas mãos de um único indivíduo.

Mas, como muitos policiais em diferentes partes do mundo na primeira década do século XXI estavam descobrindo, uma coisa era tropeçar numa miríade de informações. E outra, bem diferente, era associar essa imensa quantidade de dados a um crime específico.

Se o sargento Dawson pretendia convencer o magistrado da sonolenta cidade de Scunthorpe, no estuário Humber, a prorrogar a prisão preventiva do seu suspeito, então ele precisaria apresentar provas absolutamente claras de um crime específico. Além disso, havia sempre uma chance considerável de que ele fosse obrigado a apresentar essas provas a um juiz caduco da velha escola, que teria dificuldades para usar um controle remoto de TV, que dirá acessar o e-mail. Não bastava ser convincente — ele precisava apresentar um caso sólido o bastante para que qualquer um pudesse compreendê-lo.

O tempo estava se esgotando. O suspeito só poderia ficar detido por três dias, e já tinham se passado 48 horas. Entre arquivos, números, registros da rede, registros de bate-papo e sabe-se lá o que mais, Dawson tinha em mãos uma prova proporcionalmente minúscula.

Ele fixou os olhos nas cinquenta palavras impressas numa folha A4. Ali estavam o número de uma conta bancária, 75377983; a data em que a conta fora aberta, 24/02/2006; e o saldo: 4022,81 libras. Havia também um nome ali: sr. A. A. John; um endereço de e-mail: STPAULS@LEGEND.CO.UK; um endereço físico: 63 St Paul's Road, Manningham, Bradford; uma identificação de acesso corporativo; e, o mais importante, uma senha de acesso: 252931.

Se ele conseguisse ao menos confirmar a identidade do proprietário da conta, e se esse homem pudesse afirmar que ele jamais divulgara conscientemente sua senha, então Dawson talvez tivesse uma chance de convencer o juiz a instaurar um processo e recusar o direito do acusado à fiança. Com isso ele ganharia tempo para compreender com o que estava lidando.

Quando Dawson tentou contatar o sr. A. A. John, ele descobriu que este era um sacerdote da Igreja Anglicana que estava levando um grupo de crianças carentes para passar férias na Índia. Descobriu também que seria impossível entrar em contato com ele até que John voltasse de Délhi. A chegada do voo do reverendo estava marcada para poucas horas antes do prazo-limite para a libertação do suspeito. Se ele fracassasse na tentativa de contatá-lo, então a areia movediça do caso engoliria o oceano de dados no qual Dawson tropeçara. Com os dados, o suspeito sem dúvida desapareceria no anonimato de seu alter ego virtual.

Foi uma infelicidade para Dawson o fato de o reverendo John ter ficado tão perturbado com o telefonema da mulher a ponto de decidir cuidar do assunto somente depois que tivesse chegado à sua paróquia, Manningham. De fato, ele tinha desligado o celular e se concentrado, em vez disso, na longa viagem de carro desde o aeroporto.

Por que ele tinha ficado tão perturbado?

Baixo e atarracado, o reverendo John tinha um temperamento jovial. Nascido no limiar do deserto do Thar, no Rajastão, seu rosto levemente hexagonal costumava trazer, detrás dos óculos professorais, uma expressão radiante. Ele fora criado em meio à comunidade minoritária dos cristãos indianos, e entrara para o sacerdócio na Igreja Anglicana da Índia, em Délhi, onde ministrara por quinze anos.

Mas, em 1996, John foi sondado pela Igreja da Providência da África do Sul para assumir uma paróquia no subúrbio de Lenasia, de população majoritariamente indiana, localizado a menos de cinco quilômetros de Soweto, durante a transição do apartheid para o regime multipartidário.

A mudança representaria um desafio para qualquer um, pois aquele era um período de provações para o país. A alegria que celebrou o fim do regime racista foi temperada pela consciência de quão profundo era o ressentimento acumulado ao longo dos duzentos anos anteriores. Forasteiros como o reverendo John precisaram de habilidades políticas e sociais sofisticadas para compreender o significado das tensões que passaram a enfrentar, e também para descobrir qual a melhor forma de ajudar a atenuá-las.

Seu bem-sucedido trabalho na África do Sul atraiu a atenção de escalões superiores da hierarquia da Igreja Anglicana e, depois de oito anos, o bispo de Bradford, no condado britânico de West Yorkshire, insistiu para que ele levasse em consideração um posto também desafiador em Manningham, distrito residencial na periferia da cidade de Bradford. John se mostrou relutante — a Inglaterra sempre lhe parecera um lugar um pouco sombrio, de clima fechado e áreas urbanas vastas.

E ele sabia que Manningham não era um mar de rosas. Muitos britânicos consideravam Bradford, e Manningham em especial, um símbolo do fracasso de seu país nas tentativas de integrar seus muitos grupos étnicos e religiosos. Tipos mais malignos enxergavam em Manningham uma oportunidade de estimular a desconfiança mútua entre essas comunidades.

Em julho de 2001 eclodiram breves e violentos distúrbios no município, que refletiram um aprofundamento da divisão entre o grande eleitorado asiático da cidade e sua população branca. Manningham também havia conhecido o fenômeno da evasão da população branca anos antes, e na época da chegada do reverendo John, três anos depois dos distúrbios, 75% da população era composta de muçulmanos cuja origem estava principalmente nos distritos rurais do nordeste do Paquistão. "Os 25% restantes são cristãos, apesar de apenas 5% deles frequentarem a igreja. A comunidade branca local transmite a sensação e a aparência de ser uma minoria, coisa que de fato é", disse o reverendo John. Apesar de o clima, a arquitetura e a cultura locais em nada se assemelharem aos dos subúrbios de Jo'burg, sob outros aspectos Manningham parecia ter saído diretamente da África do Sul.

A designação para essa paróquia foi para ele uma provação. Quando as nuvens se juntavam ou a neve caía, restava pouca atração na paisagem de ruas margeadas por melancólicos edifícios neogóticos. Ainda assim, pouco mais de um século antes, Manningham tinha sido uma região interessante para se viver. Isso foi durante o período, agora esquecido pelo mundo exterior, em que a cidade era celebrada como a "capital têxtil mundial", servindo como um poderoso motor da Revolução Industrial britânica.

No início do século xxi, no entanto, Manningham já se encontrava havia décadas em processo de decadência. Emprego e prosperidade, antes abundantes, tinham abandonado a cidade. O abuso de drogas, a violência doméstica, os assaltos e a prostituição haviam tomado seu lugar. O reverendo John cuidava de mais pessoas no seu centro comunitário — todas elas tentando escapar das armadilhas da pobreza e da criminalidade — do que aquelas que vinham à igreja aos domingos.

Com a sempre presente ameaça de que a violência pudesse irromper e vir à superfície, o trabalho do reverendo estava na linha de frente das guerras sociais, culturais e de classe da Grã-Bretanha. Resistente, ele se mostrou pronto para rir na maioria das circunstâncias em que poderia ter se assustado. Levando-se em consideração os desafios do seu trabalho diário, perguntou-se por que a notícia da invasão de sua conta bancária o levara a tal grau de inquietação. Acima de tudo, ele queria conversar com os filhos, que compreendiam o funcionamento dos computadores. E então decidiu que precisava falar logo com a polícia, para descobrir o que estava havendo. "Acima de tudo", decidiu, "quero que este caso seja desvendado e solucionado o quanto antes."

A reação nervosa do reverendo não é incomum. A resposta psicológica à descoberta de ter se tornado vítima de um crime cibernético é semelhante à de quando se chega em casa e se percebe que ocorreu um furto. Apesar de o ato ser confinado ao espaço virtual, um mundo de minúsculos impulsos elétricos, a sensação ainda é a de uma violação física. Afinal, se a conta bancária de uma pessoa é invadida, o que mais os ladrões podem descobrir na privacidade do computador dela?

Teriam eles, quem sabe, roubado os detalhes do seu passaporte, que algum criminoso ou agente da lei poderia agora estar usando como documento de viagem falso? Poderiam eles estar neste momento, enquanto você lê este texto, bisbilhotando seu e-mail em busca de informações confidenciais a respeito de um colega ou empregado? Teriam eles tropeçado em algum tipo de flerte ou outra informação indiscreta escrita ou recebida por você? Haverá alguma parte da sua vida que eles não possam explorar se obtiverem acesso ao seu computador?

Agora bastante determinado, o reverendo John telefonou para o policial na cidade vizinha de Lincolnshire assim que chegou ao agradável pequeno chalé ao lado da imponente torre de sua igreja em Manningham.

O fato de o caso ter chegado a Chris Dawson, policial de Scunthorpe recém-chegado à meia-idade, foi especialmente incomum. A maioria dos casos de crimes cibernéticos na Grã-Bretanha é encaminhada a unidades especiais aliadas a três forças — a polícia metropolitana, a polícia da cidade de Londres e a SOCA (Serious Organised Crime Agency), agência especializada no combate ao crime organizado grave, também sediada na capital. Policiais sem treinamento normalmente seriam excluídos de casos desse tipo por conta de sua natureza quase "esotérica". Mas Dawson era incomum: tratava-se de um policial observador e de instinto aguçado. Ele também contava com um charme discreto, mas era sincero à moda típica dos ingleses do norte, o que contribuía para sua abordagem metódica e precisa. Sua capacidade de atenção minuciosa lhe serviria bem nos meses vindouros.

Se Manningham é associada às tensões étnicas e ao acentuado declínio econômico, a cidade próxima de Scunthorpe (com 75 mil habitantes), ao sul do estuário Humber, é em geral considerada um típico fim de mundo britânico, sendo também lembrada nas piadas provocadas pelo seu nome e pelo desempenho fraco do time local de futebol. (Para ser justo, é preciso acrescentar que ao menos a cidade não herdou seu nome escandinavo original, Skumtorp, e, até sua queda em maio de 2011, o Scunthorpe United FC estava enfrentando adversários acima do seu nível na segunda divisão da liga inglesa de futebol.) Até onde se pode voltar no passado, a cidade nunca foi citada em relação a atividades criminais organizadas de larga escala.

Meros quatro dias antes do retorno do reverendo John de sua viagem de caridade à Índia, o sargento Dawson estivera trabalhando com satisfação na delegacia principal de Scunthorpe. Ele estava acompanhando o registro de Comando e Controle, uma tela de computador que reúne informações e denúncias de crimes feitas pelo público via telefone. Normalmente, tais casos incluiriam brigas de bar, os eventuais episódios de violência doméstica e gatinhos presos em árvores. Mas na tarde daquela quarta-feira, à uma e meia, uma mensagem chamou sua atenção. Tratava-se de algo bastante incomum. Ele se voltou para o colega e, com seu sotaque de Lincolnshire, disse sem alarde: "Certo. É melhor darmos uma olhada nisso. Parece que há algo suspeito em Grimley Smith".

2. Miranda fala de um admirável mundo novo

O site da Grimley Smith Associates mostra uma fotografia em sépia do seu escritório principal no período edwardiano, quando o lugar funcionava como um dos primeiros showrooms de carros de Scunthorpe. Por mais bizarro que seja, a loja anuncia orgulhosa o Belsize, um dos primeiros veículos chiques da Grã-Bretanha, cujo fabricante terminou falindo pouco depois da Primeira Guerra Mundial. Mas o venerável antecedente e o nome de Grimley Smith, digno de um personagem de Dickens, são indícios enganadores. Pois a GSA, como também é conhecida, foi fundada recentemente, em 1992, por um sr. Grimley e um sr. Smith.

A empresa oferece serviços técnicos muito mais complexos do que venda e conserto de velhos calhambeques. É especializada em aplicações da engenharia química para as indústrias do setor energético e farmacêutico, sendo reconhecida como a mais bem-sucedida entre as novas empresas de Scunthorpe e contando agora com presença mundial.

Na origem, os dois fundadores da GSA eram os únicos trabalhadores da empresa, que desde então foi ampliada e passou a incluir várias dezenas de engenheiros altamente qualificados. Como todas as empresas nas quais o sucesso impulsiona a expansão, a GSA cresceu de modo animador e caótico. Seus engenheiros eram contratados para atuar em projetos gigantescos em lugares tão distantes quanto Irã, China e Venezuela. A natureza especializada do trabalho desempenhado ali e a inexistência de uma margem de erro nos cálculos exigiam programas de computador mais potentes que o usual. Em especial, eles usavam os chamados softwares de CAD (Computer-Aided Design), que ofereciam intrincadas simulações dos projetos em 2-D e 3-D.

Em meados de 2007 a empresa tinha crescido a tal ponto que precisava gerir com urgência sua infraestrutura informatizada. A opção pela terceirização das funções de manutenção e segurança estava se revelando cara, e a Grimley Smith se viu cada vez mais pressionada pelas várias necessidades administrativas e cibernéticas. Os diretores então decidiram reformular do zero todo o sistema.

Darryl Leaning, um engenheiro boa-praça da região, era a pessoa certa para assumir a tarefa. Além da competência técnica, ele era jovem, honesto e, mais importante, possuía um temperamento relaxado e afável que disfarçava uma astúcia incomum. Muitos ignoram o fato, mas os melhores gerenciadores da computação são tão talentosos na administração das expectativas sociais e psicológicas quanto no trato com *widgets*.

Assim que entrou no escritório, Darryl percebeu que os computadores da Grimley Smith precisavam urgentemente de atenção. Sua maior preocupação foi constatar que metade dos funcionários dispunham de "privilégios de administrador" sobre suas estações de trabalho. Eles podiam instalar qualquer programa que desejassem e usar quaisquer serviços on-line (exceto material pornográfico, que o regime anterior de TI havia bloqueado a partir da central).

No computador de uma família típica, um único indivíduo (em geral um dos pais) atua como administrador. Ele pode escolher impor limites, por exemplo, ao tempo que os demais membros da família passam no computador, ou restringir o tipo de site que a família tem permissão para visitar.

Um dos "privilégios" mais importantes que um PC familiar concede ao administrador é a instalação de novos programas. Dessa forma, os pais podem evitar, por exemplo, que os filhos brinquem com jogos inadequados. Mas o administrador também pode exercer esse privilégio para impedir o download de programas de origem duvidosa, pois é possível que esse tipo de software contenha vírus ou outro material que gere o risco de deixar o universo digital da família vulnerável a ataques.

Os mesmos princípios se aplicam ao ambiente empresarial, com a diferença de se manifestarem numa escala mais ampla e complexa. O primeiro problema identificado por Darryl, quando começou a trabalhar para a Grimley Smith, foi a ausência de um administrador central. Ele disse aos diretores que, numa empresa moderna, era inadmissível permitir aos funcionários instalar, baixar e publicar na internet aquilo que bem entendessem.

Ele lhes disse que o controle central era indispensável para evitar que as pessoas permitissem desavisadamente o ataque de algum vírus superior à capacidade de defesa da rede. Explicou ainda que, muito provavelmente, os funcionários eram dignos de confiança — os softwares antivírus não são instalados no sistema por suspeita de que os colegas desejem infectá-lo. Prosseguiu dizendo que o mesmo se aplicava à questão da instalação de softwares — e a tudo o mais, por sinal. Mas o valor dos dados numa empresa altamente especializada como a GSA é incalculável. Se essas informações caíssem em mãos erradas, poderia ser o fim da empresa.

Darryl enfrentou certos problemas na sua cruzada para expurgar as vulnerabilidades do sistema de computadores da Grimley Smith, os buracos invisíveis digitais através dos quais programas maliciosos como *worms*, cavalos de troia e vírus podem entrar despercebidos. Primeiro, ele compreendeu que as pessoas resistem a abrir mão de privilégios dos quais já desfrutam — e, exceto a permissão para ver corpos nus em poses sugestivas, os funcionários da GSA desfrutavam de muita coisa. Para um jovem entendido em tecnologia, Darryl demonstrou compreender bem a psicologia associada ao uso dos computadores. Ele decidiu que faria as mudanças de maneira gradual. Ele sabia que as pessoas não gostavam de perder o que já tinham, mas raciocinou também que, da mesma forma, elas gostavam de ganhar brinquedos novos.

Assim, ele usou o próximo upgrade nos computadores como uma oportunidade para introduzir as primeiras restrições. Animados com suas reluzentes e poderosas máquinas novas, os funcionários da GSA se mostraram preparados para aceitar que não poderiam mais baixar seus jogos e passatempos favoritos quando bem entendessem.

Mais uma vez demonstrando um conhecimento inato de psicologia, Darryl evitou métodos abertamente draconianos. O Facebook era um problema. Muitos funcionários drenavam os recursos da empresa usando a rede social no horário em que deveriam estar trabalhando. Mais que isso, o uso irrestrito do site estava também se transformando naquilo que a indústria da segurança chama de vetor de ataque, um instrumento que pode ser sequestrado pelos criadores de vírus para que estes possam então distribuir seus artigos.

Darryl pressentiu que banir o acesso ao Facebook poderia levar a uma rebelião no ambiente de trabalho, e assim permitiu que o site fosse acessado entre meio-dia e duas da tarde, horário em que a maioria dos funcionários estava almoçando. Ao determinar ele mesmo o horário de uso do Facebook, pôde também intensificar o monitoramento dos programas maliciosos e as tentativas de invasão, de modo a garantir que o site não prejudicasse a segurança da empresa.

De maneira gentil, introduziu um sistema de controle central relativamente poderoso, que incluía todos os usuários de computador da empresa. No coração da nova ordem havia um complexo programa chamado VNC (Virtual Network Computing). Tratava-se de uma versão do Big Brother para o âmbito da Grimley Smith. Se Darryl identificasse algum tipo de comportamento incomum ou ameaçador na rede, ele poderia despertar o VNC de sua hibernação virtual e levá-lo a investigar em detalhes o que estava ocorrendo em qualquer um das dúzias de computadores agora sob sua administração.

Certa manhã, quando os funcionários ligaram suas máquinas, Darryl enviou a todos os que ocupavam cargos abaixo do diretor administrativo uma mensagem alertando-os de que agora estariam sujeitos à investigação do administrador de informática. Sem que a maioria soubesse, o VNC, recém-instalado por Darryl, estava funcionando em segundo plano. Se Darryl recebesse um alerta indicando que alguém tinha baixado um vírus ou estava tentando instalar algum software não reconhecido, o VNC seria ativado.

O VNC é uma ferramenta bastante poderosa. Para alguns, fazer uso dele é uma prática administrativa legítima, mas no âmbito da internet global o seu emprego é contestado com veemência. Em boa parte da Europa continental, governos e empresas são proibidos de acessar quaisquer informações nos computadores de seus funcionários que não sejam associadas ao trabalho (e até o acesso a informações de trabalho é difícil de obter). O monitoramento dos e-mails é ilegal.

A detecção de crimes e as liberdades civis sempre foram parceiras difíceis, mas sua coexistência se tornou bem mais turbulenta desde a difusão da internet, e a tendência é de que continue assim no futuro. Na Alemanha, se um policial estiver rastreando anonimamente um suspeito na internet, o agente da lei é obrigado a se identificar como membro das forças policiais, caso indagado por um interlocutor on-line. Isso dificulta muito a prática, tão comum nos Estados Unidos e na Grã-Bretanha, de policiais que se fazem passar por menores de idade de ambos os sexos, na tentativa de enquadrar pedófilos que estejam seduzindo crianças na rede. O uso do VNC traz implicações políticas e é limitado por importantes leis de proteção ao sigilo de dados. Assim sendo, Darryl Leaning teve de lidar com seu bicho de estimação com extremo cuidado.

Certo dia, no início de fevereiro de 2008, um alerta referente ao uso de um software suspeito foi exibido na tela de Darryl. *Aplicativo não autorizado: mensagens.* Os sistemas de Darryl estavam à procura de tipos diferentes de aplicativos não autorizados. A palavra "mensagens" sugeria que alguém estava tentando instalar ou usar algum tipo de programa de mensagens como o Skype. Em questão de minutos Darryl rastreou a origem do alerta: vinha de um dos engenheiros químicos que representam a coluna vertebral da GSA. Caminhando até a estação de trabalho em questão, Darryl decidiu perguntar diretamente ao sujeito se ele estava rodando algum novo programa de mensagens na sua máquina.

"Ele se voltou para mim calmamente e disse: 'Não!'. Apenas negou o fato. Assim sendo, respondi: 'Tudo bem. Estranhei porque acabo de receber um alerta dizendo que o seu computador estava rodando um aplicativo de mensagens não autorizado.'"

Darryl deu de ombros. A resposta do engenheiro não o deixou especialmente surpreso, pois os sistemas de segurança são dispositivos sensíveis, e o próprio Darryl reconhece que estava rodando várias ferramentas de varredura que o seu próprio software de combate a programas maliciosos enxergava como dispositivos invasores. Ele concluiu que, fosse como fosse, mesmo que o engenheiro estivesse rodando o programa, ele devia estar apenas conversando com amigos durante o horário de trabalho. Agora ele ao menos perceberia que aquele seria o momento errado para tal tipo de coisa e, se voltasse a usar o programa, saberia que Darryl estava vigiando. Assim, ele esqueceu o assunto.

Mas, duas semanas mais tarde, o fato se repetiu. Dessa vez, Darryl decidiu que o melhor seria despertar a temível fera VNC. Mergulhando no computador do engenheiro, ele começou a procurar pelo programa de mensagens — e logo identificou o Miranda IM (Instant Messaging). Hoje em dia muitas pessoas usam serviços de mensagem instantânea, que lhes permitem conversar com amigos em tempo real por meio do envio de algumas palavras ou frases em pequenas caixas de texto. Na maioria dos casos, o Windows Instant Messenger só é capaz de se comunicar com outra pessoa que use o mesmo programa. A vantagem do Miranda reside no fato de ele se comunicar com uma variedade de programas de mensagens. É especialmente querido por alguns dos mais obcecados usuários de computador.

Antes de libertar o VNC, Darryl analisou o disco rígido do engenheiro para ver se era capaz de detectar algo peculiar, mas a busca não rendeu frutos. Era hora do almoço, aproximadamente 12h15. Um momento perfeito, pensou Darryl, para rodar uma pequena sessão do VNC na máquina e se certificar de uma vez por todas qual era o programa não autorizado que rodava no computador do engenheiro.

O Miranda IM não era nada comparado ao que Darryl viu quando o VNC começou a explorar os segredos daquela máquina. O engenheiro tinha aberto dez documentos de texto ao mesmo tempo e estava rolando o cursor pelo conteúdo deles a uma velocidade sobrenatural. Darryl ficou boquiaberto. Ele nunca tinha visto ninguém capaz de trabalhar tão rápido com documentos. Enquanto acompanhava a movimentação na tela do engenheiro, tudo o que Darryl podia ver era um borrão de números, símbolos e palavras. Aos poucos ele foi se dando conta de que o engenheiro estava copiando trechos de um documento e colando-os em outro.

Ele ainda não tinha conseguido desvendar o que estava ocorrendo, nem de onde estavam vindo todos aqueles documentos, mas, até onde ele era capaz de determinar, aquilo não se parecia em nada com o trabalho desempenhado em nome da empresa. O nome do arquivo de texto no qual as informações estavam sendo coladas era intrigante. Chamava-se "Serra Leoa". O engenheiro estava de fato trabalhando no projeto de uma refinaria de petróleo em Serra Leoa. Darryl respirou aliviado — talvez tudo não passasse de uma atividade legítima, afinal. Foi só mais tarde que se deu conta do motivo pelo qual o engenheiro tinha escolhido aquele nome. Se alguém passasse perto do computador dele, o engenheiro poderia minimizar o arquivo na tela, e tudo o que a pessoa veria seria uma aba na barra de tarefas com o nome "Serra Leoa": exatamente o projeto no qual ele estava trabalhando.

Darryl também teria sido tapeado por essa tática se o VNC não tivesse então identificado um disco não registrado, F, indicando que o engenheiro estava usando algum tipo de mídia portátil. Darryl enviou o VNC para dentro da mídia misteriosa e ordenou que o programa copiasse as dezenas de milhares de documentos encontrados ali.

Ainda sem saber como proceder, e sem estar em posição de determinar o que diabos estava ocorrendo, Darryl ordenou ao fiel VNC que explorasse as entranhas do computador suspeito mais uma vez. Ele programou a ferramenta para copiar num arquivo de imagem o conteúdo da tela do computador do engenheiro a cada trinta segundos. Acompanhar o funcionamento do computador em tempo real o deixava perplexo. Era impossível identificar o que aqueles dados representavam, afinal. Mas, quando viu as imagens capturadas a partir da tela — imagens congeladas da atividade do engenheiro —, ele obteve uma boa ideia do que estava ocorrendo: tratava-se de centenas e mais centenas de números de cartão de crédito, contas bancárias, detalhes pessoais, senhas e endereços de e-mail. Aquilo não tinha absolutamente nada a ver com o desenvolvimento da nascente capacidade de refinamento do petróleo de Serra Leoa.

Darryl então imprimiu uma página particularmente densa tirada do Bank of America Online, e a levou ao diretor administrativo, Mike Smith. Em questão de minutos Smith telefonou para a polícia de Scunthorpe.

Quando o sargento Dawson chegou à Grimley Smith, o diretor administrativo entregou a ele as páginas impressas. Tratava-se de um incompreensível conjunto de dados: informações sobre bancos, corretores imobiliários, seguradoras, parques temáticos, cinemas, instituições de caridade e mais, incluindo o que pareciam ser informações extraídas do exército americano. Ele imediatamente suspeitou que estivesse lidando com algum tipo de fraude, mas não era possível determinar o significado do material nem saber como proceder para confirmar tais suspeitas. Ele estava diante de perguntas difíceis.

"Está bem", disse Dawson, "podemos chamá-lo até o escritório para uma conversa?"

Os administradores da Grimley Smith se entreolharam, nervosos.

"Qual é o problema?", perguntou Dawson.

"Trata-se de um sujeito bem grande", foi a resposta. "E tenho certeza de que ele pode dar trabalho."

"Bem, cuidaremos desse problema quando for a hora", disse Dawson, empregando tanta autoridade quanto possível.

Mas, quando o homem alto e imponente entrou no escritório, em vez de bravo ele se mostrou chocado. Perguntou ao detetive quem ele era e o que estava fazendo ali, com certo tom de desdém. Dawson explicou o motivo de ter sido chamado à GSA, e perguntou a ele qual era o significado daqueles arquivos. Com inesperada desfaçatez, o homem explicou que se tratava de parte de um relatório que ele estava compilando para um dos administradores, presente naquela mesma sala. Houve um momento de silêncio antes que o administrador retrucasse com um desafiador "não é, não".

"Muito bem", disse Dawson, "ponha as mãos para a frente, senhor." E então ele fez um gesto de cabeça para seu colega: "Algeme-o!".

Longe de "dar trabalho", como temiam os administradores da Grimley Smith, o homem permaneceu bastante calmo, ainda que um pouco perplexo, durante todo o procedimento. Duas horas depois de ver o relatório de comando e controle, Dawson tinha um suspeito detido numa cela policial. Mas agora ele precisava construir um caso rapidamente. Se em três dias não fosse capaz de apresentar provas iniciais de conspiração ou fraude, ele seria obrigado a libertar o homem, e seria o fim do caso.

Dawson voltou à Grimley Smith com um policial da Unidade de Recuperação de Alta Tecnologia, e os dois se puseram a trabalhar com Darryl Leaning. Como Darryl previra, os discos portáteis estavam repletos de centenas de milhares de documentos, a maioria deles contendo os detalhes de cartões de crédito e contas bancárias invadidas. Mas havia também trocas de e-mails, uma delas relacionada a uma comunidade do Yahoo! que trazia o prosaico nome de Bankfraud@yahoogroups.com [fraudebancaria@yahoogroups.com]. As publicações e as várias mensagens do grupo não correspondiam a um mero passo a passo on-line da fraude na rede. Tratava-se de um verdadeiro curso de nível universitário sobre esse tipo de crime.

A seguir Dawson foi até o flat localizado na Plimsoll Way, cidade vizinha a Hull, onde o suspeito morava. O endereço correspondia a uma propriedade que aparentemente fazia parte de um plano de recuperação da região das docas que começava a mostrar os primeiros sinais de desgaste. Marcas sujas deixadas por vazamentos de água manchavam a fachada de pedras cor de creme, salpicada pela ferrugem que emergia da armação de ferro. Fisicamente, tratava-se de um símbolo adequado da Grã-Bretanha do Novo Trabalhismo — reluzente e brilhante por fora, mas incapaz de impedir que o interior apodrecido abrisse caminho até a superfície.

No lado de dentro, os cômodos indicavam que o ocupante da casa era um solteiro. Não se tratava de um chiqueiro, mas os objetos estavam espalhados. "Falta um toque feminino", Dawson murmurou para si mesmo. O detetive encontrou no quarto aquilo que procurava. Sobre a cama, repousavam dois laptops, dos quais um ainda estava rodando. Sobre ele havia uma grande pilha de documentos. Entre os papéis estavam incontáveis recibos da Western Union confirmando transferências de dinheiro provenientes e destinadas a todos os cantos do mundo: Nova Zelândia, México, Emirados Árabes Unidos, Ucrânia — todo tipo de lugar.

Era ótimo ter acesso a tantos arquivos e documentos, mas, como sabemos, Dawson precisava de provas de um crime específico para poder fazer uma acusação. Enquanto ele apanhava a imensa pilha de papéis, uma folha solitária caiu do bloco e flutuou até o chão. Nos meses seguintes, Dawson pensaria com frequência no fortuito acaso daquele momento. Afinal, naquela folha estavam os detalhes de um senhor de alguma parte de West Yorkshire com todos os dados de sua conta bancária. Depois de estudá-la, Dawson percebeu que aquele poderia ser o flagrante vital, pois incluía uma senha. Se ao menos ele fosse capaz de provar que aquela pessoa jamais tinha entregado sua senha a outrem, então Dawson poderia construir um caso. E era por isso que o sargento estava tão ansioso para falar com o reverendo Andrew Arun John. Se John confirmasse o fato, então Dawson estaria apto a acusar o suspeito de um crime específico de fraude on-line, e era quase certeza que um juiz recusaria o direito à fiança. Dawson poderia então embarcar na hercúlea tarefa de navegar por aquele oceano de documentos.

3. Mister Hyde de Lagos

Adewale Taiwo se formou em engenharia química na Universidade de Lagos, na Nigéria, em 2003. Alto e boa-pinta, filho de um professor universitário e de uma funcionária pública, era um jovem articulado e contido, com um futuro promissor na indústria ou na academia. Sua família gozava de uma situação confortável para os padrões nigerianos, e caso ele decidisse prosseguir seus estudos, podia contar com o auxílio de parentes que moravam em Londres.

Aquele foi também o ano em que ele criou seu alter ego, Fred Brown, de Oldham, em Lancashire. Apesar de na época Adewale ainda não ter visitado a Inglaterra, ele decidiu antecipadamente criar esse verdadeiro Mister Hyde do mundo cibernético. Foi Fred Brown quem criou o grupo no Yahoo! dedicado à fraude bancária.

Em pouco tempo, Fred Brown começou a publicar anúncios na internet, usando sites como Hacker Magazine, Alt 2600 e UK Finance:

OPORTUNIDADE: Parceria de negócios para pessoas que trabalham elas mesmas ou tenham parentes e amigos trabalhando em grandes bancos, principalmente em instituições como HSBC e Royal Bank of Scotland (outras também serão levadas em consideração). Favor responder a Fred Brown via Yahoo!, ICQ ou Safemail.

Programas de mensagens como o ICQ (derivado do inglês "I Seek You", ou eu procuro você) e o mais antigo, IRC (Internet Relay Chat) são ferramentas amadas pelos hackers e crackers, como são às vezes chamados os hackers criminosos. Trata-se de serviços de mensagem instantânea nos quais é possível conversar com uma ou mais pessoas. O importante para os hackers é que esses programas são "dinâmicos", o que significa que não deixam nenhum rastro da conversa mantida, a não ser que alguém salve voluntariamente os diálogos. O Safemail é um sistema criptografado de e-mail que não pode ser invadido. A não ser, é claro, que alguém seja capaz de convencer um tribunal israelense a intimar a empresa responsável a revelar as informações que procura, pois o programa é propriedade de uma companhia de Tel Aviv, que o administra.

Aqueles que respondiam aos anúncios de Fred Brown eram então convidados a se juntar ao Bankfraud@yahoogroups.com, cuja ética e os objetivos eram explícitos: "Este grupo é voltado a pessoas que não querem empregos legítimos, buscam apenas o dinheiro e estão dispostas a se valer de falhas nas regras. Este grupo vai lhes ensinar como cometer fraudes contra bancos e a roubar identidades". O fato de Fred ter conseguido promover seu empreendimento tão abertamente atesta o quanto a atividade fraudulenta permeia a rede. Seriam necessários anos até que as forças policiais reparassem nele, o que só ocorreu porque Fred cometeu um erro tão incomum quanto crasso.

Os anúncios de Fred eram projetados para possibilitar que os golpes fossem aplicados da maneira mais tradicional — a partir de dentro das instituições. Se for possível convencer um funcionário de um banco a roubar e depois entregar informações detalhadas a respeito dos correntistas, poupa-se o árduo trabalho de invadir contas e cartões de crédito. Os perpetradores de fraudes na internet investem um esforço considerável na tentativa de encontrar funcionários de banco insatisfeitos e descontentes, pois contar com os serviços de um agente confiável do lado de dentro pode aumentar dramaticamente seus ganhos. Munido das informações detalhadas de uma conta, o criminoso se vê livre para acessá-la pela internet, como faria se fosse seu titular, antes de transferir o dinheiro para outra conta de sua escolha. A não ser que o invasor tenha pressa e precise de uma soma significativa, o método preferencial de roubo envolve a transferência de pequenas quantias no decorrer de um longo período, de modo a não chamar a atenção do correntista nem do banco.

Mas Fred Brown estava também desenvolvendo métodos mais avançados de fraude. Ele foi capaz de invadir níveis mais profundos do sistema de um banco, onde lançava mão de práticas como aumentar o limite do cheque especial de uma conta. Aparentemente, contava com o know-how necessário para alterar nomes e endereços e, é claro, roubar senhas.

Ao estabelecer os alicerces do seu negócio muito antes de migrar para a Grã-Bretanha, Fred mostrou-se talentoso e sistemático. Atuava de maneira ponderada, não sofria de insegurança social, não perdia muito tempo com jogos de computador. Para Fred Brown (também conhecido como Freddy Brown, Fred B. Brown, Freddy B, FredB e Freddybb), a internet era uma maneira simples e fácil de fraudar incontáveis pessoas em quantias consideráveis.

Mas antes de ser solto na rede, o seu Dr. Jekyll — Adewale Taiwo — tinha outros assuntos para cuidar, mais especificamente o ano que passou estudando para conseguir um diploma de mestrado em engenharia química pela Universidade de Manchester, aonde chegou em outubro de 2005. Um mês antes de se tornar mestre, em maio de 2006, ele abriu uma conta no LGE (London Gold Exchange), para a qual poderia transferir dinheiro de qualquer um dos principais bancos.

O LGE compra ouro com o dinheiro depositado pelo correntista e concede a ele créditos em "moeda digital". Com sua sede em Belize e seu ouro armazenado na Suíça, o London Gold Exchange, de nome enganoso, foi uma das muitas instituições que se expandiram nos anos 1990 e foram favorecidas pelos fraudadores e pelos envolvidos na lavagem de dinheiro. Depois que Taiwo transferiu seus recursos para o London Gold Exchange, ele então os enviou para uma conta que mantinha numa instituição parecida, a E-Gold, a partir da qual poderia distribuir dinheiro por todo o mundo por meio da Western Union, fosse para lavá-lo, fosse para remunerar seus colaboradores.

Como em suas demais atividades, Taiwo se mostrou meticuloso e eficiente: um excelente aluno e um criminoso da mesma qualidade. A Grimley Smith o contratou rapidamente como um funcionário promissor, assim que a universidade lhe concedeu o diploma de mestre — mesma época em que a fraternidade da fraude on-line lhe deu as boas-vindas como participante de peso.

Adewale Taiwo era um engenheiro químico competente. Ainda na casa dos vinte anos, foi considerado um dos funcionários de maior destaque na Grimley Smith e, em pouco tempo, já estava viajando a campo para desempenhar seu trabalho em países distantes, como Venezuela e China. Ele se vestia bem, sem jamais ostentar riqueza, e sua BMW condizia com seu salário e estilo de vida. Ele levava suas duas vidas muito a sério e, é claro, seu emprego legítimo funcionava como um disfarce crível que protegia suas atividades ilegais. Uma empresa respeitável e bem-sucedida no setor energético é um dos últimos lugares onde alguém procuraria um cibercriminoso, especialmente entre os engenheiros, esforçados e altamente qualificados.

Quando Chris Dawson começou a analisar a extensão das fraudes perpetradas por Fred Brown, ficou atônito. Mesmo depois de fazer uma seleção entre as provas, ele ainda tinha diante de si cerca de 34 mil arquivos, alguns dos quais chegavam a se estender por cem ou 150 páginas. Logo no início, identificou um único arquivo que contava com cem páginas repletas de números de cartões de crédito americanos, seus códigos de segurança e respectivas senhas.

O sargento Dawson era um policial da divisão de homicídios — ninguém em Humberside jamais tinha trabalhado num grande caso de fraude na internet, e ele e os colegas envolvidos ainda tinham de cuidar das tarefas cotidianas. Assim, não sabia por onde começar. Com os arquivos estava o software que opera o MSR206. Esse dispositivo é provavelmente a arma mais importante no arsenal dos clonadores de cartões, ou *carders*. Com tal aparelho, o criminoso é capaz de clonar um cartão de crédito, ou seja, copiar todas as informações contidas na fita magnética e colá-las num pedaço de plástico branco com outra fita magnética, esta vazia. O MSR206 é como uma máquina pessoal de fazer dinheiro.

Dawson também encontrou entre os arquivos cavalos de troia que registravam as teclas pressionadas pelo usuário. Esses programas estão para o hacker criminoso como o pé de cabra está para o arrombador de cofres. Os primeiros vírus eram criaturas muito diferentes dos programas maliciosos que registram as teclas pressionadas. Quando os vírus começaram a circular em grande número, nos anos 1990, eles eram projetados por adolescentes e estudantes, os chamados pivetes da programação, cujo objetivo era demonstrar suas habilidades como programadores anárquicos. Irritantes, eles optavam por fazer isso criando inconveniências para o maior número possível de usuários espalhados pelo mundo.

Uma vez que o computador se torna infectado, ele pode se comportar de diferentes maneiras: pode ficar lento; ou atender erroneamente à solicitação de abrir o Microsoft Word, por exemplo, abrindo no lugar um navegador da internet; o computador pode ser automaticamente desligado; e, pior de tudo, o vírus pode apagar os arquivos e dados do usuário. Há lendas que falam de autores que perderam manuscritos inteiros por causa de algum vírus travesso e de estatísticos que viram meses de compilação de dados serem devorados bem diante de seus olhos por algum tipo nefasto de *worm* digital.*

Mas, depois da virada do milênio, hackers, crackers e criminosos começaram a perceber que vírus, cavalos de troia e *worms* poderiam ser usados de maneira mais lucrativa. Nasceram os programas do tipo *keylogger* — que registram as teclas pressionadas pelo usuário —, que se multiplicaram pela internet rapidamente. Depois que um sujeitinho desse tipo se instala no computador, seu trabalho consiste em registrar cada tecla pressionada no teclado. Assim, quando o usuário digita "www.hsbc.co.uk" no seu navegador, o programa envia essa informação ao seu criador ou proprietário, que pode estar em qualquer lugar do mundo. Se o usuário então faz *login* como, digamos, Robinhood, e digita sua senha, o comandante do vírus em New Jersey, Rostock, Lilongwe

---

* A maneira mais simples de distinguir os diversos tipos de vírus — *worms* (vermes) e *trojans* (cavalos de troia), conhecidos coletivamente como *malware* — é diferenciando sua forma de transmissão. Os vírus são enviados por meio de anexos de e-mail infectados; os *trojans* são transmitidos por downloads; e os *worms* têm a capacidade de se reproduzir num computador hospedeiro e então usar os programas de comunicação desse computador para espalhar-se para outras máquinas. Mas, basicamente, todos eles fazem coisas ruins com o seu computador.

ou nas profundezas da Ruritânia pode registrá-la imediatamente. Bingo! *Mi casa es su casa!* Ou, mais adequado: *mi cuenta bancaria es su cuenta bancaria.*

Assim como ter no computador milhares de informações detalhadas sobre cartões de crédito e contas bancárias não constitui um crime, a distribuição de um vírus *keylogger* não representa infração da lei. Pode ser um indício forte de atividade criminal, mas não é o bastante para abrir um processo. Ao analisar os intermináveis arquivos, Dawson e seu colega precisaram desemaranhar centenas de fios misturados.

Depois de inserir manualmente os detalhes de vários milhares de contas numa planilha eletrônica do Excel, a polícia decidiu que era hora de procurar os bancos. Uma decisão absolutamente sensata, imaginaríamos, pois afinal tinham sido os sistemas de segurança deles que Fred Brown invadira com tamanho sucesso.

Será?

Muitas das investigações de Dawson terminavam em becos sem saída porque os bancos simplesmente não se davam ao trabalho de atender a seus pedidos. O detetive sofreu com a falta de tempo durante toda a investigação, e muitas horas foram desperdiçadas com tentativas frustradas de convencer os bancos a cooperar.

A atitude da maioria das instituições financeiras em relação ao crime cibernético é ambígua. Enquanto eu escrevia este livro, um representante do banco onde tenho conta, o NatWest, telefonou-me perguntando se eu tinha feito alguma compra recente numa joalheria de Sófia, capital da Bulgária. Indagou ainda se eu tinha gasto 4 mil francos para quitar uma dívida com a Swiss Telecom. Respondi que não. Fui então informado que meu cartão Visa do NatWest tinha sido clonado, que eu precisaria de um novo, mas que podia ficar tranquilo pois o NatWest havia cancelado as 3 mil libras fraudadas. Como qualquer pessoa que tenha passado por uma situação semelhante, fiquei imensamente aliviado quando o banco me garantiu com educação que eu não seria responsabilizado pelo ocorrido tampouco pelos gastos.

Mas quem está pagando por aquilo, afinal? O banco? Não, eles têm seguro contra perdas desse tipo. A seguradora? Não, pois eles definem os prêmios num nível que garante que eles não saiam perdendo. Então talvez seja o banco, afinal, levando-se em consideração que é ele que paga o prêmio, certo? É isso mesmo. Mas eles recuperam todo esse dinheiro ao cobrar tarifas extras de todos os seus correntistas. Essencialmente, a fraude bancária é paga por todos os correntistas do banco.

Isso é algo que, compreensivelmente, os bancos não desejam que seja muito divulgado. Da mesma maneira, eles não querem que o público descubra a frequência com a qual seus sistemas são invadidos por criminosos eletrônicos. Os jornalistas sabem que é impossível obter dos bancos informações sobre os ataques cibernéticos dos quais eles são alvo todos os dias. Isso é compreensível. Menos desculpável é a sua frequente relutância em facilitar o trabalho da polícia, com o objetivo de evitar que tais informações sejam reveladas a todos nos tribunais. Ao se recusarem a admitir que seus fregueses são vítimas de crimes cibernéticos, por medo de perder uma eventual vantagem em relação à concorrência, os bancos estão indiretamente facilitando o trabalho dos criminosos.

Os bancos têm um problema, é claro: seus correntistas são a parte mais vulnerável do sistema financeiro em rede. Até o mais habilidoso dos hackers enfrentaria um desafio considerável ao tentar invadir os sistemas da maioria dos principais bancos e instituições financeiras de hoje em dia. Mas invadir o computador da maioria dos usuários e assisti-los acessar suas contas para então brincar com o dinheiro investido ali por eles é brincadeira de criança para qualquer hacker digno do nome. Como é possível reforçar a segurança dos hábitos da maioria dos usuários na rede, quando o grande atrativo do acesso aos bancos via internet é a conveniência? As pessoas costumam rejeitar elaboradas medidas de segurança para acessar suas contas, pois são muito tediosas.

Os bancos gostam de manter em segredo a extensão das fraudes em parte por razões competitivas e em parte porque não querem que seus correntistas exijam um retorno às antigas práticas. Os serviços bancários eletrônicos poupam aos bancos imensas quantias, porque o correntista se ocupa de tarefas que antes cabiam a filiais e ao seu pessoal. Se todos nós nos recusássemos a administrar nossas finanças por meio da internet, os bancos seriam obrigados a reinventar a extensa rede de filiais por meio das quais eles costumavam nos atender. Isso custaria muito dinheiro e, como sabemos agora, os bancos gastaram tudo o que tinham, além de centenas de bilhões de dólares do contribuinte, subscrevendo repreensíveis empreendimentos especulativos e distribuindo bonificações infladas ao ponto da obscenidade.

Assim, o sargento Dawson viu-se obrigado a montar lentamente o quebra-cabeça contando com uma assistência limitada por parte da comunidade bancária. Entretanto, ele tinha a seu favor o fato de Fred Brown ter cometido alguns erros significativos ao construir sua rede fraudadora: apesar de seu grupo Bankfraud@ yahoogroups.com ser registrado no Yahoo! americano, o e-mail associado a ele tinha a extensão yahoo.co.uk. Por ser o nome de um domínio britânico, Dawson pôde intimar a Yahoo! a liberar o material imediatamente. Ele teve menos sorte com a conta do Safemail. Dawson teve de pedir a um tribunal britânico que solicitasse a um tribunal israelense que o Safemail concedesse a ele acesso à conta criptografada de Fred Brown. Para tanto, foram necessários meses, e durante todo esse tempo Dawson foi pressionado pelos tribunais a divulgar suas provas aos advogados de defesa e a acelerar os procedimentos legais.

Os superiores de Dawson não estavam contentes: ele podia

sentir o acúmulo da pressão. Nenhuma das vítimas investigadas por ele era de Humberside — os proprietários dos cartões de crédito estavam espalhados por todo o mundo. Um deles, o reverendo John, morava na cidade vizinha de West Yorkshire, e isso era tudo. "Não posso permitir que um de meus melhores homens da divisão de homicídios se ocupe de um caso de fraude que nada tem a ver com esta região!", foi o alerta que Dawson recebeu mais de uma vez. Mas havia algo no caso que despertava a curiosidade do detetive. Dawson não desistiu e, para acalmar seus superiores, passou a investigar a fraude no seu tempo livre, às vezes até tarde da noite, analisando aquela dança de números.

Desesperado ao ver como a investigação de Adewale Taiwo estava começando a consumir sua vida, Dawson pediu ajuda à unidade local de inteligência. Os agentes não puderam ajudar, mas sugeriram a Dawson que perguntasse à Unidade de Alta Tecnologia de Londres se eles tinham alguma informação que pudesse servir de pista. Eles responderam que não, mas indicaram a SOCA, a agência especializada em crimes organizados graves.

Finalmente, Dawson contatou a referida agência no seu quartel-general secreto em Londres, que parecia algo saído de uma obra de Len Deighton como *Funeral in Berlin* [Funeral em Berlim] ou *The ipcress file* [O arquivo confidencial]: placas metálicas com o nome de uma empresa fictícia e pessoas fingindo que não trabalham para a agência que Tony Blair descreveu como a resposta britânica ao FBI, causando grande irritação entre seus agentes.

Dawson pediu ajuda num complexo caso de fraude que envolvia um homem misterioso chamado Fred Brown. Ele recebeu um breve telefonema com a resposta dos rapazes da metrópole: "O que sabe a respeito de Brown?". O tom parecia querer dizer "você não passa de um guarda local da insignificante região de Humberside".

"Nada", respondeu o sargento Dawson, "mas estou com ele detido aqui em Scunthorpe."

Houve silêncio do outro lado da linha. "Sargento Dawson, você já ouviu falar em algo chamado DarkMarket?", prosseguiu a voz.

"Nunca. Por quê?"

O peixe apanhado por Dawson era maior ainda do que ele tinha desconfiado.

Mas a notícia também foi recebida com certa surpresa pela soca. Freddybb estava no radar da agência havia anos, mas estava tudo calmo na investigação do DarkMarket desde que tinham sido feitas algumas prisões no verão anterior. Ninguém poderia ter previsto que um policial de Scunthorpe daria nova vida ao caso. Mas a maior das unidades britânicas de combate ao crime na internet tinha aprendido uma importante lição desde que um grupo ucraniano de ladrões cibernéticos criou o primeiro site dedicado ao crime global em 2001: esperar o inesperado.

PARTE II

4. Os arquivos de Odessa

ODESSA, UCRÂNIA, JUNHO DE 2002

Eles vinham de lugares tão ao norte quanto São Petersburgo e Letônia, no mar Báltico; um delegado veio da Bielorrússia, país criado em 1990 aparentemente para servir como museu vivo do comunismo. Os russos estavam presentes em grande número, e a Ucrânia participou com um elevado número de delegados, fossem de Ternopil, a oeste, Kiev, no centro, Kharkov, ao norte, ou Donetsk, a leste.

Mas a Primeira Conferência Mundial de Carders (FWCC) foi verdadeiramente internacional. Alguns participantes vieram da Europa ocidental, enquanto outros eram de lugares tão distantes quanto o Golfo Pérsico, Canadá e América do Sul. O "release de imprensa" da FWCC lamentava a ausência dos delegados da Austrália e do Sudeste Asiático em decorrência de dificuldades de viagem.

Os organizadores selecionaram a dedo cerca de três dúzias de delegados entre as quatrocentas inscrições recebidas. Aqueles sortudos o bastante para serem aprovados sabiam que o convite em si consistiria num grande aporte para sua reputação dentro da feroz e inflexível hierarquia do mundo dos criminosos na rede.

Para afastar a polícia do seu rastro, os organizadores anunciaram que o evento seria realizado em vários iates de luxo ancorados na costa turca do mar Negro. Mas a estratégia não passava de um despiste. Afinal, onde seria mais apropriado sediar a primeira conferência mundial de cibercriminosos que em Odessa, a famosa cidade ucraniana dos vigaristas?

Usando métodos amplamente testados, tanto o czar, como Stálin e Hitler fizeram suas tentativas de domar essa fera selvagem, mas nenhum deles foi capaz de esmagar a mais resistente das fraternidades criminosas do Leste Europeu. "Sem compreender os gângsteres de Odessa e suas vidas", escreveu um cronista sobre sua cidade natal, "a história da cidade é simplesmente ininteligível."

Para a maior parte da Europa oriental o capitalismo gângster que se seguiu ao colapso do comunismo nos anos 1990 foi um verdadeiro choque. Mas Odessa sabia o que estava por vir. Os habitantes da cidade não tiveram escolha e receberam de braços abertos a nova era — e, deve-se destacar, o fizeram com algum brio. Da noite para o dia, as luzes vermelhas tomaram o lugar das estrelas vermelhas. Cassinos sujos brotaram como ervas daninhas atrás do Primorskaya Boulevard, e não foi muito depois de 1989 que os restaurantes e saunas se tornaram palcos de cenas de glutonia e sanguinolência.

Mais longe do centro, nos grandes conjuntos habitacionais, as drogas se tornaram moeda corrente. Jovens sem um tostão começaram a injetar *boltushka*, um preparado caseiro de anfetamina cujo resultado eram sequelas físicas e mentais, quando não a morte.

Pistoleiros e clãs vindos de lugares tão distantes quanto Chechênia e Moscou lutavam contra Robin Hoods locais disputando o controle da cidade — afinal, apesar de Odessa fazer parte, teoricamente, de uma nova Ucrânia independente, a cidade inteira falava russo e, ainda mais importante, era o único porto de águas quentes com capacidade para o escoamento de gás e petróleo russos para o exterior.

A hiperinflação e o nacionalismo destruíram o valor dos rublos, dos karbovanets, da hryvnia e de tudo aquilo que o governo tivesse afirmado um dia ser dinheiro "de verdade". Apenas o dólar americano proporcionava alguma estabilidade.

Para a maioria das pessoas comuns, a vida na Odessa dos anos 1990 se resumia a duas coisas: sobrevivência e dólar. Valia tudo para garantir a primeira e adquirir o segundo. Aqueles que conseguissem uma das duas coisas eram admirados, ainda que a riqueza súbita não fosse garantia de longevidade.

Numa atmosfera como essa, quem poderia culpar Dimitry Golubov, de treze anos, por negociar documentos de carro e carteiras de motorista com a assinatura falsificada do diretor do Escritório Municipal dos Transportes? Se homens de negócios estão dispostos a pagar por esse serviço, é de supor que o ramo traga prosperidade, não?

Até aí, nada surpreendente para os padrões de Odessa. Mas algo distinguia o jovem Dimitry do mundo tradicional das gangues, dos bordéis, do petróleo e do caviar que reinavam na cidade. Em vez de portar uma faca, ele podia sair das ruas e entrar nos porões escuros e enfumaçados onde jogos eletrônicos como Street Fighter, Pacman e o clássico russo, Tetris, transformavam cérebros adolescentes em geleia. Nesse mundo subterrâneo, a única luz disponível emanava de néons fracos e telas de PCs. Cigarros e coca-cola eram tão onipresentes que mais pareciam a alimentação kosher tolerada por um tradicionalíssimo folclore nerd.

Dimitry gostava de jogos tanto quanto qualquer um, apesar

de preferir explorar o mundo a partir do conforto dos cibercafés de Odessa. Mas o jovem Gobulov não gostava apenas de navegar pelos sites de países distantes: ele queria penetrar neles e explorar suas entranhas.

Em 1999, quando Gobulov estava com dezesseis anos, Visa e MasterCard tinham bloqueado o uso de cartões com suas bandeiras em sites registrados na ex-União Soviética. Quando as empresas russas de internet submeteram suas faturas às duas gigantes do crédito, a documentação foi ignorada. Mas Gobulov e seus colegas de pioneirismo logo descobriram que, se conseguissem de alguma forma obter as informações contidas num cartão de crédito e reproduzi-las, era então possível usar tais dados para sacar dinheiro em caixas eletrônicos ou comprar artigos na internet, enviando-os em seguida a terceiros em alguma outra parte do mundo. Uma opção era copiar as informações do próprio cartão físico, apesar de no início isso envolver a trabalhosa e portanto indesejada prática do roubo convencional. Muito melhor era afanar essas informações das minas de ouro que eram os bancos de dados das empresas!

E mesmo que alguns sites americanos não fizessem entregas na antiga União Soviética, eles não viam problemas em enviar produtos para o Chipre ou os Emirados Árabes, países que logo se tornaram destinos favoritos entre a nova e endinheirada elite russa. Esse foi um dos primeiros crimes verdadeiramente globalizados. O dinheiro era roubado de uma empresa americana por um russo na Ucrânia que obtinha o dinheiro em Dubai — e tudo em dez minutos.

A outra grande revolução que moldou a nascente atividade do *carding* foi o dispositivo de leitura e cópia conhecido como *skimmer*, ou "clonador". Os *skimmers* são máquinas que leem e armazenam a informação contida na fita magnética do cartão de crédito. São encontrados em diferentes formatos e tamanhos.

Alguns são pequenos retângulos que podem ser afixados aos caixas eletrônicos de modo que, quando o cartão de um correntista for lido pelo caixa do banco, ele seja também lido pelo clonador. Outros são idênticos ao aparelho usado nos estabelecimentos, nos quais um garçom ou frentista passa um cartão para efetuar o pagamento. Tanto no dispositivo usado nos caixas eletrônicos como nos que funcionam como máquinas viciadas é bem provável que haja também uma câmera escondida filmando secretamente o usuário enquanto ele digita sua senha (dica: *sempre* cubra o teclado quando digitar a senha).

As máquinas só são chamadas de *skimmers* se forem usadas para propósitos nefastos, caso contrário são idênticas em função àquelas disponíveis no comércio. Alguns *skimmers* são produzidos para fins comerciais mas acabam adquiridos por criminosos, e outros são de fabricação caseira. Na prática do *carding*, o *skimmer* foi o equivalente ao motor a vapor de James Watt no início da Revolução Industrial. No decorrer da década seguinte, a grande maioria dos números de cartões e dos códigos de segurança (*dumps* e *wholes*, como são conhecidos) usados de maneira fraudulenta foi clonada em caixas eletrônicos e estabelecimentos legítimos em todo o mundo.

Hacker talentoso, Dimitry logo notou que os sistemas de segurança desenvolvidos pela nascente comunidade do comércio eletrônico nos Estados Unidos eram primitivos e fáceis de invadir. É absolutamente impossível determinar a dimensão de seu sucesso inicial. Dima gostava de dizer por aí que tinha reunido ao menos um milhão de dólares antes de celebrar o 17º aniversário. Mas não podemos nos esquecer: as mentiras são a moeda mais comum da internet, e alguns de seus colegas contam uma história diferente.

"Ele era ganancioso, trapaceiro e sempre atraído pela comunidade criminosa", publicou num blog outro hacker de Odessa.

"Mas a imagem de milionário bem-sucedido estava muito longe da realidade dele."

E então Dimitry desapareceu junto com alguns dos mais escandalosos de seus estratagemas para ganhar dinheiro. Alguns meses mais tarde ele emergiria com a nova identidade de Script, uma criatura de habilidade gloriosa que alternava suas atenções entre dois sites novos: Carder.org e Carder.ru. Estes não eram mais que fóruns de discussão nos quais hackers russos comentavam as diferentes maneiras possíveis de obter acesso aos zilhões de dólares, libras, ienes e euros escondidos atrás das portas dos cartões de crédito. Um dos primeiros membros desses sites se lembrou deles como "incoerentes, instáveis" e finalmente "de pouca ajuda".

Script, no entanto, tinha pensado muito no assunto. Se havia sites para todo tipo de comércio, por que não desenvolver uma página dedicada à incipiente venda de números de cartão de crédito roubados, contas bancárias e demais informações valiosas? Ele tinha um forte motivo para estabelecer tal tipo de presença na rede. Afinal, o próprio Script tinha começado a acumular grandes quantidades de dados desse tipo, e não dispunha do tempo nem dos recursos necessários para explorá-los. Queria transformar aqueles números em dinheiro. Queria vender.

A escolha do momento para começar a fazê-lo foi perfeita. Nos cinco anos anteriores, a internet tinha sido palco de um crescimento furioso na atividade comercial. Ninguém tinha previsto aquilo, pois os inventores da rede a tinham vislumbrado como uma ferramenta para melhorar e acelerar a comunicação, uma arena onde as ideias e fofocas pudessem ser trocadas.

Amazon, eBay, Lastminute.com e outras pioneiras do empreendimento cibernético surgiram do nada. Mas o sucesso delas não passou despercebido. Milhares e milhares de pessoas tentaram a sorte montando sites. Aquele foi um desses momentos históricos que acontecem uma vez a cada geração, nos quais a fantasia e a ganância dos seres humanos coincidem — e não demorou até que os bancos e capitalistas investidores se convencessem de que o comércio eletrônico seria uma garantia de enriquecimento rápido. Começaram então a investir dinheiro nessas empresas, a grande maioria das quais era composta por entidades sem nenhum valor intrínseco, apesar de terem sido capitalizadas e gerado lucros da ordem de milhões ou até dezenas de milhões de dólares. A primeira grande bolha da era globalizada tinha começado a inchar, e foi muito adequado que essa bolha se formasse nas ações das empresas de alta tecnologia.

Mas enquanto a maioria das empresas pontocom não passava de falsos eldorados comerciais, as empresas já bem estabelecidas no mundo real descobriram que havia vantagens claras em realizar parte de suas atividades na rede.

Os bancos não demoraram a embarcar na tendência, pois como já vimos perceberam nessa migração uma oportunidade de economizar com a remuneração de funcionários, deixando a cargo dos próprios correntistas a administração de suas contas e pagamentos. Por sua vez, os correntistas que se sentiram confortáveis usando a rede logo se afeiçoaram ao controle imediato de suas finanças possibilitado pela atividade bancária na internet.

Nessa época, os "mestres do universo", a nova classe de capitalistas financeiros, estavam se livrando das amarras que no passado tinham imposto limites à atividade especulativa nos mercados de derivativos. Em poucas palavras, os políticos de Washington e Londres tinham concedido a eles licença para apostar — e a explosão das empresas pontocom é um ótimo exemplo disso. Conforme o preço de ativos que antes valiam muito pouco subia às alturas, quantias eram emprestadas com base no valor esperado deles. Durante uma década o mundo ocidental se viu banhado em crédito barato. A Era dos Impérios e a Era do Capital se transformaram na Era do Plástico.

O endividamento pessoal por uso de cartão de crédito nos quatro maiores usuários de plástico do mundo — Estados Unidos, Grã-Bretanha, Japão e Canadá — começou a aumentar desenfreadamente em meados dos anos 1990. A partir de 1997, em questão de dez anos o número de cartões em circulação em todo o mundo passou de pouco menos de 1,5 bilhão para 3 bilhões, e o endividamento pessoal médio entre os usuários mais viciados — os americanos — dobrou de 5 para 10 mil dólares. Os bancos adoraram a nossa recém-descoberta paixão por cartões de crédito, porque numa época de juros virtualmente iguais a zero eles continuavam a cobrar juros de cinco a 30%. Na Grã-Bretanha, o chefão do Barclays confessou a uma comissão parlamentar que ele não "solicitava empréstimos pelo cartão de crédito porque os encargos eram altos demais".

Outras partes do planeta se mostraram menos dispostas a se deixar moldar pelo plástico. A tradicional Europa ocidental evitou a economia de bucaneiro que tanto enfeitiçou os Estados Unidos e a Grã-Bretanha. Como consequência, o número de europeus donos de cartões de crédito era muito baixo, assim como o índice de endividamento pessoal. Na Europa oriental não havia nem capital suficiente distribuído entre a população nem uma indústria bancária segura o bastante para operar cartões de crédito. O plástico era uma raridade no ex-mundo comunista, um brinquedo de executivo para os "novos russos", aquela minúscula parte da população que tinha acumulado fortunas impressionantes roubando seus países e compatriotas durante a transição do comunismo para o capitalismo.

Mas na economia anglo-saxônica das décadas de 1990 e 2000, o plástico foi a invenção mais próxima da impressão de dinheiro que as instituições financeiras foram capazes de criar, e estas não se furtaram a explorar seu rico veio de capital. Toneladas de informes publicitários eram enviadas todos os dias para endereços ocidentais, exortando as pessoas a solicitar cartões de crédito ou trocar uma dívida existente por uma nova conta que não cobraria juros nos primeiros seis meses. Durante três ou quatro anos os consumidores mais disciplinados obtiveram crédito livre de juros, conforme transferiam a dívida aberta de um cartão para o outro, enquanto os bancos tentavam cada vez mais freneticamente garantir a chegada de novos correntistas.

Tantos cartões. Tanto dinheiro disponível para brincar. E se havia imensas quantidades desse tipo de coisa inundando a internet, não é surpreendente que essa fartura tenha atraído a atenção de habitantes cibernéticos do Leste, a quem faltava dinheiro e sobrava engenhosidade técnica. Um deles era Script, o jovem Dimitry Gobulov, dezoito anos, nascido em Odessa.

E foi assim que nasceu o CarderPlanet.

5. CarderPlanet

Uma pergunta desaparece gradualmente seguindo o estilo do letreiro de *Star Wars*: EM BUSCA DE UMA ALTERNATIVA PROFISSIONAL?

A cena se aproxima de um planeta Terra que rodopia velozmente até explodir num padrão metálico e psicodélico ao som de uma agressiva melodia eletrônica e dançante. Em seguida, surge na tela uma série de mensagens: DESCUBRA O PODER DA TECNOLOGIA/ CANSADO DA ROTINA DIÁRIA?/ QUER MUDAR SEU ESTILO DE VIDA?/ TORNE-SE UM DE NÓS!/ OS DUMPS — CARTÕES DE CRÉDITO/ PODEM TORNÁ-LO RICO!

A tela então escurece gradualmente, antes que mais mensagens sejam exibidas ao som de um bumbo em ritmo de marcha militar: A EQUIPE NA QUAL VOCÊ PODE CONFIAR/ BOOM!/ TUDO QUE VOCÊ PRECISA PARA OS NEGÓCIOS/ BOOM!/ O CARDERPLANET É INVENCÍVEL.

Um ano depois da fundação do CarderPlanet, em 2001, Script convidou seus amigos hackers para a Primeira Conferência Mundial de Carders em Odessa — a primeira convenção mundial dedicada ao crime cibernético —, que celebrava o sucesso de seu site pioneiro. Esse grupo podia se gabar de uma habilidade cibernética comparável à dos membros da Hacker Republic, confraria secreta da qual a heroína Lisbeth Salander fazia parte sob a alcunha de Wasp, no best-seller *Os homens que não amavam as mulheres*.

Mas não havia nada de fictício a respeito de Script e seus amigos. O CarderPlanet era pra valer.

6. Um assunto de família

A Primeira Conferência Mundial de Carders comemorou o primeiro aniversário do CarderPlanet. Foi um evento notável e único. Em 2002 a situação em Odessa já tinha se acalmado: havia até sinais de normalidade. Seu icônico bulevar, Deribasovskaya, estava repleto de comerciantes de rua, lojas e restaurantes chiques. Cercados pelo trevo de quatro folhas e pelas inscrições em gaélico das paredes do Mick O'Neill, um dos primeiros pubs de inspiração irlandesa da Ucrânia pós-comunista, o núcleo dos principais hackers do país, conhecido como A Família, debatia as metas da conferência. Entre eles havia figuras destacadas como Auditor, Rayden e Bigbuyer, além das almas do evento: Boa ("jiboia", em inglês), um especialista em comunicações e segurança com uma inconfundível barba branca, e o enérgico e jovem Script.

Nos três dias seguintes, em diferentes lugares da cidade, eles beberam e cantaram, mas, acima de tudo, debateram o desenvolvimento de curto e de longo prazo do seu site iniciante, o CarderPlanet, que já estava transformando a natureza do crime cibernético ao redor do mundo.

Debates gerais foram realizados no Hotel Odessa, o mais

caro da cidade na época. Excelente exemplo do feio chique pós-comunista, o alto edifício ao menos se localizava num píer bem diante da famosa escadaria de Potemkin, eternizada na obra-prima de Eisenstein, *O encouraçado Potemkin*, nos primórdios do cinema soviético. Um debate do qual todos os delegados presentes em Odessa participaram foi aquele acerca da necessidade de compreender os detalhes técnicos dos cartões de crédito menores. Eles acreditavam que os cartões de operadoras como a JCB e a Diners haviam sido negligenciados em favor dos cartões mais lucrativos, como Visa e MasterCard. Concordou-se que era preciso fortalecer ou criar novas redes de pessoas que pudessem "gastar o dinheiro" dos cartões roubados em regiões como América do Sul, Oceania e África. Afinal, alguém tinha de se ocupar da transação criminosa que consistia em efetuar saques em caixas eletrônicos — terceirizar a parte mais arriscada do trabalho parecia uma estratégia óbvia.

Os debates mais secretos, dos quais participavam apenas cerca de quinze dos principais *carders*, ocorriam num pequeno e sujo restaurante próximo ao mar. O objetivo desse grupo era convencer os delegados a estabelecer suas próprias redes regionais de franquias do CarderPlanet, possibilitando assim que seus proprietários continuassem a ganhar dinheiro tendo de trabalhar menos.

Quando a reunião teve início, um dos delegados menos conhecidos enviou um recado obviamente endereçado a Boa. O homem tinha realizado uma varredura eletrônica no restaurante e constatado que havia câmeras e escutas ocultas no cômodo. Era provável que a responsável pela vigilância fosse a SBU, a polícia secreta ucraniana. E se a SBU estava monitorando a reunião, a KGB russa também estava, pois na época exercia sobre sua equivalente ucraniana algo parecido com o direito da primeira noite na Europa medieval — manuseava dados recém-coletados antes mesmo que o responsável pela sua obtenção pudesse examiná-los.

A cúpula do CarderPlanet, ou a Família, que se comportava como um politburo russo, não tinha interesse especial nas operações policiais e de espionagem das forças americanas e europeias. Mas a KGB era outra história, e não era por acaso que a mais importante das resoluções da conferência alertava contra a prática de atividades hostis dentro da Rússia e da Ucrânia. "Mais uma vez, sublinhamos a natureza absolutamente inadmissível de qualquer ação relacionada aos nossos sistemas de cobrança, bancos e instituições financeiras", vociferava o texto. Se criminosos cibernéticos de fala russa se voltassem contra bancos e empresas da Rússia, o projeto todo teria sido fechado em questão de cinco minutos.

O CarderPlanet mostrou-se mais perene que isso. O site ficou no ar por quase quatro anos. Não é exagero afirmar que seus criadores foram responsáveis pelo surgimento e pela consolidação de um método inteiramente novo de cometer grandes crimes: fraudes que poderiam ser perpetradas numa escala imensa, com recursos mínimos e praticamente sem risco para aquele que as cometesse.

O principal papel desempenhado pelo CarderPlanet (e mais tarde adotado por seus muitos sucessores) consistia em atuar como uma loja de dados roubados — números de cartão de crédito e códigos de segurança, contas bancárias e senhas —, além de outros artigos como vírus e documentos falsos. Até aquele ponto, a troca desse tipo de informações era realizada em transações individuais e trabalhosas pelo ICQ e o IRC (os dois programas de mensagem mais populares entre os hackers).

Os infratores por trás de crimes eletrônicos — *carders*, distribuidores de spam, clonadores de cartões, desenvolvedores de vírus — pareciam àquela altura uma raça distinta da dos criminosos ligados a máfias tradicionais. Script os chamou de "lobos solitários" numa entrevista concedida à *Xaker.ru* (pronuncia-se

"Hacker"), revista especializada na crônica do submundo cibernético russo. "Eles não se reúnem em grupos nem formam redes próprias; todos trabalham sozinhos e em benefício próprio."

Os russos não eram os únicos hackers contribuindo para o desenvolvimento do crime cibernético, mas o CarderPlanet deu a eles uma estrutura, até então impensável, que permitiu a esses lobos solitários formar alcateias oportunistas com o objetivo de cometer crimes (ou meras travessuras) e evaporar na desolada e selvagem estepe cibernética, camuflados entre os cliques e as engrenagens da rede, resistindo bravamente a qualquer tentativa de identificação.

Não demorou e a comunidade passou a adorar o CarderPlanet. "É preciso entender", disse um ex-*consigliere* do círculo interno do site, "o CarderPlanet não era apenas uma fonte de informação. As pessoas viviam no CarderPlanet — nós nos referíamos ao site simplesmente como O Planeta, como se fosse o nosso lar."

Apesar de roubo, distribuição de spam e outras formas de cibercrimes terem desempenhado um papel muito importante, essas não eram certamente as únicas atividades que atraíam pessoas de fala russa para O Planeta, que logo adotavam como lar. O usuário médio era fascinado por produtos eletrônicos, jogos, sistemas em rede e a prática de hackear por esporte.

Não se tratava de meros criminosos que identificaram o CarderPlanet como um veículo por meio do qual poderiam desenvolver suas atividades. Antes, esses usuários formavam uma comunidade de homens com idades que iam da adolescência aos vinte e muitos anos e que lutavam para sobreviver num momento histórico caótico e implacável, e que além disso possuíam habilidades únicas. Em Odessa, todos eram impelidos a se comportar de maneira um pouco criminosa pela força dos fatos. Mas a maioria se via naturalmente confinada pela localização. Saídos do caos político e econômico da cidade, os habitantes d'O Planeta se armaram com a lógica do sobrevivente e replicaram esses péssimos padrões de comportamento locais no espaço virtual. Não se tratava de assassinos por natureza, mas de sobreviventes por natureza.

O novo site foi dividido em categorias, cada uma dedicada a um aspecto específico do crime on-line ou da atividade dos hackers. Na primeira vez que um dos jovens hackers de Odessa acessou o CarderPlanet, ficou pasmo: "Juro que deve ter sido o mesmo sentimento que Ali Babá vivenciou quando abriu a caverna pela primeira vez e a viu repleta de tesouros. Cada seção trazia uma quantidade incalculável de informações, que poderiam ser usadas para reunir uma riqueza impressionante sem nem sequer exigir que a pessoa se afastasse do computador!".

No primeiro ano, centenas e centenas de hackers de fala russa começaram a explorar o site, atraídos pela sua mensagem gráfica divertida e pela organização eficiente. O logotipo do CarderPlanet era uma ilustração de um homem de negócios empunhando um charuto e piscando um dos olhos — uma referência a Flash Harry, audacioso vigarista interpretado por George Cole no clássico da comédia britânica do pós-guerra, *The belles of St. Trinian's*.

"Para jovens inocentes saídos da província como eu, que esperavam ganhar no máximo cem dólares por mês", prosseguiu o jovem hacker de Odessa, "a promessa financeira dessa linguagem desconhecida — que incluía palavras como 'dumps', 'drops', 'wires', 'cobs' — era hipnotizante."

O site não era aberto a todos os visitantes. Para acessar as áreas restritas era preciso tornar-se membro, e isso significava ser sabatinado pelos administradores. Além de Script, outros quatro assumiram essa posição privilegiada já no primeiro ano de atividade do cp. Entre eles estava o mais influente dos colaboradores de Script: Boa.

Entre outras tarefas, o trabalho do administrador envolvia decidir quem seria aceito e quem teria o pedido de filiação recusado. Na primeira instância, essas medidas de segurança eram projetadas para despistar o interesse de agências policiais e de espionagem de todo o mundo. O Serviço Secreto americano e o MI6 britânico conheciam bem os antecessores do CP, Carder.org e Carder.ru. Script estava determinado a manter os agentes longe dessa vez. Ele tinha certeza de que a polícia ucraniana local não seria uma ameaça para o site. "Eles simplesmente não estão equipados para tanto, não contam com recursos nem pessoal suficiente", defendeu ele. "Nas agências ucranianas ninguém fala inglês fluentemente, e eles mal compreendem coisa alguma, seja o que for. Assim, por mais que obtenham informações do 'inimigo', ou seja, de nós, eles não vão saber como lê-las (nem recebem nada por elas), assim, na verdade, não há nada que eles possam ler."

Mais interessados que os policiais ucranianos eram os seus equivalentes russos, os agentes do Departamento R do Ministério do Interior, que posteriormente foi reorganizado e ressurgiu como Departamento K, encarregado de todo tipo de crime relacionado à alta tecnologia. O CarderPlanet foi invadido e devassado pela Polícia Secreta russa quase imediatamente depois de entrar no ar. Mas como apontou o *carder* bielorrusso Police Dog, "se não causássemos uma imensa confusão na porta de casa, nossos próprios policiais e serviços de espionagem não veriam problema em nos deixar em paz". Por que a KGB desperdiçaria seus recursos investigando redes que estavam fraudando cartões de crédito americanos e europeus? Seria uma completa perda de tempo. Assim, naquele momento, Moscou se satisfez em observar e armazenar informações. Eles sabiam exatamente quem era quem na comunidade de *carders* de Odessa.

Ironicamente, levando-se em consideração que o CarderPlanet e os criminosos cibernéticos apresentavam um perfil social, cultural e psicológico muito diferente do das organizações criminosas tradicionais, Script e seus colaboradores decidiram, apesar disso, designar a estrutura de seus membros tomando de empréstimo a terminologia usada pela máfia siciliana. Só mais tarde perceberam que não era boa ideia recorrer a uma metáfora criminosa tão óbvia, mas naqueles primeiros dias o vocabulário dava indicações de como funcionava a mente de Script e de sua ambição futura de liderar um poderoso movimento social.

Assim, os membros do mais alto escalão (cujo número nunca era superior a seis) pertenciam à "Família", cujos mais altos representantes ou administradores tinham o direito de usar o título de honra de "Chefão". Uma vez concedido pelos chefes da Família o direito de participar do CarderPlanet, o novo membro podia então explorar as várias seções do site. Numa parte, por exemplo, era possível navegar por uma ampla gama de vírus à venda, que poderiam posteriormente ser usados para lançar um tipo específico de ataque contra outros usuários de computador. Os criadores de vírus também se ofereciam para criar, em troca de pagamento, *malwares* específicos, capazes de se infiltrar em sistemas e programas determinados.

A maior parte da atividade ocorria no Fórum dos Carders. Ali era possível comprar e vender dados roubados de cartões de crédito e contas bancárias. "Ao desempenhar esse trabalho", explicou Script, "um *carder* pode se especializar em uma ou mais áreas da fraude. Mas não há ninguém que saiba fazer de tudo. Mais cedo ou mais tarde, o *carder* vai precisar dos serviços de outra pessoa. É por isso que existe espaço para redes e grupos — as pessoas trocam números e informações, os quais poderiam consistir em contas bancárias, informações completas sobre o proprietário de um cartão, às vezes incluindo até detalhes do seu passaporte. Os *carders* podem ser também hackers de meio período, já que às vezes não é possível obter a informação necessária (sem pagar por ela) a não ser por meio da invasão de um servidor."

Em outro departamento era possível comprar um passaporte ocidental ou, digamos, uma carteira de motorista dos Estados Unidos. Na maioria dos casos, os documentos falsos eram da mais alta qualidade. Mas, como comprador, como era possível certificar-se da qualidade das falsificações? Além disso, como saber ao certo se o vendedor não iria simplesmente fugir com o dinheiro? Afinal, todos sabiam que estavam comprando algo de um criminoso! Os chamados *rippers* — criminosos que roubam criminosos — já eram uma presença bem estabelecida na internet.

Esse era o grande trunfo do CarderPlanet. Os membros da Família monitoravam todas as idas e vindas. Depois de introduzir o sistema de sabatina, eles reforçaram ainda mais a segurança ao cobrar pelo acesso ao site, afastando assim os engraçadinhos. Houve inicialmente "uma grande entrada de amadores que simplesmente atravancaram o fórum", e é claro que Script queria se livrar deles. Os *rippers*, afinal, causavam um grande estrago: "eles ofereciam serviços de baixa qualidade — muitas vezes nem sequer prestados — em troca do dinheiro que pediam".

Mas o CarderPlanet não era apenas uma loja de departamentos para criminosos cibernéticos. O sistema de sabatinas permitia que os administradores atuassem como fiadores das transações conduzidas por meio do seu site. Em troca, eles recebiam adulação, dinheiro e um mercado mais eficiente para seus próprios produtos, tudo numa mesma tacada.

Apesar de ser um verdadeiro hacker, Script era incomum. O que o impulsionava era principalmente o desejo de enriquecer. Embora jovem, ele tinha consciência do oceano de dinheiro no qual o mundo ocidental — e os Estados Unidos em particular — estava apoiado. O lucro é sem dúvida uma força poderosa, mas o gênio criativo por trás do CarderPlanet não era Script, e sim o seu principal colaborador, Boa, para quem o dinheiro era uma preocupação secundária.

Boa era uma personalidade bem diferente do restante dos habitantes d'O Planeta. Já perto dos quarenta anos quando Script criou o site, ele era aproximadamente duas décadas mais velho que a maioria de seus colegas, e muito mais experiente no funcionamento das engrenagens do mundo.

Nos anos 1980, quando a União Soviética ainda existia, Boa se mostrou um estudante talentoso de eletrônica, obtendo dois diplomas universitários. Ele desenvolveu um interesse peculiar pelo mundo amador do rádio de ondas curtas. Naquela época tratava-se de um hobby delicado, pois o serviço soviético de espionagem (no caso do rádio de ondas curtas, a espionagem *militar*) se dedicava a manter o controle sobre todo tipo de comunicação que entrava e saía do país.

Boa era muito popular, e sabia usar seu carisma. Apesar de alguns amigos suporem que ele estava trabalhando com o departamento de detecção de sinais do serviço de espionagem militar, Boa tornou-se, independentemente disso, uma figura representativa para a fraternidade do rádio amador espalhada pelo mundo, o que inclui, como seria de se imaginar, uma alta porcentagem de personagens tímidos e um pouco nerds.

Boa conquistou uma reputação de alcance mundial ao se tornar o primeiro operador amador de rádio a transmitir a partir da região das Ilhas Spratly, no Vietnã, área restrita pelo Exército, dando sequência ao feito com uma realização ainda mais impressionante: transmitir os primeiros sinais amadores da história da Coreia do Norte. Ele foi trazido dos Estados Unidos até a Europa e a Austrália por seus feitos com o rádio amador, atraindo grandes multidões de fãs quando participou de convenções na década de 1990. De boa aparência e bem articulado, ele inspirava naturalmente as pessoas a gostarem dele, e todos queriam ser seus amigos.

Boa conheceu o CarderPlanet enquanto navegava pela internet no outono de 1999, e ficou imediatamente impressionado com o espírito empreendedor do site — ainda que caótico. Morando em Malta, ele já tinha criado um bem-sucedido empreendimento internacional que comercializava tecnologia de vigilância, de contraespionagem e combate ao terrorismo a políticos e empresários em mais de sessenta países espalhados pelo mundo.

Ciente da experiência profissional e da capacidade de organização de Boa, Script convidou-o a fazer parte da Família após alguns meses. Impressionado com a energia e a motivação de Script, Boa concordou em fazer parte do CarderPlanet. "Quando Boa entrou para a equipe, ele deu nova vida ao Planeta", lembrou-se um dos jovens que tinha entrado para o site. "Ele foi o responsável pela agilidade na navegação e criou algumas seções novas. Tornou-se uma celebridade local."

Ao mesmo tempo, Boa concordou com Script que ele criaria um segundo site, Boa Factory, cujas atividades complementariam o trabalho do CarderPlanet, enfatizando setores diferentes do ramo — entre outras coisas, passaportes falsos e documentos de identidade, e também um comércio mais atacadista de cartões de crédito clonados e *dumps*. Se o Boa era um site exclusivamente de negócios, o CarderPlanet enfatizava o aspecto social do submundo, consistindo num espaço em que os *carders* individuais poderiam se reunir, conversar, comprar e vender — tudo isso na rede.

O Boa Factory desenvolveu uma ferramenta revolucionária, depois adotada pelo CarderPlanet, que permitiu o crescimento do crime cibernético numa escala industrial. O maior desafio enfrentado pelos ladrões cibernéticos está no fato de eles saberem que a pessoa com quem estão negociando é também uma criminosa e, *ipso facto*, indigna de confiança. Boa criou o sistema de caução, conhecido inicialmente como Serviço de Garantia, para solucionar o problema. Um vendedor fornecia ao representante do Serviço uma amostra de seus artigos (cerca de uma dúzia de números de cartão de crédito e códigos de segurança) enquanto o comprador potencial lhe enviava o dinheiro no mesmo momento. O representante então testava os artigos e, se fossem válidos, este liberava o dinheiro para o vendedor, repassando os *dumps* e as senhas ao comprador. Esse sistema simples se revelou um golpe de mestre. A partir de então, aquelas transações ganharam proteção, e a isso se seguiu um grande período de prosperidade.

Foi de Boa a ideia de reunir a Família na Primeira Conferência Anual de Carders no verão de 2002. Assim, quando o convite para uma visita a Odessa chegou às caixas de correio eletrônico de toda a ex-União Soviética, os destinatários se mostraram muito dispostos a pagar o preço das passagens em direção ao sul (se bem que, naturalmente, eles devem ter usado cartões de crédito de terceiros para comprá-las). Por acaso um católico recusaria a oportunidade de visitar Lourdes? Um muçulmano recusaria uma viagem a Meca? Ora, nenhum criminoso de respeito deixaria passar a oferta de viajar a Odessa por uma semana.

O Planeta estava com tudo. Seus usuários comentavam entusiasmados sua capacidade de ganhar dinheiro enquanto centenas de hackers, crackers e distribuidores de spam esperavam nervosos para saber se a Cúpula lhes concederia o precioso privilégio da admissão no grupo.

Logo antes da reunião, Script concedeu a primeira entrevista pública com um *carder* importante. A revista *Xaker.ru*, publicada até hoje, é a bíblia do submundo russo, mas até os seus leitores ficaram chocados ao ver Script revelando os segredos d'O Planeta em março de 2002. "O que leva uma pessoa a se tornar um *carder*?", perguntou o periódico, destacando que o famoso Departamento R da Rússia fora criado para caçar *carders* e a sua laia.

SCRIPT: As pessoas são motivadas por aquilo que seus corações e mentes lhes dizem. A ciência mostra que aqueles que assumem riscos vivenciam um surto de produção do chamado hormônio da felicidade. Esse hormônio, multiplicado por uma quantia qualquer de convidativas notas de dólar, desempenha o papel fundamental e decisivo para motivar alguém a continuar trabalhando nessa indústria de honestidade aquém da integral.

XAKER: Livres de culpa?

SCRIPT: Sem culpa nenhuma. Não apenas porque todos podem cancelar qualquer pagamento mesmo depois de transcorrido um período substancial, simplesmente enviando ao banco uma declaração nesse sentido, mas também porque clonar cartões não é uma ocupação tão nefasta quanto pode parecer. Trata-se de algo muito menos vergonhoso que o roubo. Não causamos nenhum tipo de problema aos proprietários dos cartões: eles recebem tudo de volta dos bancos, até o último centavo, se assim solicitarem. Em vez disso, nosso governo deveria se culpar pelo fato de os adolescentes estarem se tornando fraudadores já em idade tão precoce.

Golubov refletia a respeito da atividade como costuma fazer a maioria dos *carders*: os bancos sempre pagarão a conta, e com isso as pessoas comuns não serão afetadas. Essa baboseira populista e sentimental ignora convenientemente a prática dos bancos de repassar o custo da fraude aos correntistas, de modo que os *carders* trazem um impacto negativo direto para as pessoas comuns em relação às quais Script manifestou aparente preocupação.

Independentemente disso, seu argumento mencionando a indiferença do governo diante do grande número de adolescentes que se voltavam para o crime passa perto do alvo. A Ucrânia era pouco mais do que um Estado mafioso, e seus principais políticos e empresários estavam dando um péssimo exemplo — um exemplo do qual Script se mostrou um habilidoso seguidor.

Em tal contexto, Script acreditou que o CarderPlanet poderia lhe proporcionar recursos suficientes para entrar na primeira divisão da atividade econômica ucraniana. Era um jovem acima de tudo ambicioso.

O que poderia dar errado?

7. Boa no aperto da jiboia

Perto da época em que Script estava lançando o CarderPlanet em Odessa, pesquisadores da gigante do software Autodesk, de San Rafael, Califórnia, decidiram que tinha chegado a hora de contatar o FBI. Maior fabricante mundial de programas de modelagem 2-D e 3-D, a Autodesk comercializa seus produtos em todo o mundo para um público consumidor formado por arquitetos, designers, urbanistas, corretores de imóveis, modeladores, projetistas de veículos — ora, a empresa é até a fornecedora de software da empresa de engenharia química de Scunthorpe, a Grimley Smith Associates.

Programas especializados desse tipo não são baratos. A licença individual para o uso do software profissional CAD da Autodesk custa entre 3 e 7 mil dólares, reflexo dos imensos recursos investidos na pesquisa e no desenvolvimento do produto.

Em 2002 a unidade de proteção contra a pirataria da empresa reparou que um revendedor na Ucrânia estava oferecendo no eBay versões novinhas de um dos programas de design da Autodesk por duzentos dólares, enquanto nas lojas o mesmo programa era vendido por 3,5 mil dólares. *Hum*, pensaram eles, *há algo errado aqui!*

O Vale do Silício sofre do mesmo problema enfrentado pelos estúdios de Hollywood. A produção de filmes costuma envolver um volume de recursos comparável àquele exigido para o desenvolvimento de complexos programas de software. Enquanto aumenta o custo da produção, o surgimento de uma complexa rede de fabricantes de DVDs piratas, muitas vezes ligada a organizações do crime organizado, reduz o lucro obtido pela indústria. Isso é especialmente verdadeiro em tempos de recessão — se for possível escolher entre gastar quinze dólares num ingresso de cinema ou um dólar em uma cópia perfeita do mesmo filme em DVD dois meses antes do seu lançamento nos cinemas, é difícil resistir à segunda opção.

Da mesma maneira, pensemos numa pessoa que administra uma empresa num ramo competitivo e precisa obter acesso a, digamos, um produto da Autodesk. Para comprar o software e as licenças de uso necessárias pode ser preciso investir até 20 mil dólares, mas, se os mesmos produtos fossem comprados daquele sujeito ucraniano no eBay, a despesa total seria de oitocentos dólares. Sejamos francos: pode ser ilegal, mas certamente é tentador!

Desde a década de 1970, quando o software começou a se tornar comercialmente disponível pela primeira vez, os fabricantes tentam em vão desenvolver uma tecnologia capaz de impedir que o produto seja copiado (algo que também se quis aplicar a CDS e DVDs). Nenhuma tecnologia desse tipo durou mais que alguns dias antes de ser violada por um das dezenas de milhares de hackers e crackers de todo o mundo. Nas últimas três décadas, este se revelou um dos ramos mais quixotescos da indústria da alta tecnologia.

Os hackers da Europa oriental desempenharam um papel

particularmente importante na violação dos sistemas de segurança acrescentados a softwares. Nos anos 1980, antes da queda do comunismo, a União Soviética tinha incumbido vários aliados do seu bloco comercial, o COMECON, do desenvolvimento de um computador pessoal e uma indústria do software — principalmente a Bulgária e a Alemanha oriental. As características definidoras dos computadores comunistas eram as mesmas de todos os produtos do bloco oriental: eram feios e estavam sempre apresentando defeito. Os desafios enfrentados pelos incipientes engenheiros eletrônicos da região eram tão consideráveis que estes se tornaram excepcionalmente engenhosos na superação de defeitos e bugs.

Além disso, as fábricas de software que os europeus orientais construíram nos anos 1980 não puderam concorrer com o Vale do Silício nos anos 1990, após a queda do Muro de Berlim — não havia dinheiro para investir em pesquisa e equipamento. Mas os novos e poderosos sindicatos do crime organizado que exerciam tamanha influência nos ex-países comunistas enxergaram nas fábricas uma verdadeira oportunidade. Primeiro, eles compraram suas instalações (normalmente recorrendo a métodos ilegítimos, e não legais), então contrataram aqueles talentosos engenheiros para que produzissem softwares pirateados em escala industrial. Bulgária, Ucrânia e Rússia estabeleceram o ritmo, e os romenos foram no seu encalço.

Assim, quando a Autodesk percebeu que um único vendedor no eBay estava comercializando um número expressivo de versões falsificadas do produto da empresa a partir da Ucrânia para os Estados Unidos, eles naturalmente se sentiram impelidos a fazer algo a respeito. Depois de alguma deliberação a empresa chamou o FBI, que por sua vez contatou a Procuradoria dos Estados Unidos em San Jose, Califórnia. E, como a fraude envolvia o eBay, o gabinete da Procuradoria chamou um investigador em especial: Greg Crabb, do USPIS (United States Postal Inspection Service), o Serviço Americano de Inspeção Postal, que na época morava em San Francisco.

As três principais agências americanas incumbidas da autoridade de policiar os casos de crime cibernético são: o FBI (cujo trabalho é impedir o crime); o Serviço Secreto (porque seu mandato inclui a proteção da moeda americana e as fraudes no cartão de crédito); e o USPIS (cujo trabalho é monitorar atividades ilegais relacionadas ao serviço federal de correspondência). O último citado foi envolvido no crime cibernético principalmente porque fraudes realizadas por meio do eBay e serviços semelhantes costumam envolver o envio de mercadorias pelo correio (sejam elas compradas ilegalmente ou parte de um esquema de lavagem de dinheiro).

Nos últimos quinze anos o USPIS formou uma equipe dedicada que investiga crimes de alta tecnologia, e o sucesso de Greg Crabb foi tal que ele acabou sendo tirado de San Francisco para chefiar a unidade de Investigações Cibernéticas Globais, que ocupa um grande prédio anônimo no grande e anônimo complexo chamado Federal Center, em Washington (lembre-se de excluí-lo da lista de passeios imperdíveis quando visitar a capital dos Estados Unidos).

A aparência teutônica e o sotaque levemente arrastado de Crabb são ao mesmo tempo atraentes e intimidantes. Ele dava a impressão de ser um contador extremamente capaz, e é difícil afastar a sensação de que, se tivesse a oportunidade de inspecionar nossas finanças pessoais, ele logo encontraria provas de crimes graves, por mais idôneos que fôssemos. Essa qualidade confere a Crabb uma vantagem profissional considerável, pois a capacidade de estudar longas listas de números, mensagens curtas e dados aparentemente incompreensíveis é um *sine qua non* para todo ciberpolicial competente. O trabalho pode soar emocionante, mas, como tantas outras coisas relacionadas à computação, a maior parte da tarefa é insuportavelmente tediosa.

Uma vez designado para o caso Autodesk, Crabb rastreou a fraude ao descobrir para onde os compradores dos programas falsificados estavam enviando o seu dinheiro. Ele descobriu que o pagamento era feito por meio de uma transferência para contas que pertenciam a quinze laranjas, cidadãos americanos espalhados pelo país. A lavagem de dinheiro e as fraudes dependem desses personagens (muitas vezes) desavisados, que respondem a anúncios oferecendo bom lucro em troca de serviços prestados a partir do computador, de casa. Dos candidatos aprovados, solicita-se que suas contas bancárias sejam deixadas à disposição do novo empregador. No caso Autodesk, os laranjas recebiam duzentos dólares e repassavam 180 à matriz, retendo vinte a título de comissão. O dinheiro era enviado a um banco na Letônia, um dos três países bálticos cujo papel na questão mais ampla da segurança cibernética é totalmente desproporcional à sua população de 7 milhões de pessoas.

Com a ajuda da polícia da Letônia, Crabb descobriu que o destino final das transferências era um conjunto de contas bancárias em Ternopil, no oeste da Ucrânia. Todas elas pertenciam a um certo Maksym Kovalchuk ou a sua esposa.

Crabb percebeu que, sozinho, Kovalchuk não conseguiria derrubar a economia americana. De acordo com os padrões dos grandes grupos do crime organizado, ele estava lucrando meros trocados com aquela fraude particular, por mais que ela inquietasse a Autodesk. Em vez disso, Crabb trabalhou na tentativa de invadir a conta de e-mail de Kovalchuk para descobrir se haveria mais segredos por lá, e num dado momento ele se viu com uma "oportunidade única" de monitorar as comunicações do ucraniano — coisa que só podemos interpretar de duas maneiras: se Crabb não invadiu o computador de seu alvo, ele conseguiu convencer o servidor do e-mail de Kovalchuk a conceder-lhe acesso. Seja qual for a verdade, a "oportunidade única" teria impacto de amplo alcance no mundo real, pois assim que começou a ler os e-mails, Crabb percebeu que Kovalchuk estava envolvido num projeto muito maior que a fraude da Autodesk: o desenvolvimento de um site chamado CarderPlanet.

Apesar de o foco principal de sua investigação continuar sendo Kovalchuk e seus elos com o esquema fraudulento, Crabb começou a mapear a árvore genealógica da Família do CarderPlanet como um projeto paralelo. Sem saber que estava sendo monitorado por uma agência americana, Kovalchuk tratou com bastante naturalidade suas comunicações, e assim uma combinação de sorte e diligente trabalho investigativo deixaram Crabb numa posição invejável. Além de estar um passo à frente do próprio Kovalchuk, o inspetor estava agora mais avançado que as agências ocidentais de espionagem. Ao invadir parcialmente a mais dinâmica das comunidades criminosas cibernéticas, ele tinha obtido sucesso onde os espiões ocidentais tinham até então fracassado.

Mas apesar de Crabb ter conseguido aprender muito a respeito daquilo que estava ocorrendo na comunidade hacker da Ucrânia, não havia muito que ele pudesse fazer a respeito. Ele não podia nem mesmo prender Kovalchuk. Além de os Estados Unidos não terem um tratado de extradição estabelecido com a Ucrânia, as circunstâncias políticas que prevaleciam nesse grande país do Leste Europeu eram muito infelizes. Leonid Kuchma era o presidente, encarnando uma vasta rede de relações corruptas entre os oligarcas e o crime organizado. Além disso, os Estados Unidos concorriam com a Rússia e a Europa na tentativa de asseverar sua influência sobre o país e, naquele momento, Moscou estava ganhando o jogo com uma vantagem considerável. Enquanto permanecesse na Ucrânia, Kovalchuk estaria a salvo.

Em meio a tudo isso, no fim de 2002, enquanto o inspetor

Crabb ainda estava em San Francisco, ele foi chamado pelo departamento de segurança da Visa, cujo escritório central ficava na mesma cidade. Os funcionários da empresa estavam frustrados com o sucesso surpreendente de um hacker chamado Boa, que tinha conseguido roubar ou ajudar outros a roubar dezenas de milhares de cartões de crédito por meio do seu site, Boa Factory. As orelhas de Crabb ficaram em estado de atenção — ele reconheceu aquele nome, Boa, das muitas conversas que tinha rastreado através da conta de Kovalchuk. E não é que Kovalchuk tinha comprado muita coisa no Boa Factory e tinha aprendido com o site os meandros do trabalho, além de debater o desenvolvimento do CarderPlanet? O inspetor postal estava se aproximando rapidamente de Boa e Script, identificados como os dois principais nomes por trás do CarderPlanet. Discretamente, por meio da Interpol, ele divulgou uma nota às outras agências policiais pedindo que entrassem em contato caso deparassem com algum ucraniano suspeito de cometer crimes de alta tecnologia.

No fim de fevereiro de 2003, Roman Vega estava voltando de uma viagem de negócios para sua casa, em Malta, quando um de seus amigos pediu a ele que viesse visitá-lo em Nicósia, Chipre. Ele passou uma noite bebendo com esse amigo e relembrando as aventuras de ambos em Mianmar em 1991, quando fizeram parte da equipe responsável pela primeira transmissão de rádio amador a partir de um país governado pelos militares.

Ao voltar ao seu quarto no Hotel Castelli, Vega teve uma surpresa desagradável: esperava-o o inspetor Modesto Poyiadjis, da polícia local, que prontamente deteve o ucraniano como cúmplice de uma fraude no cartão de crédito cometida por outro hóspede ucraniano que Vega recebera em seu quarto (uma péssima decisão, como ele acabou descobrindo). Para Vega, aquele era o início de um relacionamento com a polícia do Chipre e dos Estados Unidos que só pode ser descrito como kafkiano.

Depois de conferir os registros da Interpol, Poyiadjis entrou em contato com Greg Crabb, principal oficial encarregado da investigação americana envolvendo Boa. Ele disse ao homem do USPIS acreditar que Roman Vega seria ninguém menos que o próprio Boa. Crabb mal pôde conter o ânimo. Antes mesmo de o telefonema chegar ao fim, ele estava comprando passagens no primeiro voo até Nicósia. Não se tratava apenas da perspectiva de tentar a extradição de um dos cérebros por trás do CarderPlanet... *eles estavam com o laptop dele!* Se os cipriotas tinham sido capazes de descobrir qual era o alter ego dele sem nem mesmo saber com o que estavam lidando, imagine só o que um investigador como Crabb seria capaz de extrair daquele disco rígido.

"A prisão de Boa foi um grande choque", disse Xhora, membro do CarderPlanet, ecoando o sentimento de muitos de seus compatriotas no mundo cibernético d'O Planeta. Boa tinha sido o homem responsável por tornar o CarderPlanet divertido, além de interessante e lucrativo. Sendo muito mais velho e mais experiente que o restante dos habitantes d'O Planeta, muitos supuseram que ele fosse invulnerável às inconveniências como a polícia.

Na mesma época, Script estava reunindo cada vez mais poder e dinheiro como resultado do seu controle sobre o CarderPlanet. "As entrevistas concedidas por ele tinham como objetivo tornar o site mais popular, atraindo um movimento ainda maior", disse outro frequentador assíduo do CP, Null_Name, "e nisso ele obteve grande sucesso. O site recebeu um influxo imenso de novos membros. E o clima mudou. As coisas não eram mais as mesmas."

É verdade que a íntima camaradagem dos primeiros dias do CarderPlanet estava desaparecendo rápido. Independentemente disso, o site estava gerando mais dinheiro que nunca. A seção do fórum em inglês estava pronta e funcionando e, em pouco tempo, *carders* de todo o mundo começaram a se inscrever no site. Mas, na distante San Francisco, Greg Crabb se refestelava com o disco rígido de Boa, extraindo dele os milhares de segredos trocados entre Boa e Script. "Nunca precisei interrogar Boa", disse Crabb, "não estava interessado naquilo que o sujeito tinha a dizer, pois eu tinha o disco rígido dele — não havia nada de novo que ele pudesse me contar."

Na verdade, é possível que Crabb não tenha extraído do computador tudo aquilo de que gostaria. Parece que, em algum momento, as forças americanas invadiram um dos sistemas criptográficos do laptop VAIO, mas o seu proprietário tinha também reforçado a segurança com um poderoso sistema, Handy Bits EasyCrypto (disponível gratuitamente), impedindo o acesso a cerca de 80% dos arquivos do computador.

Nos fóruns dos *carders*, perdura até hoje certa amargura por conta da suspeita de certos membros que acreditam que Roman Vega tenha entregado Gobulov. Isso não é verdade — todas as informações sobre Gobulov foram extraídas do computador VAIO. Vega não apenas se manteve quieto, pagando por isso um alto preço, como também já passou quase uma década em várias prisões no Chipre e nos Estados Unidos, apesar de nunca ter sido condenado por nenhum crime.

Apesar de todas aquelas novas informações, ainda não havia nada que Crabb pudesse fazer a respeito de Script. Ele estava na Ucrânia — diferentemente de Maksym Kovalchuk, que foi detido com a esposa por causa da fraude contra a Autodesk num bar em Bangcoc três meses depois de Roman Vega ter sido detido em Nicósia. Assim como Vega foi extraditado do Chipre para a Califórnia, Kovalchuk foi mandado da Tailândia para a Costa Oeste dos Estados Unidos.

Script não tinha nenhuma intenção de deixar seu país natal e, para se proteger ainda mais, ele anunciou no CarderPlanet no início de 2004 que estava renunciando à sua autoridade e deixando o site para sempre.

Mas Script tinha um plano. Ele já tinha ganhado bastante dinheiro com suas atividades de *carder*, "sem culpa nenhuma", em suas palavras, e sua ideia era agora investir em empresas legítimas. Talvez ele esperasse evitar momentos desagradáveis no futuro. Quem sabe tivesse ambições que iam além do ciberespaço. Ele fez seu dramático anúncio no CarderPlanet — entregaria a tarefa de administrar o site a um *consigliere* de confiança e não acompanharia mais os fóruns de discussão d'O Planeta.

Parecia que Script estava deixando o crime. Mas havia algo que não estava nos planos dele.

Uma revolução.

8. Reescrevendo o Script

Boris Borisovich Popov telefonou ao trabalho para dizer que não estava se sentindo bem. Ele explicou que o médico havia lhe pedido para pegar leve por alguns dias. Alguns colegas ficaram surpresos. A magra compleição física de Boris Borisovich e seus traços adolescentes às vezes lembravam os de uma criança enferma, mas ele era provavelmente o mais disciplinado e esforçado trabalhador entre eles. "Trabalhar com Boris era um verdadeiro prazer", comentou mais tarde um deles, "era impossível achar alguém melhor em toda a empresa."

Apesar de ter faltado ao trabalho, Popov não ficou de cama: em vez disso, saudável e serelepe, saiu de seu apartamento, chamou um táxi e foi até o aeroporto Borispol, em Kiev, onde embarcou num voo com destino a Odessa. Vindo de Donetsk, no leste da Ucrânia, e tendo o russo como língua materna, sua presença no sul não chamaria atenção desde que ele se mantivesse alerta.

Ao chegar a Odessa, tomou um ônibus para o centro da cidade. Era um quente dia de julho. A temperatura estava na casa dos vinte e muitos graus, mas soprava do mar Negro uma brisa agradável. Logo Popov chegou ao apartamento que tinha alugado. Em questão de horas seus três colegas de equipe chegaram — Natasha Obrizan e os senhores Grishko e Baranets. "Não poderíamos ficar num hotel", explicou Boris, "pois não confiávamos na polícia local." Em todo o país, só havia uma pessoa que sabia onde eles estavam: o ministro do Interior.

Seis meses antes a Ucrânia tinha passado por uma dramática convulsão — a Revolução Laranja. Esse país excepcionalmente fértil, com potencial para fornecer ao continente europeu praticamente todo o alimento de que necessita, já conhecera momentos dramáticos. Os regimes do século XX que passaram pela Ucrânia incluíram o nacionalismo extremista, a ditadura, o comunismo e o fascismo, cada qual responsável por infligir na população do país sua própria variedade de violência: guerra civil, fome em massa, genocídio, deportação e pobreza generalizada.

O legado mais perene dessa história caótica foi a divisão da Ucrânia em dois campos geográficos e de idioma eslavo: oeste e leste; ucraniano e russo. A capital, Kiev, jaz entre ambos como uma ponte instável, na esperança de conciliar as duas tradições por vezes antagônicas. Nos dias mais sombrios do século XX, o oeste do país passou a ser associado por algumas pessoas ao fascismo e à Alemanha, enquanto o leste era considerado uma fortaleza do comunismo e da influência moscovita.

Essa cisão nem sempre é clara — há bolsões de língua ucraniana no leste, enquanto candidatos pró-Rússia costumam receber votos inesperados em partes do oeste. Independentemente disso, prevalece a regra na maioria dos casos. Desde a independência, Kiev e as províncias ocidentais têm buscado fortalecer os laços com a União Europeia e a Otan, enquanto o leste buscou fortalecer os laços com a Rússia. De fato, muitos ucranianos do leste ainda se sentem como se pertencessem em todos os sentidos à sua gigantesca vizinha.

Até 2004 sucessivos governos e presidentes da Ucrânia tinham adotado uma postura pró-Rússia, satisfazendo os eleitores do leste e frustrando os nacionalistas ucranianos do oeste do país. Como consequência, as relações com a União Europeia, a Otan e os Estados Unidos eram frias — representantes do governo ucraniano eram vistos tão frequentemente na Casa Branca quanto eram nas cadeias americanas, condenados por lavagem de dinheiro e outras atividades relacionadas à McMáfia.

Mas enquanto funcionários públicos, oligarcas e políticos enchiam os bolsos à custa dos cidadãos comuns, cujo padrão de vida ruiu antes e depois da virada do milênio, um novo movimento político começou a se formar em torno de dois políticos considerados "modernos", Viktor Yushchenko e Yulia Tymoshenko. Só mais tarde se soube que eles não eram tão diferentes de seus opositores. Yushchenko ganhou as manchetes em setembro de 2004 quando alguém tentou envená-lo com dioxina (quase certamente obra da KGB russa). Ele sobreviveu à tentativa de assassinato, apesar de ter ficado gravemente desfigurado, e anunciou que continuaria concorrendo como candidato à presidência.

A campanha para dar cabo da velha guarda inspirou a imaginação dos jovens ucranianos, que transformaram o momento num festival da política batizado de Revolução Laranja. Estudantes ativistas da Sérvia, nos Bálcãs, que tinham ajudado a derrubar o seu próprio ditador, Slobodan Milošević, chegaram a Kiev para dar aulas aos incipientes movimentos políticos de rua de seus quase vizinhos. Proselitistas neoconservadores dos Estados Unidos vieram em grande número ao país, enxergando uma oportunidade concreta de desferir um golpe humilhante contra Moscou e arrastar a Ucrânia para mais perto da órbita da Otan.

Desde o início houve implicações internacionais no súbito surto de atividade política. Quando Yushchenko foi finalmente declarado presidente e Tymoshenko se tornou a primeira-ministra, em janeiro de 2005, a Ucrânia tinha se tornado um vivíssimo experimento das relações entre Estados Unidos e Rússia, as quais se deterioravam a olhos vistos. Os dois novos líderes não apenas afirmaram o compromisso da Ucrânia de se juntar à União Europeia como anunciaram também que o país se tornaria membro da Otan em breve. Apesar de destinado ao fracasso (afinal, esse plano contava com o apoio de apenas 30% do eleitorado ucraniano), o projeto foi interpretado por Moscou como uma declaração de guerra.

Nos quatro anos transcorridos desde o seu primeiro contato com Maksym Kovalchuk, o homem que vendia cópias falsificadas de produtos da Autodesk, o inspetor Greg Crabb tinha desenvolvido relacionamentos com seus colegas do confuso espectro das diferentes agências policiais ucranianas. Mas, apesar de ter feito contatos importantes, todos recusaram polidamente seus pedidos de prisão de Dimitry Gobulov, vulgo Script.

Os dramáticos acontecimentos de dezembro de 2004 e janeiro de 2005, quando Yushchenko e Tymoshenko ascenderam ao poder, mudaram esse panorama. Crabb percebeu que a Revolução Laranja representava uma oportunidade que não poderia ser desperdiçada. Pouco depois dos tumultuados acontecimentos ele recebeu um telefonema da embaixada americana em Kiev. Foi informado de que o Ministério do Interior da Ucrânia já tinha sido expurgado dos velhos linhas-duras e que uma nova equipe, mais simpática ao Ocidente, tinha assumido. "Venha logo para cá!", disseram-lhe da embaixada. O representante do USPIS não precisou ser convidado duas vezes.

Ele chegou a Kiev em junho de 2005 e apresentou aos funcionários do Ministério do Interior suas provas relativas ao caso de Gobulov. Duas semanas mais tarde, o inspetor Popov, do Departamento de Combate ao Crime Organizado, estava a caminho de Odessa com a missão de rastrear e deter o fugidio Script.

Popov sabia que tinha diante de si uma missão difícil. O que ele mais temia era a possibilidade de vazamento de informações, pois, se algum rumor sobre a batida chegasse a Odessa antes dele, toda a operação ruiria antes mesmo de começar. Àquela altura um *carder* experiente e dono de uma fortuna de milhões de dólares, era possível que Gobulov tivesse contratado para si a proteção das agências policiais locais. E entre os seus, ele era invencível.

A rua Dovzhenko fica a três quilômetros do centro de Odessa. Os quarteirões são muito arborizados e ali se localizam alguns dos melhores endereços da cidade. Gobulov estava morando no apartamento da avó, e quando Popov e sua equipe chegaram ao local, ficaram surpresos ao deparar com uma espessa porta de aço impedindo o acesso. Ao assumirem suas posições, Popov sinalizou para os colegas. "Abra a porta! Polícia!", gritaram eles enquanto batiam na pesada porta. Recebidos com o silêncio, eles tentaram ouvir alguma coisa atrás da barreira de aço — um deles julgou ter ouvido passos, mas apesar de seus esforços a porta continuou trancada.

Enquanto Popov pensava se deveria convocar reforços com equipamento pesado, o forte cheiro de papel queimado chegou às suas narinas. *Meu Deus*, pensou o inspetor, *ele está destruindo as provas!* Popov alertou prontamente os serviços de emergência, e logo um caminhão dos bombeiros estava a caminho. Com o calor cada vez mais intenso, os bombeiros abriram um buraco na parede do apartamento e começaram a lançar espuma por toda parte. Quando parecia que o apartamento da vovó estava prestes a se tornar o palco de uma inundação de produtos químicos industriais, Gobulov finalmente aceitou a derrota e abriu a porta.

A cena era bizarra. Além de encontrar os registros de Gobulov em chamas, Popov descobriu que o hacker estava passando os discos de computador por um *raskat*. Se tivesse simplesmente apagado os arquivos de seus vários computadores, a tarefa de reconstituí-los não representaria grande desafio para qualquer pessoa minimamente escolada na ciência forense eletrônica. É fácil queimar documentos de papel — livrar-se de arquivos de computador é muito mais difícil. Mas o *raskat*, projetado pelos russos, era capaz de emitir ondas eletromagnéticas suficientemente fortes para obliterar dados por completo. Gobulov foi pego em flagrante, e Popov o acompanhou até Kiev, onde foi detido.

Vega e Gobulov estavam agora presos (assim como vários outros membros vitais da "família" do CarderPlanet). Ambos negaram até o fim serem Boa e Script. Nenhum deles foi condenado por qualquer crime — na verdade, Boa passou sete anos em prisões americanas sem jamais ter sido levado a julgamento, o que levanta sérias dúvidas em relação à eficácia do sistema americano de justiça criminal.

Independentemente de qual tenha sido a causa, o CarderPlanet havia sido esvaziado. O visionário site dedicado aos hackers e crackers pode ter desaparecido, mas seu legado foi imenso — ele revolucionou as práticas criminosas na web.

Além disso, o crime cibernético em larga escala já tinha ultrapassado os limites da Ucrânia. Nos dois últimos anos do CarderPlanet, os administradores encorajaram o desenvolvimento de um fórum em inglês que funcionasse em paralelo com os fóruns de discussão em russo. Esse fórum levou o "espírito de Odessa" a hackers e *carders* de todo o mundo. Dois de seus membros eram novatos, mas estavam intrigados com o novo mundo do *carding* profissional. Um deles adotou um simpático pirata como seu avatar e o outro uma imagem do filme favorito de todo nerd. Entram em cena JiLsi e Matrix001.

PARTE III

9. Tigre, tigre

COLOMBO, SRI LANKA, 1988

Bam! Bam! Bam!

"Abra a porta! Abra!"

Quando estão nesse estado de espírito, os soldados raramente esperam por uma resposta, ainda mais se já passa das cinco e meia da madrugada. De rifles em punho, eles arrombaram a porta e invadiram a casa. Procurando de cômodo em cômodo, ordenaram aos membros da família que se deitassem de bruços antes de começar a revirar o lugar.

Três crianças acordaram aterrorizadas com os barulhos e a luz que invadia a casa. "Saiam da cama! Saiam da cama!" Transpirando no calor tropical e vestindo apenas as roupas de baixo, as crianças perceberam que seus dentes começavam a bater por causa do medo. Os soldados agarraram o mais velho, de apenas onze anos, e apontaram para uma mancha de pele mais clara na sua barriga, do tamanho de uma mão. "O que é isso?", gritaram eles, quase triunfantes. "Ele tem preparado explosivos!"

"É uma marca de nascença", respondeu o menino, "apenas um sinal de nascença".

Eles puxaram o garoto para longe e o sentaram numa cadeira na sala de estar antes de começar o interrogatório. Os pais e a avó dele imploraram aos soldados que pareciam estar no comando, e finalmente eles concordaram que o frágil menino, que nem mesmo havia entrado na adolescência, não parecia ser um fabricante de bombas para os Tigres Tâmeis.

O pequeno Renu estava acostumado a episódios turbulentos. Eles aconteciam em sua vida desde a tenra idade. Cinco anos antes, em julho de 1983, ele fora tirado de Colombo quando ainda tinha apenas seis anos. Militantes tâmeis tinham assassinado treze soldados do Exército do Sri Lanka. Como vingança, uma turba cingalesa massacrou centenas de tâmeis inocentes em Colombo, capital do país, dando início a uma guerra civil que só chegaria ao fim 26 anos mais tarde.

Permanecer em Colombo enquanto gangues cingalesas vagavam pela cidade em busca de alvos não era mais uma opção, e assim os pais de Renu reuniram suas coisas e levaram os três filhos a Jaffna, principal centro da comunidade tâmil no Sri Lanka. Localizada no extremo norte do país, Jaffna ficava a apenas oitenta quilômetros da costa sudeste da Índia. Aquele era também o reduto da guerrilha dos militantes tâmeis. A resistência ao governo de Colombo, controlado pelos cingaleses, estava aumentando.

Foi pouco depois da mudança de Renu que a imprevisível violência da guerra civil e da insurgência começou a se aproximar cada vez mais do seu novo lar. Em 1987 forças do governo já estavam sitiando Jaffna e combatendo diferentes grupos armados, principalmente a LTTE, os famosos Tigres Tâmeis. O número de refugiados que saía da cidade rumo ao sul da Índia, passando pelo Estreito de Palk, atingiu massa crítica, forçando o governo de Nova Délhi a agir. Num acordo estabelecido com o governo do Sri Lanka, os indianos enviaram a Jaffna uma grande comitiva encarregada de supervisionar a assinatura de um acordo de paz.

Em pouco tempo as relações entre as forças de paz indianas e os Tigres Tâmeis se deterioraram, e mais uma vez Jaffna se tornou uma das cidades mais perigosas do planeta. Em outubro de 1987 forças indianas foram responsáveis pelo massacre de dezenas de civis inocentes no principal hospital da cidade, único incidente em quase um quarto de século de guerra que uniu o governo de Colombo e os Tigres Tâmeis na sua indignação. Para Renu e sua família, o risco de permanecer em Jaffna era grande demais, e assim eles rumaram novamente em direção ao sul, para Colombo.

Certa tarde, o pai de Renu pediu ao menino que fosse fazer compras no mercado. Renu nunca tinha visto tantas rúpias, e meteu-as no bolso junto com a lista de compras. A caminho do mercado, ele reparou num homem que cuidava de um jogo na calçada. Havia três potes, e sob um deles estava escondida uma pedra. Renu viu que as pessoas faziam apostas em um ou outro pote enquanto o hábil jogador os mudava de lugar a uma velocidade vertiginosa. O menino ficou encantado e chocado ao perceber que os apostadores nunca conseguiam encontrar a pedrinha, mas que ele havia adivinhado sua correta localização todas as vezes. Renu abriu caminho até a frente da fila e tirou do bolso o bolo de notas de seu pai. Uma a uma elas foram tragadas pelo bolso do homem conforme Renu errava na hora de adivinhar o pote que continha a pedra, assim como todos que tentaram antes dele. Quanto mais ele perdia, maior o seu frenesi ao fazer a aposta seguinte. Sem se dar conta das próprias perdas, o menino não conseguiu parar — não até que as notas sumissem e seu pequeno corpo, trêmulo de tanta adrenalina, fosse subitamente tomado pelo suor frio e a imagem da mão do pai erguida bem alto sobre a cabeça. Renu nunca mais se envolveu com jogatinas.

Nos anos transcorridos desde que tinham partido para Jaffna a situação na capital tinha se acalmado um pouco, apesar de a segurança dos moradores tâmeis nunca ser plenamente garantida, como a batida dos soldados à sua casa demonstrou bem. Mas, para a família de Renu, as opções estavam se esgotando.

Sem ter nem mesmo chegado à adolescência, Renu já tinha passado boa parte da vida saltando da frigideira para o fogo — às vezes, literalmente evitando o fogo cruzado. Pouco depois da batida do Exército a sua casa, quando uma marca de nascença quase transformou o jovem em terrorista, a avó de Renu decidiu que a situação dele, um tâmil crescendo na capital do Sri Lanka, era perigosa demais. Se não se sentisse tentado a procurar os Tigres e unir-se a eles, Renu poderia acabar caindo nas mãos de grupos nacionalistas cingaleses que vagavam pela cidade caçando o inimigo.

Em 1992 a família já tinha reunido dinheiro suficiente para mandar Renu a Londres, onde moravam seus tios.

Do outro lado do mundo, a nova vida do garoto — num ambiente pouquíssimo familiar — apresentava seus próprios perigos. Na Escola Langdon, uma das maiores e mais desregradas da zona leste de Londres, o pequeno e magricela Renu se viu preso entre duas culturas, a branca e a bengali. Ele tirava boas notas em matemática, superando todos os colegas, mas mal conseguia se expressar em inglês. Um completo forasteiro, ele era provocado o tempo todo pelos valentões e, após seis meses, passou a se recusar a ir às aulas, apesar dos apelos desesperados de seus tios.

Durante dois anos Renu se manteve dentro de casa, às vezes passando semanas sem sair para tomar ar fresco. Assistir à televisão de manhã até de noite era a única atividade da qual ele se ocupava.

Renukanth Subramaniam aprendeu a ficar sozinho.

E talvez ele tivesse ficado sozinho se o seu tio não tivesse finalmente o obrigado a enfrentar o mundo exterior, especificamente a Escola Secundária Newham de Ensino Aprofundado. Lá ele aprendeu novas habilidades: como socializar com seus pares; como fumar maconha; como beber conhaque Martell; e como programar um computador.

No pub mais próximo, chapado e bêbado, Renu arrasava seus oponentes virtuais na máquina de fliperama, jogando Street Fighter. Quantos jovens eram atraídos para esse hipnotizante e repetitivo desafio, que colocava seus avatares numa luta de vida ou morte contra uma sequência de lutadores igualmente agressivos? Será que a inundação de dopamina no lobo frontal do cérebro, provocada por jogos desse tipo, levou todos os jovens ao vício ou apenas alguns deles?

Renu golpeava os botões da máquina, encharcando o corpo de adrenalina e o cérebro de endorfina. Ao terminar, ainda excitado, ele bebia Martell para prolongar a sensação de bem-estar e para se acalmar. Lentamente, o vício duplo começou a erodir sua irrisória mesada. O Street Fighter se tornou cada vez mais importante na vida dele. Quando se deitava para dormir, as violentas imagens coloridas do jogo povoavam a sua imaginação.

Da mesma forma como um dia havia dado um basta na jogatina, ele decidiu também parar de jogar videogame, e nunca mais encostou num fliperama. Infelizmente para ele a decisão se aplicava apenas ao Street Fighter, e não ao seu crescente apetite por álcool e drogas.

A ruptura com o jogo não significou o fim do seu fascínio por computadores. Ele tinha se apaixonado por eles desde a primeira vez que mexera em um, aos nove anos, no Sri Lanka. A falta de dinheiro o manteve longe dessa tecnologia por um tempo, mas ele superou o problema pouco depois de completar vinte anos, aceitando uma vaga para estudar ciências da computação na Universidade Westminster, em Londres.

Pouco depois Renu descobriu os warez, programas pirateados cujos sistemas de segurança tinham sido quebrados e que eram distribuídos entre devotos conhecidos coletivamente como The Scene.

Tratava-se de um mundo no qual ele podia estar sozinho e com amigos ao mesmo tempo.

10. Teoria dos jogos

EISLINGEN, BADEN-WÜRTTEMBERG, 2001

Enquanto Renu explorava a comunidade The Scene pela primeira vez, no sul da Alemanha, a oitocentos quilômetros de Londres, outro jovem usuário de computador tinha deparado com a mesma comunidade misteriosa.

Matrix001, de quinze anos, tinha se apaixonado. Mas não por uma menina. Matrix estava encantado com os jogos de computador. A princípio, eles eram apenas um elemento de uma adolescência normal e equilibrada disputando o tempo livre dele com a ginástica e a orquestra escolar na qual ele tocava clarinete. Aparentemente não havia nada incomum no comportamento dele. Sua obsessão secreta pelos jogos era fácil de esconder. Ninguém suspeitava — nem amigos, nem pais, nem irmãos. Talvez seu irmão mais novo.

Além de adorar os games, ele era também um jogador habilidoso, e conforme se aproximavam os exames finais do ensino médio, suas sessões ao teclado começaram a se estender até de madrugada. Manter-se a par dos mais novos games mostrou ser uma tarefa cara, especialmente (como era o caso no grupo de jogadores ao qual Matrix pertencia) se houvesse algum tipo de mérito em anunciar que já tinha jogado e vencido os títulos que acabavam de ser lançados.

No ano 2000, os jogos de aparência gráfica espetacular começavam a inundar o mercado. Os títulos da série Pokémon foram lançados um após o outro em rápida sucessão, enquanto no ramo de jogos mais extremos, o WWF Smackdown 2: Know Your Role estava se mostrando um grande sucesso, bem como Grand Theft Auto, cujas tramas repletas de violência e pornografia o consagraram. Matrix estava sempre querendo os jogos mais novos, no entanto ele simplesmente não tinha dinheiro para comprar todos eles.

Com relação aos jogos eletrônicos, a vida dele se assemelhava muito à de Renu. Fora isso, os dois não tinham nada em comum.

Determinado a satisfazer a paixão que o movia, Matrix descobriu uma comunidade na internet conhecida como fXp scene. O surgimento dessa agremiação marcou um momento importante não apenas na vida de Matrix, mas nos parâmetros de toda a cultura da internet, cujas mutações estavam em crescimento acelerado.

Ao longo das duas décadas desde a invenção do computador pessoal o seu uso se tornou tema de um debate apaixonado, ainda que arcano, entre desenvolvedores, profetas e usuários apaixonados, no sentido de estabelecer qual o seu papel na sociedade. Muitas das habilidades criminosas da web emergiram a partir de uma divisão essencial no debate filosófico em torno da rede.

Em termos simples, o debate se divide entre aqueles que acreditam que a função comercial da internet é o que há de mais importante nela e aqueles que a defendem como sendo em primeira instância uma ferramenta social e intelectual, cuja própria natureza altera os fundamentos do código moral da comunicação em massa. Para os primeiros, toda cópia não autorizada de "código" (termo empregado para se referir à linguagem computadorizada com a qual os softwares e programas são escritos) é uma ofensa criminal. Para o segundo grupo, ao lançar um software o autor está também abrindo mão de seus direitos autorais.

O coração da questão foi revelado já em fevereiro de 1976, quando Bill Gates escreveu uma carta aberta endereçada aos "amadores", um incipiente grupo de usuários de computador que acabariam evoluindo para nerds, hackers e crackers. Na carta, Gates se queixava do fato de 90% daqueles que usavam a primeira linguagem de programação da Microsoft, o BASIC, nunca a terem comprado. Eles a tinham copiado, o que significava que Gates não estava embolsando o lucro proveniente do imenso investimento de tempo e dinheiro que empregara no desenvolvimento daquela linguagem. Apesar da linguagem inculta de Gates trazer a marca da deselegância própria dos nerds, a mensagem era clara: ele estava acusando os amadores de roubo.

Os amadores, nerds, hackers — posteriormente conhecidos como crackers —, discordaram. Do ponto de vista deles, uma vez que o código é lançado, pode ser copiado. Tanto na Costa Oeste como no MIT (Massachusetts Institute of Technology), em Cambridge, Massachusetts, alguns dos mais importantes desenvolvedores e usuários de computador do mundo foram infectados por uma substancial dose de ideologia "paz e amor", segundo a qual a internet possibilitaria unir o mundo e por algum motivo (não especificado) não estaria sujeita às regras de proteção à propriedade intelectual que tradicionalmente se aplicavam a livros, música e a outras formas de produção criativa.

Era claro o *motivo* pelo qual isso podia ocorrer: anteriormente o público não se via em posição de imprimir um exemplar não licenciado de um livro nem de produzir uma leva pirata de LPs, pois o equipamento necessário simplesmente não estava disponível. E, por mais que estivesse disponível, tratava-se de aparelhos desajeitados, pouco portáteis e fáceis demais de serem rastreados pela polícia.

O software — ou código — era diferente. Depois de evoluir das máquinas de fita cassete nas quais os primeiros jogos de computador para uso doméstico foram disponibilizados no início dos anos 1980, os games passaram a ser produzidos em disquetes, CDs, DVDs e em discos rígidos cada vez menores. Naquela época, o império dos produtores de software comercial tentaram seu primeiro contra-ataque ao inserir partículas adicionais de código nos seus produtos, tentando assim impedir a cópia não autorizada. CDs e fitas cassete passaram a incluir travas digitais.

Apesar de compreensível, a tática constituiu um tiro que saiu pela culatra. Já em 1982, outro adolescente alemão, que posteriormente assumiria o enigmático pseudônimo hacker de MiCe!, finalmente convenceu seus pais — contra a vontade deles — a comprar-lhe um computador no Natal. Mas, depois de gastar tanto dinheiro, eles se recusaram a dar um centavo a mais que fosse para o jovem comprar jogos. Eles não compreendiam que, sem o software dos jogos, que na época era gravado em fitas cassete, o computador não servia aos objetivos do filho.

Ele descobriu que a única maneira de usar o computador era emprestar o software de amigos e então copiá-lo. Ele tentou todos os métodos imagináveis, mas o computador travava toda vez. Depois de dias e noites de frustração, ele finalmente encontrou um pequeno código numa parte específica da fita que parecia não cumprir função nenhuma. E foi então que ele percebeu: era aquilo que estava bloqueando o processo! Depois dessa descoberta, MiCe! pôde fazer experimentos reescrevendo o código em diferentes sequências, até que uma noite — bingo! — ele decifrou o código.

Os primeiros jogadores, da mesma geração de MiCe!, encontraram inspiração para decifrar as travas porque eram viciados em jogos, e não porque quisessem ganhar dinheiro. As cópias eram então passadas de jogador para jogador, o que levou ao surgimento da comunidade The Scene. Ainda se tratava de um processo trabalhoso e que exigia muito tempo, pois envolvia copiar fisicamente o código para uma nova fita cassete. Independentemente disso, os jogadores tinham aceitado entusiasmados o desafio proposto pelos produtores de software, e logo uma expressiva subcultura de grupos de crackers floresceu. O único objetivo de seus membros era romper as travas de jogos e outros programas tão logo eram lançados no mercado, e então exibir suas habilidades eletrônicas aos seus pares.

O submundo cibernético nasceu, embora logo fosse começar a se esfacelar em comunidades muito diferentes — umas boas, outras más.

11. Impossível voltar atrás

Quase duas décadas depois que MiCe! venceu a trava de seu primeiro cassete, o jovem Matrix se viu diante de um dilema idêntico. Estava viciado em jogos, mas não podia pagar por eles. O problema era o mesmo, mas a tecnologia tinha avançado a ponto de se tornar quase irreconhecível. Agora os jogos eram graficamente estonteantes, tinham enredos elaborados e desafios de fundir o cérebro.

A obsessão de muitos jogadores também tinha se intensificado. Cassetes e disquetes já eram artigos de museu, e o tempo dos CD-roms, DVDS e *pendrives* (antes mesmo de terem sido inventados) já estava acabando. Cada vez mais os jogos podiam existir simplesmente como código na internet. Entretanto, não era possível armazenar muitos deles num computador doméstico. Além disso, estávamos na época dos modems de conexão discada, quando acessar a internet significava ocupar a linha telefônica por horas a fio. Mas se fosse possível acessar um computador muito maior a partir do PC de casa, então seria possível armazenar e compartilhar todos os jogos que desejássemos...

fXp significa protocolo para transferência de arquivo em inglês, mas tudo que precisamos saber a respeito do fXp é que ele possibilita a transferência ágil de dados entre dois computadores. É especialmente útil para compartilhar dados entre servidores. É importante deixar claro que um servidor nada mais é do que um computador que foi adaptado para funcionar como central de comunicações. Uma empresa grande, por exemplo, mantém o seu próprio servidor para que a internet possa ser acessada por todos os funcionários. Muitos servidores são grandes e poderosos e não dependem de linhas telefônicas para acessar a rede.

Os fóruns do fXp formaram uma fraternidade de indivíduos que invadiam servidores e os usavam para armazenar e jogar games. Matrix aprendia rápido, e logo o seu computador estava à procura de servidores na internet.

Usando um programa automático, o computador dele enviava múltiplas mensagens pela rede que efetivamente batiam na porta de servidores cuja localização física poderia ser qualquer uma. Quando o servidor atendia a porta, o computador de Matrix perguntava: "Posso entrar?", e a maioria dos servidores respondia: "Qual é a senha?". Mas ele descobriu um número suficiente de servidores cujos administradores não tinham se dado ao trabalho de configurar uma senha, e nesse caso o servidor respondia à máquina de Matrix: "Claro, entre. A casa é sua, estou aqui para servi-lo, ó nefasto computador mestre!".

Para Matrix, os administradores que deixavam seus computadores tão vulneráveis assim não eram merecedores nem mesmo de desprezo. Qualquer um poderia entrar e roubar os segredos de uma empresa. Não é diferente, pensou ele, de levar uma carteira recheada de notas ao shopping center e deixá-la jogada na praça de alimentação.

Havia também os servidores cujas senhas eram fáceis de adivinhar, como aqueles que mantinham a senha padrão do fabricante, normalmente algo parecido com "admin" ou, a mais imbecil de todas: "senha".

Em outros computadores, ele descobriu uma vulnerabilidade no sistema de segurança (talvez uma porta pouco utilizada que simplesmente não pedisse senha), que era então explorada para conferir-lhe acesso às entranhas do servidor. Aquilo podia parecer física avançada para a maioria dos usuários de PC, mas para Matrix era como empurrar uma porta entreaberta — e ele era capaz de ensinar qualquer um a fazê-lo em meros trinta minutos.

Depois de assumir o controle de um servidor, a primeira tarefa de Matrix era eliminar a vulnerabilidade que ele próprio tinha explorado para obter acesso à máquina; ele precisava se certificar de que ninguém mais a atacaria como ele tinha feito.

Portanto, ao entrar num servidor Matrix podia controlá-lo. Se desejasse, ele poderia bisbilhotar todas as mensagens de e-mail e todo o tráfego da internet que passasse pelo computador. Mas não era isso que ele desejava: seu único objetivo era usar esses servidores para receber, armazenar e distribuir jogos usando a tecnologia fXp.

Matrix tinha apenas quinze anos, mas era capaz de entrar e sair de grandes redutos da internet de cuja existência a maioria dos adultos nem sequer tinha consciência. Seus pais não faziam ideia do mundo secreto que ele estava explorando a partir de seu quarto. E era improvável que descobrissem — baixar jogos e programas era explicitamente ilegal, constituindo uma violação das leis de direitos autorais, mas na época a prática se restringia a um número mínimo de usuários. Era considerada não mais que uma dor de cabeça pelos fabricantes, não um problema terminal. A imensa maioria dos jogos era comprada por meios perfeitamente legais em lojas e sites como a Amazon.

Matrix não ocultou suas atividades dos pais por estar preocupado com a possibilidade de que estivesse infringindo as leis de propriedade intelectual. Não. Ele percebeu que, para os adolescentes, a grande maravilha da internet estava no fato de que seus pais nunca poderiam (e na maioria dos casos nunca puderam) ter a menor ideia daquilo que o filho estava fazendo. Os pais já tinham dificuldade o bastante tentando acompanhar os DVDS que entravam e saíam da casa. Mas DVDS ao menos são objetos físicos que uma mãe ou pai pode confiscar no caso de encontrar o filho de treze anos assistindo a um filme para maiores (sempre correndo o risco, é claro, de desencadear um chilique).

A internet estava mudando tudo isso. As crianças estavam crescendo num ambiente cibernético que para elas era normal e autoexplicativo, mas que os pais consideravam cada vez mais complexos e traiçoeiros. Os adolescentes sabiam perfeitamente que seus pais estavam perdidos naquele ambiente. Isso começou a reforçar a ideia de que a rede era uma parte de suas jovens vidas da qual os pais estavam legitimamente banidos. Quantas mães e pais já entraram no quarto e viram seus filhos adolescentes minimizando janelas do navegador da internet enquanto suas bochechas coram rapidamente? E se os pais dão uma olhada que seja para a página aberta do Facebook, o jovem — mesmo a acessando de um cômodo público — se transforma num ativista dos direitos humanos e acusa o acuado adulto responsável de agir como um oficial da Gestapo.

O que muitas crianças e adolescentes não sabiam é que, enquanto conseguiam tapear seus pais, havia muitos outros tipos que não se deixavam enganar — uma população cujo número estava aumentando. Essas pessoas poderiam ser maníacos, anunciantes, valentões, aliciadores, policiais, professores ou criminosos. Somente os usuários mais sofisticados são capazes de ocultar aquilo que realmente estão fazendo na rede.

Em comparação aos pais, que há muito sofriam com a ignorância do que se passava na rede, essas outras partes interessadas e com certo grau de conhecimento de informática estavam começando a rastrear as pegadas digitais que crianças e adolescentes deixavam com o passar dos anos. Essas pegadas podiam ser a admissão do envolvimento com drogas e bebidas, insultos contra professores, a intimidação de colegas de classe e até, com frequência cada vez maior, a publicação de autorretratos pornográficos. Os pais talvez não soubessem nada a respeito disso, mas outras pessoas sabiam. Até jovens muito inteligentes como Matrix podiam se tornar cúmplices.

Ao assumir o controle de servidores mal protegidos, e depois armazenar e rodar jogos a partir deles, Matrix não estava de fato fazendo nada ilegal. Na virada do milênio isso não era crime na Alemanha, e a questão do copyright na era digital era indefinida — adolescentes e jovens adultos já tinham começado a compartilhar arquivos de música por meio do Audiogalaxy e do Napster. Tratava-se de sites nos quais, se quiséssemos baixar "Bohemian rhapsody", do Queen, por exemplo, éramos redirecionados a um PC em alguma parte do mundo no qual a música estava armazenada. Usando o site como ponte, era possível baixar uma cópia da música para qualquer computador.

Num curtíssimo intervalo de tempo, milhões de pessoas perceberam que não precisavam mais comprar música gravada — tudo estava disponível gratuitamente! Se o compartilhamento de arquivos não passava de uma inconveniência para a indústria dos jogos de computador, ele representou um imenso desafio para a indústria musical. Para combater o problema ela precisaria que advogados redefinissem o direito autoral para a era digital; então seria necessário convencer os legisladores a aprovar leis que seguissem esse espírito e, finalmente, convencer a polícia de que deter piratas digitais fazia parte do seu trabalho. Além disso, o comércio da música teria de desenvolver novos dispositivos técnicos para evitar tal prática (algo que não conseguiram fazer até hoje).

A prática de compartilhar arquivos de música que são pequenos e fáceis de transferir de um computador para o outro se espalhou como fogo na palha. Nos Estados Unidos, o volume das vendas de discos chegou ao auge em 1999, atingindo pouco mais de 14,5 bilhões de dólares, mas começou a cair no ano seguinte. E desde então essa tendência negativa nunca foi revertida.

Em comparação, o download não autorizado de jogos com os quais era muito mais difícil lidar mal afetou as vendas físicas de CD-ROMs e DVDs, que continuaram a crescer ano após ano. É possível que os piratas tenham até ajudado a divulgar os novos títulos. Assim, o pior que poderíamos dizer a respeito da atividade cibernética de Matrix é que ela o mantinha acordado à noite e permitia que ele deixasse de fazer a lição de casa com a devida regularidade.

Mas foi então que Matrix, quase sem perceber, deu mais um pequeno passo na espiral descendente de suas travessuras.

A indústria publicitária tinha descoberto a internet e, como todos, estava tentando descobrir a melhor maneira de explorá-la. A rede oferecia vantagens claras para os anunciantes — primeiro, era possível atingir o público potencial com uma precisão muito maior. Se o objetivo é vender fraldas, então evite os sites que atendem o público dos paraquedistas e concentre-se nos fóruns dedicados aos jovens pais. Aqueles que pagam por anúncios na televisão, no rádio ou em outdoors estão também atingindo o público dos paraquedistas, mesmo sem querer (a não ser, é claro, que os paraquedistas sejam também jovens pais).

Segundo, pode-se calibrar a relação entre o sucesso e o custo de um anúncio. A cada vez que uma jovem mãe ou pai clicava no anúncio da fralda, isso era registrado tanto pelo fabricante de fraldas como pelo anunciante. A empresa de publicidade seria então remunerada de acordo com o número de cliques. Anunciantes e comerciantes puderam então analisar a chamada proporção de cliques (Click Through Rate, ou CTR), possibilitando que o fabricante de fraldas soubesse que, das cem pessoas que visitaram o site de paraquedismo, nenhuma clicou no anúncio da fralda. Mas, no fórum de mensagens dedicado aos jovens pais, dez de cada cem visitantes clicaram, conferindo a ele uma CTR de 10% — e a empresa de publicidade seria paga de acordo com esse dado. Em pouco tempo, a CTR fez nascer a fraude dos cliques.

O administrador de um dos fóruns visitados por Matrix estava envolvido nessa fraude. Ele convenceu Matrix a usar os servidores que controlava para configurar um programa que clicava automaticamente em determinados anúncios depois de transcorrido um certo intervalo de tempo. Para cada clique, Matrix ganharia um centavo. Ele nem mesmo sabia que isso era ilegal. O administrador disse-lhe então que havia outro fórum que ele deveria consultar no qual questões parecidas eram debatidas, e foi neste fórum, CarderPlanet, que ele soube pela primeira vez da existência da fraude do cartão de crédito

Matrix atravessou o Rubicão num transe psicológico, incapaz de reparar nas águas turbulentas que o envolviam. Era um jovem que se aproximava cada vez mais do crime. Em algum lugar no fundo de sua consciência talvez ele soubesse que havia algo errado, mas as fronteiras no ciberespaço são muito difusas — isso quando podem ao menos ser vistas.

12. Uma passagem para a Índia

CHENNAI, TAMIL NADU, 2001

Em 2001 já tinham se passado nove anos desde a última vez que Renu vira os pais e irmãos. Mas até mesmo jovens como ele, que ensinaram a si mesmos como sobreviver mantendo apenas os mais frouxos laços familiares, são ocasionalmente levados a responder aos chamados de uma mãe. Depois de muita bajulação, ele acabou prometendo a ela que juntaria dinheiro para voar até Tamil Nadu, no sul da Índia, e visitar a família toda.

Juntar dinheiro, entretanto, não era fácil. Enquanto cursava a Universidade Westminster, Renu trabalhava como entregador da Pizza Hut. Ele trabalhava até meia-noite ou uma hora da madrugada, e tinha de acordar cedo para chegar a tempo da primeira aula (apesar de sua pontualidade piorar cada vez mais com o passar do ano). O trabalho tinha lhe proporcionado algum dinheiro pela primeira vez na vida. Mas não era suficiente para permitir que ele poupasse: aquilo que sobrava era absorvido pelo vício em drogas, que agora incluía no cardápio a cocaína e logo chegaria ao mais devastador dos narcóticos, o crack.

Incapaz de pagar o preço da passagem, Renu pediu dinheiro emprestado aos amigos e, por segurança, comprou 3 mil libras em *traveller checks* da American Express antes de embarcar no longo voo até Chennai.

Ninguém sabia o que esperar da reunião: quando se afastou da mãe, ele ainda era um menino. Agora Renu era um jovem adulto cuja vida era pontuada por períodos de intensa solidão. Sua vida social tinha melhorado com a faculdade, mas ele não era dado a jogar conversa fora nem a grandes manifestações de afeto. E, apesar de jovem, ele estava também criando rapidamente um passado misterioso. Havia muito que ele não pretendia compartilhar com a família.

A viagem começou de maneira pouco auspiciosa. A partir de Chennai ele teve de tomar um dos superlotados e úmidos ônibus da Índia que rumavam para o interior, dividindo espaço com um imenso número de pessoas, galinhas e bagagens. Na metade do caminho, com as pálpebras quase fechando após a longa jornada de avião desde Londres, ele sentiu um leve puxão que o acordou momentaneamente. Renu não deu bola para o ocorrido. Mais tarde a alegria do reencontro com a mãe seria relativizada ao descobrir, descendo do ônibus, que sua pequena bolsa fora aberta e as 3 mil libras em *traveller checks* haviam sido roubadas.

Mas o pior ainda estava por vir. Quando visitou o escritório da Amex em Chennai, os funcionários se recusaram a conceder-lhe um reembolso (coisa que ele tinha entendido ser o grande objetivo de se optar pela troca de dinheiro pelos *traveller checks*). Antes que os funcionários pudessem entregar-lhe cheques substitutos, ele teria de mostrar a eles uma confirmação por escrito da polícia local dizendo que o dinheiro tinha sido roubado. Ele ficou sabendo também que a Amex não garantia a devolução do dinheiro, e sim que o faria "de acordo com a sua conveniência".

Ao voltar à Inglaterra, os burocratas da Amex demonstraram a mesma expressão pétrea. Eles insistiram em sustentar que Renu não tinha apresentado a documentação necessária para provar que os cheques tinham sido roubados ou perdidos. Não haveria reembolso.

As pessoas de quem ele tinha emprestado dinheiro eram amigas, mas somente até certo ponto. Tinham compaixão diante da situação em que Renu se encontrava, mas ainda queriam receber de volta o dinheiro. A única forma de ele obter recursos para quitar suas dívidas era recorrer aos cartões de crédito — afinal era a Era do Plástico, e os bancos e operadores de crédito estavam tão ansiosos para se encarregar das transações de Renu quanto das de qualquer outro freguês.

O péssimo emprego na Pizza Hut não podia cobrir suas demandas financeiras cada vez maiores: a dívida, a bebida e as drogas; os custos da faculdade; o aluguel. O mundo de Renu começou a tremer. As tarefas da faculdade foram as primeiras a sofrer. Depois de passar nos exames de primeiro ano, ele começou a frequentar cada vez menos aulas. Fracassou nos exames do segundo ano e também nas provas de recuperação e dependência.

Para fugir do desespero, ele começou a baixar obsessivamente músicas no Napster, antes de descobrir os sites nos quais os membros da comunidade The Scene compartilhavam os jogos e programas piratas. As noites começaram a se estender conforme Renu mergulhava mais fundo no seguro e distante mundo da tela luminosa, longe dos vorazes mastins da realidade.

Certa noite, ele contou a história do seu dinheiro perdido para a Amex a um dos muitos navegantes que ele conheceu na internet pelo seu canal IRC. "Dê uma olhada no endereço amexsux. com", disse o contato dele, "aposto que isso vai fazer com que se sinta melhor, no mínimo!"

Renu adorou o novo site (o logotipo dizia o contrário da campanha oficial da Amex para os *traveller checks*: "SAIA de casa sem eles"), no qual antigos clientes da American Express expressavam sua frustração com o que identificavam como má conduta da empresa. A inimizade que ela em especial parece inspirar é particularmente forte, como pode atestar uma busca no Google: há centenas de sites dedicados a queixas contra a Amex, e muitas dessas páginas trazem links com um conjunto bastante impressionante de notícias negativas envolvendo a marca.

O autor de uma das mensagens do fórum de discussão sugeriu uma ideia original àqueles que tinham reclamações contra a empresa. "Obtenham a sua vingança! Visitem o CarderPlanet. com!"

Enquanto Renu partia em busca do CarderPlanet, ele sentiu que era chegada a hora de se despedir de sua antiga personalidade. Ele se tornou JiLsi, cujo avatar era o rosto de um travesso desenho de pirata de chapéu vermelho e tapa-olho preto do lado esquerdo. Como um verdadeiro Capitão Jack Sparrow nas águas do Caribe cibernético, ele logo se sentiu à vontade em meio à rebelde turma dos hackers, crackers e fraudadores quando finalmente lançou sua âncora no CarderPlanet. Em algum lugar em meio àquele grupo de maus elementos circulava Matrix, e apesar de ainda faltarem alguns meses até que os dois trocassem votos de amizade virtual, ambos se tornaram figuras conhecidas flutuando em meio aos muitos sites que tentavam imitar o CarderPlanet.

Onde mais seria possível encontrar um refugiado tâmil do Sri Lanka viciado em drogas passando seu tempo livre na companhia de um adolescente alemão todo certinho de classe média, recebidos por um carismático cidadão de Odessa com planos ambiciosos para uma nova Ucrânia? Ora, só na internet.

13. Shadowlândia

CIDADE DE NOVA YORK, 2003-4

RedBrigade decidiu que era chegada a hora de fazer uma visita ao Washington Mutual — para ele, nada além de uma fonte de dinheiro fácil. O banco tinha perdido seu status de sociedade de socorro mútuo em 1983, e agora o seu diretor executivo tinha anunciado que sua intenção era transformar aquela venerável instituição de Seattle num "Walmart dos bancos". A filosofia do chefe mandava simplificar as operações onde quer que fosse possível. Conceder os empréstimos e não perder muito tempo analisando os ativos, as obrigações e os salários dos solicitantes. Negociar as hipotecas *subprime*, transformá-las em pacotes e derivativos. Investir o mínimo possível em equipamento e funcionários. Estava se falando num banco de operações de baixo custo, sem "firulas". Para a sorte de RedBrigade e seus amigos, tais firulas incluíam os sistemas de segurança.

Ele deixou o Hotel Four Seasons, na esquina da rua 57 com a Quinta Avenida, perto das onze da manhã. A cabeça ainda estava pesada por causa do agito da noite anterior, mas como estivera bebendo champanhe de qualidade e cheirando cocaína quase pura ele se sentia totalmente capaz e pronto para entrar em combate.

Ao chegar ao banco, ele caminhou casualmente até a caixa destreinada ("funcionários sem treinamento recebem salários menores") e entregou a ela o cartão de débito do WaMu.

"Quanto quer sacar hoje, senhor?"

"Dez mil, por favor."

"Só um momento."

Tip-tap-tip-tap. No WaMu, RedBrigade tinha de entregar o cartão à caixa, que então o passava por um leitor eletrônico. Em qualquer outro banco, este era o momento em que o caixa poderia receber em sua tela uma mensagem codificada dizendo-lhe para "entrar em contato com a central imediatamente". RedBrigade teria de analisar a expressão no rosto da caixa. Será que ela está me enrolando? Devo fugir? Ou o melhor é ficar aqui feito um imbecil e esperar pela polícia? Talvez não haja nada de errado e eu esteja simplesmente sendo paranoico...

Mas não no WaMu. Aqueles banqueiros sovinas não queriam desperdiçar dinheiro com telas de computador e mensagens codificadas. Assim, se o cartão fosse rejeitado naquele estabelecimento, RedBrigade simplesmente se mostraria levemente surpreso, pediria desculpas e iria embora. No Washington Mutual, ninguém chamava a polícia.

Mas os cartões dele nunca eram recusados. Naquele dia, em dezembro de 2003, a moça passou o cartão pela máquina e recebeu imediatamente a aprovação da transação. Ele então assinou um recibo impresso trazendo o código da operação, e se dirigiu até a máquina na parte da frente do banco. Nela foi inserido o código. Após uma breve espera, como um bandido de um braço só num cassino de Las Vegas, a máquina começou a emitir notas de cinquenta dólares: mil, 2 mil, 3 mil... e assim por diante, até que

RedBrigade metesse no bolso duzentas notas frescas de cinquenta dólares.

Às vezes ele tinha a impressão de que os bancos deixavam os caixas eletrônicos abertos para ele e seus amigos intencionalmente. Era tão fácil, pensava, era como se eles fossem os eleitos, os escolhidos. Ele gostava especialmente de roubar dinheiro do Citibank. De todos os bancos, o Citi era o que mais merecia aquilo. Em primeiro lugar porque eram os banqueiros mais imorais de todos. E depois porque o seu sistema de segurança era uma porcaria.

Desde o início, a fraude conhecida como *phishing* foi a espinha dorsal de todo tipo de prática criminosa na rede. Por mais sólidas que fossem as defesas digitais de uma empresa, um hacker relativamente inexperiente seria capaz de invadi-las aplicando o *phishing*. Este consiste no envio maciço de e-mails para endereços que às vezes se tornam alvo por pertencerem a uma mesma empresa — um banco, por exemplo — e às vezes são escolhidos ao acaso. Muitas mensagens de spam contêm um link ou anexo infectado que, quando clicado, direciona o navegador a um site capaz de baixar automaticamente alguma forma de *malware*. Se um hacker envia vários milhões de mensagens de spam, não é necessária uma grande proporção de respostas para que a prática compense — cada computador invadido promete conceder o acesso a contas bancárias e outras informações pessoais e financeiras.

Os bancos sempre enfrentaram um grande e insuperável celeiro de dor de cabeça no que diz respeito à segurança de suas operações: os correntistas (muito embora isso não exima de culpa os fraquíssimos sistemas de segurança usados pelos bancos durante os primeiros quinze anos da atividade bancária via internet). O melhor e mais seguro sistema em rede só é tão forte quanto o seu elemento mais fraco — e nada poderia ser mais vulnerável do que nós, as centenas de milhares de clientes.

Assim, quando um banco se mostra difícil de invadir, o ladrão cibernético pede ajuda aos seus correntistas. São enviados milhões de e-mails aos correntistas, dando a impressão de terem sido de fato enviados pelo banco, e então é só esperar pelas respostas: uma verdadeira avalanche de números de conta e senhas.

Tapear correntistas do Citibank e fazê-los cair num esquema de *phishing* era moleza:

Comprar conjunto de e-mails recém-invadidos. Confere.

Comprar o programa Dark Mailer, brinquedo favorito dos distribuidores de spam. Confere.

Comprar *proxies*. Confere.

Comprar espaço de hospedagem. Confere.

Instalar janela *pop-up* que só desaparece quando forem inseridos o número da conta e a senha. Confere.

Configurar endereços de e-mail para os quais os números de conta e senhas serão enviados. Confere.

Todos os dias, RedBrigade se dedicava ao *phishing*. Ele analisou os detalhes da conta de uma certa dra. H. M. Hebeurt, do interior do estado de Nova York. "Hum... ela mora por perto. Cacete, ela ganha cinquenta mil por mês e o puto do marido dela saca mais de setenta e dois paus!" Olhando mais atentamente, ele descobriu que o alvo trabalhava em Wall Street. Talvez se tivesse feito escolhas melhores, ponderou, ele poderia àquela altura estar roubando legalmente como aquele sujeito... Mas ele não podia se dar ao luxo de se entregar a fantasias como aquela — em vez disso, ele se pôs a calcular. Pois bem: duas contas correntes, duas poupanças, um cheque especial e um cartão de crédito... 2 mil dólares de cada. Um total de 12 mil de um único peixe fisgado pelo *phishing*.

A cada dia, cinquenta desses peixes eram fisgados pela rede dele.

A corrida ao Washington Mutual de Nova York durou pouco

mais de duas semanas, rendendo-lhe quase 300 mil dólares. O que era ótimo, porque os seus gastos semanais chegavam à casa dos 70 mil. A cada dois ou três meses ele comprava um modelo top de linha da Mercedes ou da BMW. Viajar na primeira classe já era para ele um axioma. Ele pensava antes de comprar um relógio Breitling de 10 mil dólares tanto quanto antes de comprar um jornal. Tinha um maravilhoso apartamento no Upper East Side, mas só passava ali duas ou três noites por semana, pois gostava de se hospedar nos hotéis de luxo da cidade. RedBrigade estava ganhando mais dinheiro que um jogador da primeira divisão do futebol britânico, mas não era obrigado a pagar 50% de imposto de renda.

Nada estava além do seu alcance. Ele sacava as notas de cinquenta dólares e reparava no olhar do caixa, que parecia pensar: *Quem diabos é este sujeito?* Imaginou que pensassem que ele não passava de um herdeiro rico e despojado ou um traficante de drogas. Mas na Era do Plástico era tão comum ver os super-ricos usando camiseta quanto ternos da Savile Row. Fosse como fosse, os comerciantes sempre aceitavam o dinheiro — joalheiros, vendedores de carros, negociantes de vinhos, hoteleiros — sem questionar. Eles nunca tinham como saber ao certo. Vai ver aquele sujeito com a barba por fazer é o dono do Google. E, de todo modo, quem se importa com a maneira como ele ganha tanto dinheiro?

Mas havia algo que o incomodava. Ele tinha dinheiro demais. Certa noite ele voltou com 77 mil dólares no bolso, que adicionou aos 300 mil que já estavam espalhados pelo apartamento. Havia também cerca de 110 mil em ordens de pagamento. RedBrigade tinha montado uma operação global de saque, de modo que ele repassava o cartão e os dados de uma conta a um intermediário no Leste Europeu, que então organizava as visitas aos caixas eletrônicos antes de enviar o dinheiro a ele. Para finalizar essa operação, ele voltava aos bancos. Já estava cansado de tentar escapar das verificações dos Parâmetros de Monitoramento — toda transação envolvendo mais de 10 mil tinha de ser informada ao Tesouro, por causa das regras que coibiam a lavagem de dinheiro. *Cacete*, pensou ele, *quem poderia imaginar que seria tão difícil livrar-se do dinheiro?!*

Ele estava preparando outro grande saque de 77 mil dólares. Teria sido apenas uma breve caminhada de alguns quarteirões a partir do seu apartamento, mas então ele pensou: *Já tenho tanto dinheiro aqui, não vou nem me dar ao trabalho de buscar mais.* Ele sabia que havia algo de muito errado naquela situação. Mas a única coisa que passava pela cabeça era: *O CarderPlanet é uma coisa, mas quem poderia acreditar nesta história do Shadowcrew? Quem acreditaria que eu posso entrar nos bancos, dia após dia, e sair com cinquenta paus no bolso? É loucura!*

Quando o CarderPlanet finalmente fechou, em 2004, o site contava não apenas com os fóruns em inglês e em russo, mas também com seções em coreano, mandarim e até árabe. "O CarderPlanet mudou as regras do jogo", disse E. J. Hilbert, ex-investigador especial do FBI que passou vários anos encarregado do caso do site: "Todos os sucessores do CarderPlanet o tomaram como modelo. Não é exagero dizer que o site foi o responsável por levar a prática da invasão criminosa de sistemas para os quatro cantos do mundo".

Sites criados nos moldes do CarderPlanet brotaram por toda parte: Theftservices.com, Darknet.com, Thegrifters.net e Scandinaviancarding.com. Havia muitos mais, entre eles uma página batizada com uma sigla que caçoava das comunidades acadêmicas americanas, IAACA (International Association for the Advancement of Criminal Activity), a Associação Internacional para o Desenvolvimento de Atividades Criminosas.

Mas nenhum deles obteve tanto sucesso quanto o Shadowcrew durante os seus dois anos de existência. E RedBrigade foi um dos muitos hackers do Shadowcrew que acertaram no milhar. A polícia estava começando a tomar conhecimento da extensão dessas atividades. Os bancos não tinham ideia do que estava ocorrendo, e as pessoas comuns ignoravam tudo.

Os hackers estavam muito à frente dos demais, e a cobiça governava tudo — administradores de *hedge funds*, oligarcas, xeques do petróleo, magnatas latino-americanos da telefonia celular, a ascendente elite negra da África do Sul, a velha elite branca da África do Sul, fabricantes chineses de quinquilharias globais, gurus da tecnologia de Bangalore até o Vale do Silício.

Centenas de *carders* reuniram vastas fortunas durante a atividade do Shadowcrew, e muitos deles foram ingênuos o bastante para torrar tudo nos símbolos da opulência arrivista. Naquela época ninguém registrava o endereço IP de um computador quando era feita uma compra pela rede. Não havia sistema de verificação de endereço no cartão de crédito: era possível enviar mercadorias para qualquer parte do mundo (com exceção da Rússia e de outros países da ex-União Soviética), independentemente de onde o cartão tivesse sido emitido, e ninguém faria uma checagem cruzada das informações em nenhum estágio da transação.

Esse crime inovador estabeleceu raízes muito além da estufa russo-ucraniana onde nasceu. Começou a embarcar numa globalização espontânea. RedBrigade contou que criminosos já bem estabelecidos na Ásia podiam então se comunicar com universitários de Massachusetts, que estavam em contato com europeus do Leste, cujos computadores estavam transbordando de *dumps* de cartões de crédito. Por trás de alguns dos apelidos usados no Shadowcrew havia conglomerados criminosos como o All Seeing Phantom, muito reverenciado entre seus pares.

Cerca de dez anos mais velho que a maioria dos membros do Shadowcrew, RedBrigade não via vantagens em conquistar reconhecimento e respeito na tentativa de galgar os degraus da hierarquia. Não conseguia entender por que os demais membros ficavam tão impressionados com os moderadores e administradores dos fóruns de mensagens. Apesar do seu sucesso, os administradores do Shadowcrew tinham no seu comportamento um aspecto pueril, beirando a molecagem — o que não surpreende, já que a maioria deles estava saindo da adolescência. RedBrigade observou que o CarderPlanet tinha sido criado e desenvolvido por criminosos de verdade, ao passo que muitos na equipe do Shadowcrew eram diletantes cuja arrogância sem limites era alimentada pelas somas incalculáveis que estavam embolsando.

Quanto maior a distância que RedBrigade mantivesse desses personagens, menor a probabilidade de ser detectado pelas forças policiais. Somente uma pequena minoria dos membros do Shadowcrew tinha consciência de que o Serviço Secreto americano havia conseguido se infiltrar nas profundezas do site.

Em abril de 2003, Albert Gonzales, um jovem americano de origem cubana e um dos principais membros do Shadowcrew, foi pego. Ele era conhecido entre os *carders* como CumbaJohnny. O que eles não sabiam era que, após a sua detenção, Albert se tornara um informante, sendo o responsável por uma revolução crítica nas investigações do Serviço Secreto. Gonzales administrava uma vpn por meio da qual os principais nomes encarregados de administrar o site se comunicavam uns com os outros. Uma vpn devidamente configurada torna muito difícil, quando não impossível, a detecção por parte das forças da lei — a não ser, é claro, que o sujeito encarregado de administrar o acesso dos administradores esteja também admitindo os policiais, como Gonzales fazia.

No dia 26 de outubro de 2004 o Serviço Secreto dos Estados Unidos lançou uma série de batidas em todo o território americano que levaram à prisão e ao indiciamento de dezenove indivíduos por conta de atividades desenvolvidas por eles no Shadowcrew. com. Muitos mais foram detidos posteriormente.

De acordo com o texto do indiciamento por formação de quadrilha, o "Shadowcrew era uma organização criminosa composta de aproximadamente 4 mil membros que promovia e facilitava uma ampla gama de atividades criminosas". Aquele foi o grande feito da jovem equipe de ciberpoliciais do Serviço Secreto. O indiciamento apresentado a uma corte distrital de Nova Jersey soava dramático:

> Os administradores controlavam coletivamente a direção a ser seguida pela organização, cuidando das decisões cotidianas de gerenciamento e também do planejamento estratégico de longo prazo que visava viabilizar a sua própria continuidade [...] Os administradores dispunham de acesso completo aos servidores que hospedavam o site Shadowcrew e, assim sendo, eram os principais responsáveis pela administração física, manutenção e segurança desses servidores, bem como pelo conteúdo do site.

A mídia se envolveu entusiasmada na cobertura do desmantelamento do Shadowcrew em meio a um surto de excitação, chegando até a sugerir que aquele seria o equivalente virtual de se esmagar o clã Corleone na Sicília. A cobertura foi facilitada porque um dos indiciados era uma mulher, Karin Andersson, conhecida como Kafka — o Serviço Secreto descobriu mais tarde que o verdadeiro criminoso era o namorado dela, que simplesmente usou o computador de Karin e o seu endereço IP para cometer crimes. Um dado pouco surpreendente, já que 96% dos hackers são do sexo masculino.

Não há dúvida de que as detenções foram justificadas. Mas será que eram os administradores aqueles que estavam ganhando dinheiro com o Shadowcrew? Bem, na verdade, não. De fato entre eles havia alguns dos chamados "dinheiristas" (principalmente Gonzales, que, independentemente dos laços que mantinha com o Serviço Secreto, engendrou mais tarde uma apreensão ainda mais notável: a do banco de dados de T. J. Maxx, repleto de números e senhas de cartões de crédito).

Mas os policiais enfrentaram um problema que se mostraria recorrente: os hackers não são criminosos típicos. É verdade que suas habilidades são exploradas por criminosos de verdade que cometem crimes de verdade contra pessoas de verdade. Mas os hackers muitas vezes ignoram esse aspecto da sua atividade. Eles são os "lobos solitários" aos quais Script se referiu, com frequência desinteressados em ganhar fortunas e mais preocupados em melhorar a própria posição e se consolidar como mestres dentro do seu grupo de pares. "É preciso compreender", explicou JiLsi, pensando na sua experiência na clonagem de cartões, "que tudo não passava de um jogo. Era como jogar Grand Theft Auto, exceto pelo fato de que tudo é real. Estávamos enfrentando policiais de verdade, de carne e osso. E isso torna as coisas muito mais emocionantes! É uma questão de respeito. Uma questão...", JiLsi fez uma pausa dramática, "*de reputação*."

Mas sob determinado aspecto a detenção dos criminosos do Shadowcrew — que operavam a partir da internet — imitou o efeito do desmantelamento de uma grande organização mafiosa no mundo real. Criou-se um vácuo na clonagem de cartões, o que deu início a uma luta monumental pela supremacia entre a próxima geração de *carders*, que se reuniram no ano seguinte em torno de dois sites: CardersMarket e DarkMarket.

PARTE IV

14. O cometa Iceman

SANTA CLARA, CALIFÓRNIA, OUTUBRO DE 1998

Max Vision se surpreendeu ao abrir a porta de casa, em Santa Clara, e dar com Chris e Mike, seus dois contatos no FBI de San Francisco. Não reconheceu o terceiro homem que, logo viria a saber, era o chefe do setor de crime digital do FBI. Mas aquela não era uma visita social. "Temos provas contra você, Max", disseram. "Desta vez, você pisou na bola mesmo."

Chocado, Vision entregou o computador e tudo o mais: não queria dar a impressão de estar obstruindo a Justiça mas, ao mesmo tempo, não sabia ao certo qual era o problema.

Vivia bem — bem demais até. Depois de uma tórrida adolescência, mudara-se de Iowa para uma região em que nem os geeks, nem o cabelo desgrenhado, nem o rabo de cavalo, eram considerados esquisitos ou deselegantes. Tampouco havia quem estranhasse o fato de ele ter mudado de nome, trocando o tão pedestre Butler por Vision. Max Vision se acostumara rapidamente ao estilo de vida desacelerado da Costa Oeste, e acima de tudo estava perdidamente apaixonado pela então futura esposa Kimi.

Aos vinte e poucos anos, ele era um gênio da segurança cibernética e um dos consultores mais respeitados e valorizados da região da baía de San Francisco. Também era um cara cioso dos deveres cívicos, havia criado o site Whitehats.com, dedicado a auxiliar pessoas físicas e jurídicas a se defender de ataques eletrônicos. Vision postava sobre as medidas a tomar contra as mais recentes "vulnerabilidades" que ameaçavam os softwares mais baixados do momento.

As vulnerabilidades eram o feijão com arroz dos hackers, um dos meios mais eficazes de invadir o computador de terceiros. Tratava-se de buracos digitais na blindagem dos sistemas de software e computação que o fabricante deixara passar despercebidos. Quando uma empresa como a Microsoft ou a Adobe notava que um hacker tinha invadido o Windows ou uma aplicação onipresente como o Adobe Reader se valendo de alguma vulnerabilidade do sistema, Vision dava a seu cliente a possibilidade de tapá-la ou remendá-la escrevendo um *security fix* específico, como se diz. A seguir, cabia à tal empresa alertar os clientes, recomendando-lhes fazer o download e instalar o *fix* a fim de bloquear uma invasão no computador do usuário. Se este não atualizasse o *fix*, sua máquina continuaria correndo o risco de se complicar com um vírus que explorasse a vulnerabilidade em questão.

Geralmente, os super-hackers de segurança como Vision eram os primeiros a detectar vulnerabilidades, por isso, no espírito de boa vizinhança, ele dava orientação prática para que os usuários se protegessem.

Mas suas boas ações não paravam aí. Vision também prestava serviço gratuito à delegacia do FBI de San Francisco, e era de muito bom grado que os federais aceitavam sua ajuda.

Nenhum desafio na web era grande demais para Max Vision; nenhuma vulnerabilidade, pequena demais para que deixasse de detectá-la. Mas, obviamente, para esquadrinhar tais vulnerabilidades, ele precisava testar os sistemas de computação o tempo todo. Sabia que isso o colocava no centro de um dilema profundo que afetava a indústria da informática com ramificações sérias. Às vezes, para se proteger de hackers *blackhat* criminosos, o hacker *whitehat* tinha necessidade de averiguar como invadir sistemas — um ato que podia ser ilegal por si só.

Para os *whitehats*, é praticamente inevitável fuçar grandes sistemas públicos de computação, tal como o fazem os *blackhats*. A diferença é que os *whitehats* (ou "chapéus brancos") não aproveitam as vulnerabilidades que encontram para obter vantagens pessoais, os *blackhats*, sim.

Operando da casinha em que morava com Kimi, Vision percebeu que, sempre que topava com uma anomalia ou problema de rede, não conseguia resistir ao ímpeto de corrigi-lo. Em 1998, descobriu uma perigosa vulnerabilidade nas redes que serviam uma série de órgãos públicos, inclusive setores do Pentágono. Era um buraco nas defesas pelos quais qualquer *worm* nocivo conseguia entrar. Literalmente centenas de milhares de computadores do governo podiam ser prejudicadas por hackers hábeis de qualquer lugar do mundo. Voltando a dar provas de compromisso patriótico, Vision tapou esses buracos com "cimento" digital a fim de garantir a segurança do seu país: ninguém nunca mais voltaria a explorar tal vulnerabilidade naqueles órgãos públicos.

Foi quando chegou o momento decisivo.

Uma coisa que parecia insignificante tanto na época como agora, vista em retrospecto. Um ato ínfimo, tão fugaz que mal deixou registro no tempo: um mero impulso eletrônico quase impossível de definir; o premer de uma tecla; uma letra em páginas e páginas de código de computador, nada mais que o cacoete pavloviano de um hacker nato. Porque Max Vision deixou um buraquinho em todos aqueles computadores do governo, uma abertura minúscula pela qual só ele podia entrar, e, pouco depois,

143

um ciberinvestigador da Força Aérea dos Estados Unidos detectou esse buraco e o rastreou até chegar ao seu artífice.

E foi assim que os seus amigos do FBI foram bater à sua porta, em Santa Clara, anunciando chuvas e trovoadas. "Você anda causando muito problema, Max", disseram. "É uma questão de segurança nacional — por isso a Aeronáutica está aqui."

Vision ficou indignado. Já tinha enviado mensagens prévias às autoridades, informando-as de suas suspeitas quanto à vulnerabilidade e explicando que pretendia testá-la mediante uma varredura.

Qual era a gravidade daquele crime? Seus atos não tinham sido motivados pelo lucro financeiro ou de qualquer outra natureza. Pelo contrário, ele havia prestado um grande favor aos órgãos federais envolvidos. Entre outros serviços, dera segurança aos sistemas informáticos das bases militares e das instalações de pesquisa nuclear, inclusive aos dos laboratórios nacionais Brookhaven e Livermore. E, levando em conta que os danos causados eram insignificantes e que ele não roubara absolutamente nada, que sentido tinha perseguir um dos mais talentosos operadores de computador dos Estados Unidos por causa dessa infração?

A descoberta dos oficiais da Aeronáutica não se limitou a levar Max Vision à prisão, acusado de propagar um vírus malicioso. As consequências foram ainda mais extremas: o tal buraquinho aberto nas portas de entrada das redes de computadores dilatou-se a ponto de se transformar em um abismo infernal, a Taft Correctional Institution, um presídio federal situado no deserto ao norte de Los Angeles. Vision foi sentenciado na qualidade de hacker experimentado e hábil, não na de delinquente. Só se encontrava com criminosos profissionais quando seus contatos no FBI iam bater papo com ele. Naturalmente, isso estava fadado a mudar quando Max (e sua habilidade de hacker) fosse recolhido a um presídio de baixa segurança, cuja grande parte dos presos cumpriam pena por estelionato e outros delitos financeiros.

As coisas não iam nada bem para Max. Mas estavam prestes a piorar. Como se não bastasse ser condenado a dois anos de reclusão, um mês depois de sua chegada ao presídio, Kimi anunciou que ia deixá-lo.

Preterido pela esposa por outro homem, desamparado pelos ex-amigos do FBI, Max Vision precipitou-se no abismo em cujo fundo se abria uma depressão sem fim. Caiu perto de um companheiro de cárcere, um tal Jeffrey Normington, que lhe estendeu a mão da amizade no momento em que ninguém o faria.

Posto em liberdade, Vision não conseguiu arranjar um emprego regular que pagasse mais que o salário mínimo. É verdade que lhe ofereceram colocações importantes em companhias de seguro do exterior, mas como estava em liberdade condicional não podia tirar passaporte. No Vale do Silício, ninguém se animava a empregar uma pessoa em cujo currículo figurava uma indelével condenação por crime digital.

As dívidas aumentavam à medida que seu desespero se aprofundava. Mas eis que um dia reaparece o amigo Normington, prometendo uma saída do abismo e o retorno à ensolarada Califórnia. A saída estava juncada de paparicos. Normington prometeu-lhe um laptop Alienware de última geração, acessório obrigatório de qualquer hacker, embora caríssimo. Era só o começo. Também ficou de providenciar um apartamento para Vision e pagar o aluguel. Ele resolveria tudo.

Em troca de alguns favores.

O crime não era a única opção de Vision. Não lhe faltavam territórios a explorar. Podia procurar os amigos e parentes. Mas estava cansado, sentia-se abandonado, e Normington era persuasivo. Outro momento decisivo; outra decisão errada.

Max Vision, um bom sujeito em tudo, foi descartado e jogado no ralo. Em seu lugar, nasceu Iceman — um vilão em tudo, muito embora o seu alter ego, Vision, tivesse sido colaborador dos federais.

15. O CardersMarket

Iceman viu dos bastidores quando o Serviço Secreto americano passou a perna nas cabeças pensantes do Shadowcrew. Ele se considerava muito diferente daquele bando pé de chinelo que tentava roubar otários na internet e, ao mesmo tempo, se deixava corroer por dentro por informantes, dedos-duros e *rippers*.

Agora que o Shadowcrew tinha sido liquidado e vários novatos estavam tratando de ocupar o seu lugar, Iceman resolveu mostrar ao mundo como vencer a lei. Queria, acima de tudo, exibir seu domínio sobre o ciberespaço e seus usuários.

Para ele, os sites de fraude de cartão não passavam de armazéns anárquicos nos quais o dinheiro quase não tinha relevância e a liberdade de ação era tudo. Acreditava sinceramente que a criação de mercados como o seu novo site, o CardersMarket, nos quais as pessoas podiam trocar informações, não seria considerada um ato ilícito em si, mesmo que ocasionalmente inspirasse alguns *traders* a cometer crimes. Seu site e os similares eram um sinal de que a web, em contraste com outras áreas da vida, não devia se sentir constrangida pela truculenta interferência do Estado e, na sua página principal, ele se dirigiu diretamente à polícia e aos administradores da internet.

MSG PARA AUTORIDADES, HOSPEDEIROS & PROVEDORES:
O CardersMarket é um fórum *legal* em que os participantes podem discutir os temas de sua escolha. Não se permite absolutamente NENHUM conteúdo ilegal e todo conteúdo ilícito será imediatamente excluído pela equipe. Discutir não é crime. Não há números de cartão de crédito, contas bancárias, pornografia, pirataria nem nada que seja considerado ilícito nos Estados Unidos ou na comunidade internacional. Qualquer negócio que porventura seja feito entre os nossos membros *não nos diz respeito* e, caso isso venha a ocorrer, será *fora do nosso fórum*. Nós não aprovamos nem participamos de atos criminosos.

Quanto mais Vision se envolvia no universo da fraude de cartão, mais cerrada ficava sua rede moral. Jamais comprou ou vendeu cartões de crédito em nome de Iceman. Mas criou outra persona on-line que o fazia. A capacidade de secionar partes da personalidade é uma característica comum a todos os hackers. Às vezes, ele dava a impressão de acreditar que seus heterônimos virtuais eram autônomos em pensamento e ação e, portanto, entidades moralmente distintas.

Com o nome Iceman, procurou derrotar tanto seus concorrentes criminosos como a polícia, a fim de se alçar a mestre inconteste do *carding*. Isso exigia uma estratégia dupla. Primeiro, tinha de identificar e denunciar todos os delatores (informantes confidenciais) e policiais que acampanavam os fóruns. Segundo, precisava vencer a concorrência, ou seja: todas as outras comunidades fraudulentas que disputavam o tráfego criminoso.

Muito antes que o Serviço Secreto americano tivesse conseguido arquitetar o fechamento da Shadowcrew, Iceman descobriu que vários de seus membros importantes eram informantes da polícia americana ou canadense, ou pura e simplesmente policiais. Gente que, como Iceman, praticava a fraude, sabia que tinha de ser igualmente versada em detectar a arte nos outros. Tanto os ladrões digitais experientes como os ciberpoliciais sabiam que nada incentivava mais o disfarce e a dissimulação do que a internet. Iceman concluiu que detectar bisbilhoteiros era uma parte essencial do ofício.

Quando descobria informantes, escrevia diatribes notoriamente virulentas contra eles nos fóruns. Alguns membros começaram a achar que Iceman protestava demais. Acaso o próprio cabeça do CardersMarket era um informante? Decerto foi o que pareceu quando ele lançou seu plano geral de aniquilamento da concorrência: uma série de ataques aos fóruns rivais de fraude de cartão, visando excluí-los e, concomitantemente, absorver no CardersMarket os volumosos bancos de dados de seus membros. Vision era muito franco no tocante às intenções que tinha: com sua arrogância característica, dizia não acreditar que outros sites criminosos, como o Scandinaviacarding.com ou o TalkCash "tivessem o direito de existir".

Para salientar sua superioridade, primeiro criou um rastro digital falso que levava a crer que o servidor do CardersMarket ficava no Irã, fora do alcance da polícia e dos demais fraudadores de cartão. Na verdade, o servidor era da Califórnia, mas Iceman tinha uma capacidade de despiste tão grande que convenceu a todos que o site tinha sede no Irã. Obviamente, isso deu rédeas largas aos boatos: acaso Iceman era um agente da inteligência iraniana encarregado de semear a confusão na polícia americana e arrecadar fundos para as suas próprias operações clandestinas?

Fosse quem fosse, era evidente que ele estava interessado em fazer negócio. Um a um, hackeou sucessivamente os sites rivais de *carding*, sugando-lhes os bancos de dados, inclusive todos os endereços de e-mail e as senhas de seus membros, assim como o registro de todas as postagens realizadas. A seguir, integrou essa informação ao CardersMarket antes de deletar os registros no site original.

Seus ataques eram implacáveis — nem mesmo os russos escaparam à sua ira. Ele cometeu a temeridade de invadir o Mazafaka.ru, o site icônico que substituíra o CarderPlanet no coração dos hackers russos. Mas, embora seu ego às vezes lhe turvasse o juízo, ele sabia muito bem que era uma enorme insensatez querer destruir os sites russos da maneira como havia destruído os ingleses. Os russos contavam com alguns dos hackers mais inteligentes do mundo, e Iceman não tinha a menor intenção de provocá-los. Além disso, depois do desmantelamento do Shadowcrew, eles tinham saído prontamente da turma do *carding*. Quer dizer, abandonaram — mais ou menos em massa — os fóruns de língua inglesa. O babilônico intercâmbio de criminosos, informantes, espiões e policiais nos sites anglófonos estava ficando irritante e opressivo: atrapalhava o negócio. Era melhor, além disso, evitar os países em que a polícia americana pudesse agir.

E, assim, os hackers russos criaram uma série de comunidades exclusiva ou predominantemente em língua russa, entre as quais o Mazafaka.ru. Nelas a polícia americana tinha muito mais dificuldade de se infiltrar, e a colaboração com a polícia russa ou com a influente KGB era extremamente difícil. A primeira linha de defesa dos hackers criminosos da Rússia ou da Ucrânia é a sempre muito cambiante gíria local. Mesmo que alguns policiais ocidentais pudessem compreender uma conversa em russo, seria difícil controlar as mudanças dinâmicas da linguagem ligada a uma cultura popular que poucos em Washington ou Londres acompanhavam.

No verão de 2006, embora os sites russos continuassem a fazer barulho, Iceman havia liquidado quase todos os adversários anglo-saxônicos. E, quando notava que um deles estava tentando ressuscitar, lançava um devastador ataque D DoS (Distributed Denial of Service, ou ataque distribuído de negação de serviço).

Os ataques D DoS passaram a ser a arma mais comum no ciberespaço. Eram obra dos chamados *botnets*, o equivalente cibernético dos *Vampiros de almas*, o clássico de Hollywood da década de 1950. Um vírus "captura" um computador que então fica sob a influência de um chamado servidor de comando e controle (c-c). Desse modo, infecta milhares de computadores que passam a ser designados como zumbis, com o status de escravos fadados a cumprir a ordem do poderoso servidor de c-c. Em tudo o mais, continuam funcionando como computadores normais. O usuário comum não percebe que agora sua máquina é soldado de um vastíssimo exército da morte digital. Se o zumbi for particularmente ativo, é possível que a vítima inocente note que seu computador está um pouco mais lento, geralmente porque trabalha em demasia participando secretamente da distribuição de bilhões de e-mails de spam, seja para fazer publicidade de aumento do pênis ou de venda ilegal de analgésicos opiáceos, seja transportando uma nova cópia do vírus capaz de infectar mais computadores ainda.

No entanto, com muita frequência, os *botnets* são instruídos para organizar ataques D DoS, ocasião em que todos os zumbis recebem ordem de acessar um site específico ao mesmo tempo. Quando é alvo de um D DoS, o site ou servidor simplesmente entra em colapso devido ao esforço de acomodar tamanho tráfego digital. A página trava. Se o ataque for suficientemente poderoso, sistemas inteiros travam.

O uso implacável de ataques D DoS levou grande parte da comunidade de hackers criminosos a detestar Iceman, julgando-o arrogante. Mas sua tática também despertou a suspeita de que ele trabalhava para os federais, pois muitas de suas vítimas eram hackers e delinquentes.

No entanto, ninguém podia questionar seus números nem seu movimento de vendas, já que agora o CardersMarket tinha vários milhares de membros, todos em plena atividade, comprando e vendendo cartões de crédito, contas bancárias, vírus, identidades e outros. Em agosto de 2006, ele era o mandachuva da internet.

Só tinha uma pedra no sapato. Um site criminoso que se recusava a morrer. Sempre que ele o golpeava, fosse limpando-lhe o banco de dados e apagando todos os seus arquivos, fosse mandando um exército de zumbis tirá-lo da web, o site simplesmente voltava feito um joão-teimoso, o boneco que sempre se levanta quando a gente o derruba.

Tinha começado a batalha contra o DarkMarket.

16. O DarkMarket

CIBERESPAÇO, 2005-8

Quando o carro envenenado desceu a encosta ocidental dos Alpes, o translúcido Mediterrâneo reverberava o sol, reforçando a sensação de que aquele seria um fim de semana fabuloso. O grupo de vinte e poucos jovens escandinavos liderados por Recka, o rei dos *carders* da Suécia, saiu da A8 para entrar na rodovia Grande Corniche e serpentear entre as montanhas de Mônaco.

O principado, um dos menores e mais densamente povoados países do mundo, passou a maior parte do século xx mergulhado no próprio glamour. Em 1956, redefiniu os parâmetros para as celebridades do pós-guerra quando uma das mais lindas princesas de Hollywood ingressou na família real ao se casar com o príncipe Rainier.

Agora, exatamente cinquenta anos depois do casamento do século, um grupo de membros do DarkMarket, munido de um raro butim de plástico, preparava uma breve incursão àquele templo do excesso. Logo depois da fronteira da França com o principado, já se avistam os primeiros cassinos. Aquelas fábricas de dinheiro bancam o orçamento monegasco desde a década de 1860. A população as chama de "bolsa de Mônaco", e isso explica por que os monegascos não pagam impostos. Que necessidade há? Por exemplo, no Monte Carlo Bay Hotel, a diária de um quarto de solteiro não sai por menos de oitocentos dólares, e é óbvio que o hóspede em condições de pagar por isso pode deixar carradas de dinheiro vivo no cofre do cassino. Resultado: abundância de grana em toda parte.

Por isso, a população do principado nada docemente nas enormes piscinas de dinheiro que os milionários esbanjam às mesas de 21 e roleta. Os hóspedes costumam se sentir à vontade para gastar, pois se trata do dinheiro com que, em outras circunstâncias, teriam pagado impostos no país em que têm seus negócios. Mônaco é um paraíso de evasão fiscal — e, segundo a venerável Organização de Cooperação e Desenvolvimento Econômico, também de lavagem de dinheiro. As autoridades desse rochoso posto avançado da liberdade fiscal não costumam fazer perguntas sobre a origem do capital dos visitantes de seu pequeno país.

Um lugar perfeito para um grupo do DarkMarket munido de doze cartões American Express Centurion, os famosos Black Amex — as divindades olímpicas da Idade do Plástico que só concedem audiência, mediante convite especial, a biliardários do Ocidente, do Japão, de Hong Kong e do Oriente Médio. Nos Estados Unidos, o cliente Centurion paga 5 mil dólares de taxa de adesão e uma anuidade de 2,5 mil dólares. Mas, em troca, recebe passagens de avião gratuitas, é atendido por dedicados concierges e assistentes de compras pessoais, e ganha sociedade em clubes de elite discretamente espalhados por um mundo do qual nós, habitantes do Planeta do Trabalho Duro, não temos a menor noção.

E por falar em dinheiro, basta que o dono do cartão apresente o seu Centurion para encher os bolsos com os dólares, euros, libras, francos suíços ou ienes que o caixa do banco lhe entrega com um sorriso exclusivamente reservado a gente do seu valor e status. Um único Centurion praticamente pode pagar o resgate de um refém capturado por piratas somalis.

Nada mais comum que um grupo de rapazes com muito dinheiro no bolso chegar a Monte Carlo e gastar, gastar, gastar com seus Centurion: naquele ambiente, a regra são os garotos mimados. Eles estavam decididos a explorar ao máximo suas doze fichas mágicas. Primeiro um hotel de luxo, depois coquetéis e uma refeição suntuosa antes de irem ao cassino. "Foi uma festa maluca", recordou um deles pensativamente. "Dois mil e seis foi a época em que o DarkMarket começou a planar no céu." Mas, quando partiram dois dias depois, os jovens *carders* tinham gastado 400 mil euros com os tais Black Amex. Até eles reconhecem que ficaram chocados com a facilidade que tiveram. "Ninguém manifestava a menor surpresa. Ninguém nos questionou uma única vez, dava a impressão de que as pessoas faziam aquele tipo de coisa o tempo todo."

Os escandinavos não foram os únicos a tirar a sorte grande. Maksik, um notório *carder* ucraniano, ganhou centenas de milhares de dólares vendendo *dumps* e *fulls*, números de cartão de crédito com as respectivas senhas e números de segurança. Cha0, na Turquia, criou uma verdadeira fábrica de atividade criminosa, sacando dinheiro com cartões de crédito clonados e vendendo *skimmers* a ladrões de todo o mundo para que roubassem dados de cartão por conta própria.

Fundado em maio de 2005, o Darkmarket.com era um negócio modestíssimo nos primeiros meses de existência. Entretanto, no outono daquele ano, atraiu algumas figuras importantes de outros fóruns de *carding*. O mais ativo de todos era JiLsi, o hacker de Sri Lanka que já tinha fundado o site The Vouched e se alçara ao status de moderador no pequeno mas influente fórum em língua inglesa do Mazafaka.ru.

Em pouco tempo foi nomeado moderador global do DarkMarket, apenas um grau abaixo do prestigioso status de administrador. Encarregou-se de dar destaque ao site. Seu objetivo era o mesmo de Iceman com o CardersMarket: JiLsi queria-o reconhecido como o principal site criminoso do mundo anglófono. Trabalhando incansavelmente no cibercafé Java Bean, no norte de Londres, atraiu centenas de novos membros em maio de 2006. A maioria dos novatos era composta de anglo-saxônicos, mas alguns russos também davam as caras de vez em quando.

No momento em que o DarkMarket estava ganhando popularidade entre os fraudadores de cartão, seus fundadores decidiram encerrá-lo por temerem a infiltração dos serviços de segurança. Um deles se preocupava justamente com seu exagerado sucesso. Disposto a tirar proveito da reputação crescente do site, JiLsi e uns amigos simplesmente o registraram como Darkmarket.ws (o domínio nacional de Samoa ocidental).

Agora podiam arregaçar as mangas para valer. Assim como o JiLsi, o DarkMarket se gabava de contar com o patrocínio de um famoso hacker russo conhecido como Shtirlitz, um veterano do CarderPlanet que servia de ponte entre os sites de *carding* russos e o DM.

Havia outros. Matrix001 analisou o DM. Ele vinha aumentando seu prestígio de especialista em programação visual desde que ingressara na IAACA. Não se entusiasmou com o que viu: o fórum de discussão era ruim, a segurança era precária. Em uma dura mensagem ao administrador, JiLsi, mostrou que, por causa do software inadequado, inimigos como Iceman hackeavam o site diariamente. Ofereceu-se para instalar um sistema melhor, coisa que JiLsi recebeu de braços abertos, e Matrix começou a subir na hierarquia.

Outras contribuições estavam a caminho. JiLsi se apressou a incentivar um tal Master Splyntr a aceitar a função de moderador do fórum. Master Splyntr era o nome de guerra de um famoso *spammer* polonês chamado Pavel Kaminski. Em uma referência tipicamente adolescente, o apelido remetia ao rato que treinava as Tartarugas Ninja na arte do combate marcial. Em consideração ao herói que ele cultuava e a sua capacidade, Master Splyntr também era conhecido como "sensei" na comunidade de *spammers* e hackers.

Sua verdadeira identidade tinha sido revelada pela misteriosa organização anti-spam britânica Spamhaus.org. Os empresários, especialistas em eletrônica, ex-espiões e sabe-se lá que outros membros dessa equipe empreendiam uma feroz cruzada para pôr na lista negra os figurões do mundo do spam, do *carding* e da pornografia infantil. Esquadrinhavam o universo digital em busca de provedores de acesso à internet que faziam vistas grossas às atividades criminosas dos clientes. Conforme relatado pela Spamhaus em seu site, Kaminski era um dos cinco maiores *spammers* do mundo, responsável por uma vastíssima quantidade de publicidade indesejável de aumentadores de pênis, Vicodin e coisas do gênero.

O interesse da Spamhaus em Master Splyntr fez dele um homem marcado, e cinco polícias do mundo se puseram a investigar suas atividades quando ele migrou do *spamming* para o universo do *carding*. Kaminski também tinha ligação com a distribuição por atacado de *malware*, vírus e cavalos de troia. Era um vilão consumado, e JiLsi ficou entusiasmadíssimo por ter atraído um tubarão daquele porte às águas do DarkMarket. Tratou de cultivar amizade com Splyntr e Matrix001, coisa que favoreceu a formação de uma equipe e tanto. E quando Cha0, o gênio turco do crime, entrou no grupo, o DarkMarket desenvolveu uma incontestável aura de sucesso.

Na aparência, o DarkMarket nada tinha de notável. Funcionava exatamente como os fóruns que discutiam os perigos da criação dos filhos ou as emoções da apicultura. Era mais difícil de acessar porque os membros tinham de ser escolhidos e checados, mas isso raramente chegava a ser um problema para quem conhecia o ambiente do *carding* e estava decidido a ingressar. Por questão de segurança, os negócios propriamente — compra e venda — quase nunca se faziam por intermédio do fórum. Tratava-se mais de um ponto de encontro de vendedores e compradores; o lugar em que os fabricantes de máquinas de *skimming* podiam encontrar um mercado; uma oportunidade para detentores de bancos de dados de cartão de crédito recrutarem uma equipe para fazer o trabalho de saque (a perigosa atividade de ir de caixa eletrônico em caixa eletrônico sacando dinheiro das contas). Mas os pormenores de cada negociação eram quase sempre acertados via mensagens particulares trocadas em redes de ICQ criptografadas. Uma vez fechado o trato, os negociantes retornavam ao site e solicitavam um serviço de depósito seguro, por meio do qual os administradores garantiam o jogo limpo.

O fórum passou a atrair cada vez mais membros, e os negócios começaram a ir de vento em popa. Indivíduos-chave serviam de ponte entre os *carders* russos e os fraudadores de cartão ocidentais, mas JiLsi notou que o círculo geográfico não parava de se dilatar. A Turquia estava se tornando uma zona importante do crime digital. As comunidades da Espanha e da Alemanha cresciam com muita rapidez, ao passo que as da França — cujos *carders*, como a maioria dos franceses, se sentiam mais à vontade em ambiente francófono — se empenhavam em melhorar seu inglês para também entrar na festa.

Estava chegando a idade de ouro do DarkMarket.

17. O escritório

O escritório de Renu Subramaniam era um terminal no cibercafé Java Bean. Ele tinha passado a maior parte dos dezoito meses anteriores trabalhando em um ambiente agitado e barulhento, pois o modesto Java Bean era vizinho do Estádio de Wembley — que se achava em meio a uma reforma monumental, a qual, na metade de 2006, já estava atrasada e com o custo muito além do previsto.

Em quase todos os aspectos, aquele cibercafé se parecia com milhares de outros espalhados pelo mundo. Suas imediações não eram das mais convidativas. Incrustado entre o Bowling Nail Bar e um escritório de contabilidade de aspecto sinistro, abrigava diversos monitores decrépitos e grandalhões, além de grudentos teclados ligados a computadores nada confiáveis, todos com falsos logotipos que os denunciavam como pirataria montada na Ásia. Só Deus sabe que atividades se empreendiam por trás das frágeis divisórias de madeira que separavam os consoles encardidos.

Debruçados nas telas, adolescentes passavam horas jogando games on-line, geralmente com níveis de concentração extraordinários; mochileiros compunham divertidos e-mails com suas impressões do país recém-descoberto; adolescentes curiosos e velhotes frustrados navegavam nos mais estrambóticos sites pornôs; jovens idealistas planejavam protestos políticos, certos de que, naquele lugarzinho tão anônimo, podiam driblar o Big Brother; traficantes de droga arranjavam bocas de venda e métodos de lavagem de dinheiro; e os cibercriminosos acessavam a rede para se informar acerca do valor da última muamba.

Além da localização à sombra do inacabado Estádio de Wembley, o Java Bean tinha outra peculiaridade. Nos computadores dos cibercafés, o equipamento de proteção contra ataques externos costuma ser bem precário. Nesses locais, pululam vírus, cavalos de troia e outras bactérias digitais, assim como seus equivalentes orgânicos infestam os hospitais que não ligam muito para a limpeza. Mas Renu, que levava a segurança muito a sério, convenceu o gerente do Java Bean a instalar nos sistemas do café um programa especial chamado Deep Freeze. Este restaurava os discos rígidos, devolvendo-lhes a configuração anterior, de modo que a rede não conseguia "enxergar" nenhum *malware* porventura baixado durante o dia e, assim, inutilizava o material ruim e ficava mais protegida.

Se o Java Bean fazia as vezes de escritório físico de Renu, o armário de arquivo que continha os segredos do DarkMarket era um pequeno cartão de memória. Ele guardava esse disco rígido portátil literalmente junto ao coração. Quando chegava ao escritório, plugava o cartão de memória em um dos terminais de computador e começava a trabalhar no DarkMarket.

Uma vez efetuado o login, vestia a máscara de pirata e se transformava em JiLsi, um dos oito administradores que dirigiram o site nos seus três anos de existência. Nunca superior a quatro ao mesmo tempo, essa equipe foi uma das unidades mais influentes no universo global da fraude de cartão. O elevado cargo não lhes rendia muito em termos financeiros, mas era uma posição privilegiada que inspirava considerável respeito entre os hackers e crackers. Eles também tinham acesso a grandes bancos de dados e controlavam a chave da vida ou morte virtual: o poder de excluir membros por transgressões reais ou supostas.

A eminente função de administrador oferecia dois inconvenientes. Em primeiro lugar, um árduo trabalho que consistia em passar regularmente de quinze a dezessete horas diárias martelando o teclado. Esses garotos não sabiam o que era feriado: esperava-se que estivessem permanentemente disponíveis 365 dias por ano. Por exemplo, Master Splyntr sempre levava consigo um telefone celular para o caso de um colega darkmarketeiro precisar de sua ajuda, e quando o aparelho tocava não deixava de atender. JiLsi queixava-se de efetuar o login às nove horas da manhã e ainda estar às voltas com o computador às dez da noite. Grande parte do trabalho era sumamente tediosa: monitorar as postagens para saber se os membros estavam cumprindo as regras do fórum e postando mensagens na seção certa. Boa parte do tempo se reduzia a mera burocracia, quase sempre trivial e chatíssima.

Em segundo lugar, a equipe administradora acessava sem intervalos o funcionamento interno de outros sites criminosos, deixando um rastro digital potencialmente muito mais visível que os deixados pelos membros ordinários, fazendo assim dos administradores os alvos preferenciais dos ciberpoliciais.

Nisso havia um paradoxo, pois eram justamente os membros ordinários que mais ganhavam dinheiro com o DarkMarket: em geral, os administradores corriam um risco maior em troca de uma compensação financeira menor. Em um período de três anos, JiLsi e Matrix ganharam uma quantidade irrisória de dinheiro, e Master Splyntr só cobrava pela manutenção dos servidores, mantendo-se concentrado no seu império de spam.

Havia ainda o intrigante Shtirlitz, presente quase desde o começo. O apelido remetia ao fictício Max Otto von Stirlitz. Nos romances de Julian Semyonov, este era um graduado oficial nazista que espionava para Moscou durante a Segunda Guerra Mundial. Caracterizado como o James Bond soviético na década de 1970, ficou incrustado nas mentes russas graças a uma série de filmes populares baseados nos livros. Discreto, mas devastadoramente bonitão, Stirlitz continua sendo um vigoroso símbolo patriótico na Rússia pós-comunista devido a sua coragem, inteligência e dedicação inquebrantável à pátria.

Pois bem, já conhecemos Stirlitz, o espião soviético. Mas quem era Shtirlitz, o *carder* (que transliterou o nome do russo para o inglês, daí o H extra)? Acaso um agente da KGB? Ou quem sabe um agente duplo a serviço do FBI e do Serviço Secreto dos Estados Unidos? Ou então um *supercarder*? Um membro do CarderPlanet que esteve com ele descreveu-o como um sujeito "de aparência ariana e pouco menos de trinta anos de idade". Ele comprava regularmente passaportes falsos e passou algum tempo morando em Praga, a capital da República Tcheca. No CarderPlanet, era descrito como "um cara legal e confiável", mas posteriormente outros *carders* começaram a desconfiar de que ele tivesse se inspirado em um experiente policial americano para montar o seu personagem fictício.

Fossem quais fossem seus objetivos como um dos membros mais destacados do DarkMarket, ele era onipresente, embora silencioso — seus registros indicavam pouca atividade. Outro membro retardatário da administração do fórum, Lord Cyric, parecia também não ter envolvimento com a atividade de compra e venda. Ambos estavam muito ocupados em manter toda a estrutura e em se deleitar com o status de lenda na fraternidade.

Ali cada qual tratava de guardar seus segredos, e alguns estavam longe de ser o que pareciam.

Ironicamente, aquele que levava a segurança mais a sério era o mais transparente de todos em certos aspectos: Cha0. O delinquente turco ingressara tardiamente nos fóruns de fraude de cartão. Diferentemente dos outros, não era veterano do Shadowcrew nem da IAACA; surgiu do nada, no início de 2006, como proprietário de um fórum chamado Crimeenforcers.com, um site com design elegante que oferecia aos aspirantes a cibercriminosos todo tipo de serviços de back-up. Era especialmente notável pelas instruções tutoriais animadas que apresentavam uma versão em cartum de Cha0 conduzindo o espectador pelos melhores aspectos do *carding*.

Ele usou o DarkMarket para promover o Crimeenforcers (a publicidade paga era uma importante fonte de renda dos fóruns), e sua onipresença e as transações comerciais implacáveis que fazia não tardaram a se transformar em uma influência real. Tendo ingressado no DarkMarket em fevereiro de 2006, alçou-se a um dos chefões em apenas sete meses.

Ao contrário dos colegas, Cha0 era da rara cepa de geeks dotados de uma mente criminosa brilhante. Sua motivação para aceitar o importante papel de administrador era simples: podia usá-lo para fomentar sua empresa como distribuidora dos acessórios necessários à perpetração de crimes econômicos, como os *skimmers*.

Mas, tal como no caso de outras figuras importantes do DarkMarket, a história de Cha0 resultou bem mais bizantina — coisa, aliás, muito condizente com um habitante de Istambul.

Deixando de lado a anomalia de Cha0, os ladrões mais bem-sucedidos do DarkMarket não ajudavam a administrar o site. Eram homens como Freddybb e Recka, os fraudadores de Scunthorpe e da Suécia, que apareciam só de vez em quando para negociar e então passavam dias, semanas e até meses desaparecidos. A polícia de todo o mundo prendeu uma proporção muito maior de geeks que de criminosos consumados em suas operações eletrônicas.

Enquanto se esfalfavam diante dos PCs, os quatro administradores seniores eram coletivamente responsáveis por quatro tarefas principais. A proteção dos servidores e a manutenção geral do site eram responsabilidade de Master Splyntr e de Matrix001. As ameaças cotidianas ao DarkMarket provinham não da polícia, e sim dos rivais e inimigos do fórum na internet, como Iceman. Splyntr, Matrix e JiLsi estremeciam toda vez que havia desavença entre os membros. Splyntr se habituou a um padrão, ainda que se irritasse um pouco com ele. Um membro do fórum acusava outro de alguma transgressão, com ou sem fundamento. O acusado se enfurecia, e logo a parte ofendida organizava um *botnet* a fim de lançar um ataque D DoS. Dezenas de milhares de computadores comandados por um único servidor solicitavam acesso ao DarkMarket e o site ficava paralisado. Se fosse no mundo físico, resmungava Splyntr consigo, era o caso de encher o imbecil de pauladas. Mas no ciberespaço não havia escolha, a não ser fechar o site e esperar que o atacante se acalmasse, ou então negociar um acordo qualquer.

Em consequência, os administradores eram obrigados a monitorar todos os conflitos que se ensaiavam entre os membros, procurando desarmá-los antes que eclodissem. O criminoso digital médio tinha os modos de um chimpanzé e a língua de uma peixeira siciliana. A anonimidade gera um falta de confiança intrínseca em toda a internet, coisa a que o mundo do crime é particularmente suscetível em virtude da ameaça potencial da polícia e da suposta invulnerabilidade conferida pela anonimidade do usuário. Assim, os insultos em fóruns como o DarkMarket evoluíam rapidamente para francas guerras verbais. Este é, eventualmente, um dos trunfos da polícia que investiga o crime cibernético: em uma comunidade dividida por uma diversidade de suspeitas, um leitor habilidoso pode manipular as disputas em proveito próprio.

Naturalmente, a equipe administrativa decidia a sorte do status dos membros na hierarquia do DM. Os quatro procediam a um conclave privado — um fórum a que só eles tinham acesso — para discutir, por exemplo, se um *carder* tinha ficha suficientemente confiável para ser premiado com o cobiçado título de Vendedor Recomendado, o que lhe abria a possibilidade de vender cartões sem restrição no DarkMarket.

Obviamente, os administradores também sondavam continuamente a presença de ciberpoliciais, para não falar nos canalhas e *rippers*.

Detectar *rippers* era uma parte decisiva do terceiro e mais importante trabalho da administração: operar o serviço de depósitos confiáveis a fim de garantir o jogo limpo no reino do jogo sujo. Tal como no caso do site de fraudes original, o CarderPlanet, a boa gestão dos depósitos *escrow* foi um fator decisivo na transformação do DarkMarket no site criminoso mais relevante da época. JiLsi cuidava do *escrow*, mas o árbitro mais importante do serviço era Cha0.

Por fim, os administradores precisavam estar atentos para que ninguém usasse o site a fim de distribuir pornografia infantil ou vender e comprar drogas e armas. Isso não ocorria por qualquer restrição de fundo moral, e sim pela convicção de que a polícia perseguiria o site com menos rigor se eles se restringissem a crimes de cartão de crédito e identidade.

A primeira metade de 2006 foi um período complicado para Renu. A maré de má sorte começou em fevereiro. Depois de um longo dia de trabalho, ele saiu do café Java Bean e se entregou a uma noitada de Martell e crack. Na manhã seguinte, ao acordar, descobriu que seu valiosíssimo cartão de memória não estava aninhado no peito como de costume. Devia ter esquecido no cibercafé!

Tomado de pânico, correu para o Java Bean e foi perguntar diretamente ao gerente se alguém o havia achado e devolvido. O homem sacudiu a cabeça. "Você acaba de me fazer perder duzentas e cinquenta mil libras!", gritou Renu, esquecendo temporariamente que ele era o único responsável pela catástrofe. Estava menos preocupado com seus parcos recursos do que com o dinheiro e os dados de que ele era o guardião.

Nas semanas seguintes, JiLsi montou uma operação de controle de danos. Precisava convencer os membros do DarkMarket, que nele haviam depositado confiança, de que a sua segurança não estava comprometida. Enquanto isso, no mundo real, Renu lutava para amortizar a hipoteca de uns imóveis caindo aos pedaços no norte de Londres. O DarkMarket ia de vento em popa, mas JiLsi não estava enriquecendo. Pelo contrário, com dívidas até o pescoço, foi pedir dinheiro emprestado a amigos. Ser um foragido no ciberespaço não preparava ninguém para lidar com esse submundo mais tradicional.

Mesmo depois da perda do cartão de memória, Renu continuou a se dedicar abnegadamente ao progresso do DarkMarket. Mas o estresse proveniente da administração de um site o assoberbava. Acima de tudo, ele percebeu que agora o DarkMarket e o CardersMarket estavam travando uma luta de morte. O site tinha lá suas vulnerabilidades, mas JiLsi era mais vulnerável ainda e, às vezes, sentia-se extremamente cansado daquilo.

Iceman aumentara sua violência desencadeando uma chuva de ataques D DoS e lançando contra o DarkMarket toda e qualquer arma digital em que conseguisse pôr as mãos. Os *carders* de todo o mundo alinharam-se com um ou outro site, alegando que o adversário devia se render e permitir a criação de um megasite dominante. Aliás, este era o argumento central de Iceman: naquele ramo, a concorrência não aumentava a eficiência, servia apenas para levar à agressão.

Em setembro de 2006, os ataques implacáveis levaram Renu ao desespero. A dependência do crack também se acentuara na época, um progresso perigoso tanto para a sua segurança — e saúde — como para a segurança do próprio DarkMarket.

Ele decidiu então discutir os ataques contra o site com Master Splyntr, que na época era moderador, dois graus hierárquicos abaixo de JiLsi, o administrador-chave. Fazia tempo que Master Splyntr vinha tentando convencer JiLsi a deixar que ele, Kaminski, se encarregasse dos servidores. Argumentava que dispunha de dispositivos de segurança muito melhores e que, se assumisse a função, aliviaria a pressão sobre o próprio JiLsi.

Master Splyntr era a segunda opção de JiLsi. Antes ele havia convidado Cha0, mas o turco rejeitara a oferta, sem dúvida por não se interessar pelo ingrato trabalho de manutenção dos servidores. Ninguém mais se dispunha, de modo que JiLsi entendeu que só lhe restava recorrer a Master Splyntr.

Kaminski recebeu o convite mais ou menos às 11h30 de uma noite do começo de outubro. "Os meus servidores estão prontos, JiLsi", disse. JiLsi não hesitou mais, contente em finalmente se livrar da responsabilidade por seus vulneráveis servidores: "O.k. Manda ver!".

Antecipando talvez a irritação dos colegas administradores, JiLsi não os consultou a respeito da transferência do controle do servidor para Splyntr, embora nenhum deles tenha chegado a fazer qualquer objeção. Convenceram-se rapidamente de sua sensatez: Splyntr mostrou-se um gerenciador de serviço mais eficiente que JiLsi.

Kaminski cumpriu a palavra: seus servidores eram eficazes e seguros. E mais: quem tentasse descobrir a localização real dos servidores do DarkMarket (fossem os colegas hackers, a polícia, os militares ou os serviços de inteligência) não conseguia rastreá-la além de um servidor anônimo de Cingapura.

Master Splyntr foi nomeado administrador. O tráfego pelo site voltou a crescer. Toda vez que Iceman invadia o DarkMarket e lhe destruía o banco de dados, Master Splyntr o recuperava e restabelecia seu funcionamento em 24 horas. E, ainda que Iceman fosse inquestionavelmente o técnico mais bem-dotado em jogo, sua arrogância o indispusera com centenas de *carders*. O DarkMarket tornava-se cada vez mais forte e, ao que tudo indicava, favorito na disputa pelo topo. Mas Iceman ainda não tinha jogado a última cartada.

18. Mentes desconfiadas

A aparente calma de Iceman desmentia sua fúria absoluta. Ele tinha perdido a noção do tempo. Podiam ser três horas da madrugada ou três da tarde. Mas quem está envolvido em uma invasão importante, que pode durar horas e horas, se desorienta facilmente. Para os hackers mais obsessivos, o tempo e o espaço se esfumam. Quando a sanha agressiva se apoderava de Iceman, não existia mundo real: a única coisa que importava era o mandamento de Nêmesis, a deusa da vingança.

Pois ela apareceu nas mais variadas formas. A primeira foi El Mariachi, um *carder* rancoroso cujo site, The Grifters, havia sido destruído por Iceman. El Mariachi bradava do alto das colinas digitais que tinha provas incontestáveis da verdadeira identidade de Iceman, um colaborador do FBI. Lord Cyric, o cachorro virtual de El Mariachi, que latia e rosnava constantemente nos fóruns de *carding*, incumbiu-se de repetir a acusação. Como a tantos outros, Iceman detestava Lord Cyric.

Vomitaram-se cáusticas acusações de um site de *carding* para outro. Foi o equivalente a uma guerra entre vários clãs mafiosos, só que ninguém sabia de fato quem pertencia a que família, quem era informante e quem era policial. Um caos.

Mas ao descobrir o que lhe pareceu ser a grande verdade, Iceman ficou quase estupefato no confortável apartamento no centro de San Francisco que Jeffrey Normington e outro parceiro lhe pagavam em troca de um fluxo regular de números de cartão de crédito roubados. Era lá que, cercado de rançosos restos de pizza e latas de coca-cola, ele administrava o CardersMarket e invadia obsessivamente os outros sites fraudulentos. Em outubro, conseguiu invadir o coração dos servidores do DarkMarket.

Começou por examinar todo o tráfego dos administradores e, a seguir, detectou alguns endereços IP de aparência esquisita. Qualquer um pode se informar sobre endereços IP e saber onde se situam: as empresas ou indivíduos a eles associados e o nome de seu provedor. Um deles estava registrado em nome de uma firma chamada Pembrooke Associates. Iceman revirou a web de ponta a ponta em busca de informações sobre ela, mas a única coisa que encontrou foi um site com uma listagem de empresas. Lá figuravam o nome da firma e um número de telefone. Então ele empreendeu uma busca reversa, pelo número do telefone, e achou o endereço: 2000 Technology Drive, Pittsburgh, PA.

Iceman teve um calafrio ao ler esse endereço. Topara com ele apenas algumas semanas antes, quando um colega do Carders-Market encontrara em um site um modelo de documento que continha o acrônimo NCFTA e aquele mesmo endereço de Pittsburgh. Ao se informar sobre a instituição, descobriu que se tratava da National Cyber-Forensics & Training Alliance, um corpo semioficial que dá assistência a diversos órgãos policiais americanos em uma ampla gama de questões de segurança digital.

Nas profundezas de sua existência virtual, Iceman sentiu o gélido e repentino toque do mundo real. Sempre suspeitara de que as autoridades se escondessem pelos cantos, mas aquilo era inequívoco — ele estava convencido de que não podia ser um engano. Depois de meses acreditando ser intocável e o principal homem da fraude de cartão, Max Vision ficou subitamente preocupado.

Ao cabo de demoradas consultas, três colegas de Iceman no CardersMarket — silo, c0rrupted0ne e dystopia — resolveram entrar em contato com Matrix001, do DarkMarket, a fim de comunicar sua suspeita quanto ao endereço IP e o FBI e para planejar um modo de seguir adiante. Matrix001 era o único administrador que ninguém acreditava ter ligação com os órgãos repressivos, de modo que lhe enviaram pelo ICQ os dados da NCFTA e da Technology Drive, em Pittsburgh, acompanhados de mensagens veementes:

> *dystopia*: fazia tempo que a gente sabia, mas agora finalmente temos provas
> *dystopia*: matrix, o DM é um site bichado
> *dystopia*: 100%
> *corruptedo*: nós demos duro para estabelecer a paz e se viermos a público a polícia vai cair em cima de nós PRA VALER mas se calarmos o bico seremos responsáveis por todo mundo que se ferrar
>
> *siloadmin*: parabéns, você é admin de um site bichado!
> *siloadmin*: Pembrooke Associates 2000 Technology Drive Pittsburgh PA 15219. nunca ouviu falar no número 2000 da Technology Drive?

Matrix ficou com a pulga atrás da orelha. Tinha por regra não confiar em ninguém, mas desconfiava particularmente de c0rrupted0ne e de silo. Fazia tempo que o CardersMarket desencadeava uma agressão desenfreada contra o DarkMarket na esperança de destruí-lo com todos os meios disponíveis. Ele examinou o documento e, embora o inglês não fosse a sua língua materna, percebeu imediatamente que estava repleto de erros:

matrix001: o documento do word é falso

matrix001: ninguém aí reparou nos erros de digitação?

matrix001: ah e no alto da página não aparece o nome da empresa nem qualquer outro

matrix001: que diga ncfta

matrix001: só o endereço

matrix001: ah para mencionar só um erro: em inglês se escreve *available* não *avaliable*

matrix001: e aí, caras, querem que eu continue?

A reação de Siloadmin foi defensiva, como se estivesse irritado consigo mesmo por não ter reparado nos erros de digitação:

siloadmin: escute matrix

siloadmin: eu sei que esta merda parece falsa, erros etc.

siloadmin: mas foi o que nós puxamos

siloadmin: eu não inventei essa bosta

matrix001: nenhuma empresa do mundo teria um documento desses

matrix001: é completamente ridículo

Aquilo tinha tudo para ser uma armação, e a troca de mensagens convenceu Matrix exatamente disso. Acusar os fóruns rivais de ser uma cilada organizada pelos órgãos repressivos era uma prática comum destinada a intimidar os membros para que acabassem aderindo à concorrência. Matrix estava convencido de que, se os membros abandonassem o DarkMarket, Iceman e o CardersMarket os recrutariam imediatamente, coisa que ameaçaria a própria existência do DarkMarket.

Além disso, silo, dystopia e c0rrupted0ne pareciam muito ansiosos — talvez até demais — para que Matrix abrisse outro arquivo, um arquivo zip compactado conhecido como rar. Os arquivos zip figuravam entre os mais famosos portadores de infecções troianas, e ele tinha certeza de que aquele fora concebido pela tripulação do CardersMarket para sugar de seu computador todos os segredos do DarkMarket. Ele começou a se perguntar se agora Iceman e seus comparsas não estavam no segundo estágio de um plano audacioso, arquitetado pelo FBI, para apagar o DarkMarket do mapa.

Eram 9h15 de uma manhã glacial de novembro na Alemanha central, porém Matrix sabia que tinha de agir depressa. Entrou imediatamente em contato com os companheiros administradores do DM e avisou que Iceman e seus cúmplices estavam prestes a denunciar o site.

> *matrix001*: eu não baixei o arquivo nem o abri, por isso disse que o meu rar não está funcionando
> *matrix001*: aposto que era um trojan
> *matrix001*: se vocês checarem a info que eles passaram é totalmente falsa...
> *matrix001*: mas deem uma lida com seus próprios olhos...

19. Donnie Brasco

PITTSBURGH, OUTUBRO DE 2006

O agente especial Keith J. Mularski, da divisão de informática do FBI, estava chateadíssimo, não só porque os Steelers vinham fazendo uma campanha medíocre depois da vitória sensacional de fevereiro no Super Bowl. Portador de um ingresso para toda a temporada no Heinz Field, o estádio dos Steelers, Mularski sempre tivera consciência de que o futebol americano não era uma questão de vida ou morte: era coisa muito mais séria. Mas, dessa vez, excepcionalmente, ele estava às voltas com problemas ainda mais sérios que o futebol.

Fazia meses e meses que vinha bancando o Donnie Brasco eletrônico, mergulhado na maré sempre montante da criminalidade digital. É verdade que não chegava a arriscar a vida como o agente Joe Pistone quando assumiu a identidade de Brasco no covil das famílias mafiosas mais influentes de Nova York. Mas sua vida havia se transformado num inferno de trabalho sem fim para convencer seus chefes a autorizarem a operação sem precedentes de entrar disfarçado no ciberespaço. De montagem caríssima, a operação corria o grande perigo de ser denunciada como uma armadilha. Por isso, os chefes do FBI monitoravam cada movimento seu em busca de sinais de erro. Mas o que aconteceu não foi um mero erro. Foi uma colisão frontal.

O tempo era crucial. Mularski havia percorrido um longo caminho sem ser desmascarado. Estava prestes a angariar a ajuda de várias agências policiais estrangeiras para pôr em prática seu plano de longo prazo: executar uma série espetacular de detonações em todo o mundo. Tinha criado e cultivado um personagem, escolhera um nome, inventara uma biografia, e sua ficção havia se transformado em realidade para muitos cibercriminosos globais em um espaço de tempo notavelmente breve. Mularski era confidente íntimo de vários de seus alvos.

Agora, por causa do descuido de um colega que deixara em um computador um arquivo com vestígios do timbre da National Cyber-Forensics & Training Alliance, ele arriscava ser descoberto e ver o malogro de uma operação extremamente complexa.

Essa também tinha sido a primeira incursão importante do FBI no universo do crime cibernético. Até então, o Serviço Americano de Inspeção Postal e sobretudo o Serviço Secreto dominavam as investigações eletrônicas. Em 2004, ficou claro que o crime digital era um dos setores do crime organizado em crescimento mais rápido no mundo todo. Invadiam-se cada vez mais empresas, instituições e indivíduos. Os cartões de crédito eram o maior problema devido ao grande volume de fraudes ou roubos. Mas agora as grandes empresas eram vítimas de espionagem industrial, e alguns hackers envolvidos em *carding* também se dedicavam a roubar segredos comerciais para vendê-los à concorrência. A Cisco Systems permitira que um concorrente chinês furtasse e copiasse os planos de um de seus servidores mais avançados — de modo que nem mesmo os conglomerados supostamente versados em informática eram imunes.

A abordagem desordenada da segurança da rede, tanto no governo como na indústria privada, começava a assustar a Casa Branca, o Congresso e o Pentágono. A maior parte das repartições públicas e dos ministérios ou não tinha consciência de sua vulnerabilidade, ou estava tão sobrecarregada com o número de ataques contra ela desencadeados que preferia enterrar a cabeça na areia, na esperança de que o problema simplesmente desaparecesse.

Mas essa não era uma opção para o Pentágono, atolado que estava no esforço de controlar os efeitos negativos da chuva sobre Titã, uma série de prolongados ataques aos sistemas de informática do Departamento de Defesa originados na China e concebidos para extrair todos os segredos contidos nos arquivos temerariamente expostos.

Os grandes bancos ainda estavam abalados com a chamada vulnerabilidade PVV (Pin Verification Value, ou Valor de Verificação de PIN) que havia custado ao Citibank e ao Bank of America dezenas de milhões de dólares roubados no período do Shadowcrew e, embora eles tivessem solucionado o problema, os fraudadores de cartão continuavam subtraindo dinheiro vivo dos caixas eletrônicos de centenas de outros bancos.

Em uma palavra: caos.

Não era difícil prever as consequências. Em pouco tempo, grandes quantidades de dólares do contribuinte seriam canalizadas para os problemas ligados ao crime digital, à espionagem industrial eletrônica e à guerra de informática. Nenhuma força policial que se prezasse ia querer abrir mão de uma fatia. Do ponto de vista do FBI, o Serviço Secreto americano estava se preparando para se empanturrar com três quartos de um riquíssimo bolo orçamentário. Pioneiro entre os ciberpoliciais, e ainda se regozijando na glória do desmantelamento dos Shadowcrew, o Serviço Secreto estava naturalmente interessado em afirmar sua primazia naquele campo embrionário.

O FBI, a maior e mais poderosa força policial dos Estados Unidos, tinha outras ideias. Seu diretor Robert Mueller aspirava ao ingresso na cibernética não só para obter a verba, mas também em virtude de seu empenho em remodelar o FBI de modo a torná-lo menos uma força policial e mais uma agência de inteligência doméstica. O plano de Mularski não se restringia a capturar criminosos, também se propunha a acumular informações. Essa mudança de rumo no topo da hierarquia ajudou-o a vencer a resistência de alguns funcionários seniores, e Mularski, que havia reforçado com uma bela apresentação sua solicitação para montar a ousada operação secreta, obteve autorização. Assim, quando Iceman o detectou, não foi só a operação DarkMarket que ficou à beira do fracasso. Se a coisa fosse por água abaixo, os futuros dólares do contribuinte também iriam e, com eles, a capacidade do FBI de empreender operações na rede. Um fardo enorme pesava nos ombros de Mularski.

Sua primeira reação foi de desespero. *Acabou tudo*, pensou, e sua esforçada equipe teria de dar uma explicação humilhante à hierarquia, sendo que alguns não deixariam de resmungar: "Eu não disse?". Porém, um dos motivos pelos quais o FBI selecionou Mularski para o programa de treinamento de agentes foi a sua sagacidade ao enfrentar situações difíceis. E, minutos depois, ele decidiu não se render sem lutar.

A história da família de Mularski se confunde com a de Pittsburgh no século XX. Tendo comprado passagem em Hamburgo em 1892, seu tetravô desembarcou em Baltimore com apenas um dólar no bolso. Keith podia ter sido um garoto tipicamente americano, mas a identidade étnica das muitas comunidades europeias espalhadas pela cidade continuava forte. No caso de Mularski, identidade polonesa.

Por entre as modestas casas de madeira, os cinemas e salões de baile art déco da agora pitoresca zona sul da cidade, erguem-se as igrejas e os centros comunitários das diversas colônias eslavas — tcheca, polonesa, sérvia, eslovaca, ucraniana e outras — que migraram para essa cidade estrategicamente situada no oeste da Pensilvânia. Andrij e Julia Warhola, rutenos da área rural da Eslováquia, migraram para Pittsburgh no começo do século, antes de eliminar o A final de seu sobrenome e gerar uma das figuras mais influentes da arte do século xx.

Imponentes pontes de aço e agradecimentos à Norfolk and Western Railway são alguns lembretes da importante contribuição de Pittsburgh para o domínio econômico global dos Estados Unidos no século xx. O aço de suas fábricas deu forma a navios de guerra, aviões, automóveis e fábricas espalhados por todo o planeta. Passaram-se décadas desde a última vez que as nuvens negras expelidas pela hidra produtora de aço envolveram a cidade na escuridão e espalharam suas partículas venenosas sobre a cidade, causando a mais elevada incidência de doenças pulmonares nos Estados Unidos.

Já não paira fumaça tóxica sobre a cidade, que hoje é considerada um dos melhores lugares para se viver nos Estados Unidos. O sol brilha, e na década de 1990, depois de quinze anos de pobreza e declínio, Pittsburgh se refez silenciosamente como um centro industrial de alta tecnologia na Costa Leste.

Mularski foi um dos que fugiu da cidade nos anos 1980, depois de se formar em história pela Universidade Duquesne. Na época, não lhe restava nada. Seu pai podia ter sido a reencarnação de Willy Loman. Um dos primeiros a sofrer o declínio do trôpego destino do gigante, Mularski pai foi demitido do emprego de vendedor na década de 1970 e não conseguiu arranjar outra colocação. A família passou a viver precariamente do salário da mãe de Keith, que era secretária executiva.

Pittsburgh perdeu um terço da população durante a juventude de Keith. Sem desejar vê-la definhar ainda mais, ele se mudou para Washington com a jovem esposa. Empregado de um grande varejista de móveis que operava em todo o país, demonstrou muito talento em administração e vendas. À primeira vista, a função de gerente de vendas parece não ter nada em comum com o crime digital, mas as técnicas que ele aprendeu na empresa deram-lhe uma base firme para a função de ciberpolicial do FBI.

A "engenharia social" — a arte de persuadir uma pessoa a fazer algo objetivamente contrário ao seu interesse — tem importância central no cibercrime. Como, pergunta-se o vigarista, convencer meu alvo a entregar a sua senha? A abrir um e-mail com um *trojan* escondido no código? Até mesmo a ligar o computador?

O ladrão digital dispõe de algumas opções óbvias. Os dois métodos testados e comprovados são a música grátis e a pornografia. O impulso sexual é o mais poderoso de todos — e precisa ser, já que em termos evolucionários encontrar um parceiro muitas vezes acaba sendo coisa muito perigosa. Nós estamos dispostos a assumir grandes riscos para satisfazer os desejos sexuais, coisa que os fabricantes de vírus de computador perceberam rapidamente. Em geral, basta a promessa de um par de seios para que um usuário ingênuo se sinta tentado a clicar em um link que baixará um *malware* destrutivo em sua máquina. Se tiver sorte, ele pode até ser redirecionado a uma imagem, embora esta seja uma compensação ínfima para a entrega dos segredos de seu desktop a um controlador anônimo. Não foi por acaso que um dos vírus mais bem-sucedidos da história da web se propagou via e-mail com o assunto "Eu te amo".

Embora não tenham a tendência a espalhar vírus como os criminosos digitais, os gerentes de venda também são consumados engenheiros da alma humana. Seu ofício consiste em convencer os consumidores em potencial a investir em itens indesejáveis ou desnecessários. "Vender uma coisa que você tem a uma pessoa que a quer não é negócio", observou certa vez o rei da máfia Meyer Lansky. "Mas vender uma coisa que você não tem a uma pessoa que não a quer, isso sim é negócio." No mínimo, os gerentes de venda sabem convencer o cliente a comprar os itens mais caros. De modo que, quando foi admitido na jovem Divisão de Informática do FBI, o agente Keith Mularski levava um valioso ativo na bagagem: o dom de adular, gracejar, seduzir, exortar, aliciar e instigar. Para um policial, ele convencia muito bem no papel de criminoso.

No ano 2000, Pittsburgh estava transformada. A cidade sempre se beneficiara de enormes legados filantrópicos. Em todos os cantos da cidade estão impressas as marcas dos Carnegie, Heinz e Mellon, gigantes do vertiginoso crescimento industrial dos Estados Unidos nos dois lados da virada do século XX. Parte da reinvenção da cidade após o colapso da manufatura arrima-se no investimento em ciência da computação e tecnologia na Universidade Carnegie Mellon (CMU), classificada como um dos vinte melhores estabelecimentos de ensino superior do mundo.

Fundada pelo grande industrial de origem escocesa Andrew Carnegie, a universidade começou como escola técnica e se fundiu com o Mellon Institute of Industrial Research em 1967. Durante os anos sombrios da década de 1980 e o início da década de 1990, a CMU estudou a derrocada de Pittsburgh e pesquisou meios de ressuscitá-la. A universidade era muito conhecida também pelo trabalho desenvolvido no campo de segurança informática. Fora do Massachusetts Institute of Technology e do Vale do Silício, Pittsburgh se destacou como um raro posto avançado do universo geek dos Estados Unidos, tendo um especialista debruçado sobre as questões de segurança.

A *expertise* da CMU explica muitos aspectos da nova Pittsburgh, inclusive a criação, em 1997, da National Cyber-Forensics & Training Alliance, uma instituição sem fins lucrativos patrocinada por bancos e vários conglomerados, que se propõe a reunir profissionais da área acadêmica, do setor privado, da polícia e da inteligência para combater a crescente insegurança na rede. E foi por isso que, pouco depois da passagem do milênio, Keith Mularski voltou para a sua terra natal a fim de trabalhar no modesto prédio comercial com fachada de vidro, situado na Technology Drive, número 2000.

Ao olhar pela janela do quarto andar, ele recordou que era praticamente o único responsável por aquela operação do FBI. Embora trabalhasse com uma equipe excelente, era ele que, enfrentando um ceticismo profundo, tinha convencido os chefes a lhe darem sinal verde. Não eram só a reputação e os interesses orçamentários do FBI que corriam perigo, era o seu emprego!

Então Mularski se lembrou de uma coisa em que ele era muito bom: vendas. Ou, melhor ainda, engenharia social.

Quando os quadros de aviso criminosos passaram a divulgar que o DarkMarket estava nas mãos dos federais, ele não perdeu a calma, lembrou que a autocomiseração não levava a nada. Convinha desencadear um contra-ataque imediato. E entrou em contato com Grendel, talvez o mais misterioso darkmarketeiro de todos. Na vida real, embora trabalhasse em uma sofisticada e inteiramente legítima empresa de segurança da Alemanha, Grendel também oferecia serviços remunerados aos criminosos cibernéticos importantes. O DarkMarket dependia de sua VPN, uma garantia de anonimidade quase completa — mas, além disso, ele tinha desenvolvido quatro *shells* (conchas, programas capazes de dar invisibilidade efetiva aos usuários).

A partir dos *shells*, Grendel conseguia produzir logins previamente verificáveis, nenhum dos quais mencionava a Pembrooke Associates. Mularski se vangloriou a todos os membros do CardersMarket e do DarkMarket de que aquele era o seu serviço de VPN, sendo que o único que tinha esbarrado no login da Pembrooke Associates era... Iceman. Usando as técnicas de gerente de vendas, Mularski afastou de si o holofote, apontando-o diretamente para Iceman.

Os erros de digitação detectados por Matrix001 no papel timbrado foram a cereja no bolo. Iceman tinha um histórico de graves acusações contra qualquer um que o irritasse, e, no período em que foi o senhor todo-poderoso do CardersMarket, quase todo mundo o havia irritado em uma ou outra ocasião. Contava com poucos amigos. Do mesmo modo, a ideia de que ele estava recorrendo uma vez mais a seus antigos ardis de informante do FBI voltou a se arraigar: tese que Mularski se apressou a avivar com toda energia.

Longe de destruir o DarkMarket, Iceman acabou fazendo o contrário. O site ressurgiu mais forte que nunca e passou a ser considerado por quase todos o principal site anglófono de *carding* do mundo. A agilidade mental de Mularski evitou um grande desastre.

20. Um plano astucioso

JiLsi não cabia em si de contente. O CardersMarket e Iceman ainda estavam de pé, mas bem grogues com os contragolpes que levaram depois de acusar o DarkMarket de ser um site infiltrado. Agora a maioria dos *carders* acreditava (equivocadamente) que o site bichado era o CardersMarket e que o DarkMarket era puro e limpo. Consequentemente, o DarkMarket voltou a crescer, reunindo um contingente de quase 2 mil membros.

Claro que corriam rumores de que entre os administradores do DarkMarket as coisas talvez não fossem bem o que pareciam, mas àquela altura havia entre os fraudadores de cartão tanto os simples animais de carga quanto os "lobos solitários" dos primeiros tempos do crime digital. E a carga se voltara contra Iceman, favorecendo o DarkMarket.

Em dezembro de 2006, os darkmarketeiros estavam fazendo um ótimo trabalho. JiLsi se orgulhava muito de seu desempenho: finalmente, era um respeitado membro da família, muito elogiado pelo trabalho abnegado e eficiente. Tinha montado uma equipe excelente: Matrix, Master Splyntr e Cha0 eram administradores de primeiríssima linha, e todos os membros confiavam em seu serviço de depósito *escrow*. Shtirlitz e Lord Cyric davam-lhe apoio e credibilidade. Eram ágeis em detectar *rippers* e vigaristas, e os eliminavam sumariamente assim que os sanguessugas punham a cabeça para fora. Efetuavam-se cada vez mais transações entre os membros, e a renda começou a subir quase como no tempo do Shadowcrew e do CarderPlanet.

Fazia mais de dois anos que o Shadowcrew havia sido desmantelado, e reinava um clima promissor. Os "lobos solitários", que agora formavam uma minoria nos fóruns, nunca baixavam a guarda. Tomavam o cuidado de não se incriminar mutuamente. Recka, o rei da fraude eletrônica da Suécia, evitava escrupulosamente negociar cartões de crédito ou de débito americanos, pois isso o colocaria diretamente nos sites da polícia dos Estados Unidos; ele manipulava os suecos e os de outros países europeus à vontade, mas tinha a cautela de não pisar no calo dos norte-americanos.

No entanto, muitos fraudadores, especialmente os mais jovens, eram relaxados com a segurança, negligenciavam o uso de criptografia nos bate-papos no ICQ e a manutenção de uma VPN adequada e de sistemas de encapsulamento que mascarassem endereços IP. Em Pittsburgh, porém, Mularski ia construindo paulatinamente um banco de dados ajudado por um programa que ele mesmo havia projetado, capaz de fazer a referência cruzada das atividades de fraudadores individuais — ele lia as mensagens, acessava as conversas de ICQ e os endereços IP dos cibercriminosos e, quando possível, associava-os a contas E-Gold.

A partir de fevereiro de 2006, sem o conhecimento dos usuários desse mecanismo de moeda digital, as agências do governo passaram a ter acesso irrestrito aos registros E-Gold, o método predileto dos *carders* de transferir dinheiro entre si. Seguiu-se a prisão de seu fundador, Douglas Jackson, na Flórida, suspeito de usar o serviço para lavagem de dinheiro. Mas poucos cibercriminosos (se é que houve algum) somaram dois e dois no referente ao E-Gold. Os russos evitavam tais empresas sediadas no Ocidente, registradas em Belize, preferindo a Webmancy, com sede em Moscou, fora do alcance das forças repressivas ocidentais.

No começo do inverno de 2006, munido de um grande número de delitos, Mularski entrou em contato com a polícia de alguns países europeus. Conversou com a SOCA, do Reino Unido, com a Polícia Federal da Alemanha e, posteriormente, com a força regional de Baden-Württemberg.

Também procurou a OCLCTIC em Paris, a recém-criada e trivialmente chamada Agência Central de Combate à Criminalidade Ligada às Tecnologias de Informação e Comunicação. Foi recebido com certa frieza. Em geral, a polícia francesa gosta de cooperar com os Estados Unidos, especialmente nas áreas de terrorismo e crime digital, mas a tradicional desconfiança com relação aos americanos e suas intenções na Europa ainda tem raízes profundas na sociedade francesa. O governo que se mostrar disposto a se congraçar com os Estados Unidos arrisca perder crédito eleitoral, de modo que todos orientam seus órgãos para que tratem as agências de Washington com alguma reserva.

Christian Aghroum, o chefe do OCLCTIC, achava ridículo o fato de toda vez que consultavam uma empresa como a Microsoft, por exemplo, ele e seus funcionários se tornarem alvo de protestos e da previsível acusação de subordinarem a polícia às multinacionais americanas. Ocorre que Aghroum estava ciente de que era impossível combater o crime cibernético sem recorrer a algum grau de cooperação com empresas como a Microsoft. Articulado e sagaz analista do campo minado político que cerca os serviços de policiamento internacional, ele havia se convencido de que na França nem os políticos nem o público tinham ideia do que era o crime digital, e muito menos do que era necessário para derrotá-lo. A maioria dos franceses parecia cultivar a ilusão de que era possível deter e combater o crime internacional a partir de suas próprias fronteiras, especialmente se o criminoso em questão não fosse francês.

Mas Mularski estava por enfrentar algo maior que o já conhecido antiamericanismo francês. Contaram-lhe que já fazia vários meses que a OCLCTIC trabalhava com o Serviço Secreto americano em um caso ligado a nada menos que... o DarkMarket. Estava em andamento uma investigação paralela, e ele não fora avisado de nada. Além disso, o Serviço Secreto não tinha a menor intenção de dar informações sobre sua investigação. Meses antes, ao depor no Congresso, o chefe da divisão de investigação criminal do Serviço Secreto dos Estados Unidos declarara que, devido à sua estreita colaboração com "outras polícias federais, estaduais e locais [...] nós temos condições de oferecer uma rede abrangente de compartilhamento de inteligência, recursos e *expertise* técnica". Ele só esqueceu de contar isso à equipe encarregada de investigar o DarkMarket, pois o Serviço Secreto havia se recusado a revelar ao FBI até mesmo quem eram os seus alvos. As coisas estavam prestes a se complicar tanto para os ciberpoliciais como para os cibercriminosos.

Na época, a maior parte dos darkmarketeiros não estava atenta à polícia (a não ser os que colaboravam com Mularski). O que eles queriam era afirmar a supremacia do site liquidando Iceman. JiLsi assumiu a responsabilidade de dar o tiro de misericórdia. Se o conseguisse, chegaria ao auge e sua reputação melhoraria consideravelmente. Ele estava farto das reiteradas invasões de Iceman aos servidores, o que lhe impunha um trabalho extra, e não suportava mais a retórica biliosa do oponente, a marca registrada de Iceman.

Seu plano era simples. Criou uma conta de e-mail anônima e passou a usá-la para enviar mensagens ao provedor de acesso à internet de Iceman. Avisou-o de que o CardersMarket, que ele hospedava, era um site criminoso e que seus proprietários tinham envolvimento com uma grande fraude de cartão de crédito. Quando descobriu a conta a partir da qual eram enviados os e-mails que o denunciavam, Iceman usou a senha de JiLsi, MSR206 (o nome da lendária máquina de clonagem de cartão de crédito usada por todos os bons *carders*) e conseguiu o que queria instantaneamente. Descobriu que JiLsi andava falando mal dele para o seu próprio provedor. Era imperdoável. De fato, JiLsi transpusera um limite que nenhum fraudador de cartão (des)honesto podia transpor, por mais deterioradas que estivessem as relações: delatar um membro da fraternidade. Pior ainda, ser pego com a boca na botija.

Iceman divulgou amplamente a notícia. Em pouco tempo, os rumores chegaram ao conhecimento de Cha0.

As acusações de Iceman deixaram todos um pouco nervosos. Os agentes do FBI estavam metidos naquilo? E mais, caso estivessem, "Quem é que trabalhava com eles, pô?", como perguntou um dos administradores do DM. Iceman, Splyntr, C0rrupted0ne ou Silo do CardersMarket; Shtirlitz, o russo enigmático; ou quem sabe o novo moderador do DarkMarket, Lord Cyric? Ou algum outro?

Até então, as duas pessoas que ninguém tinha acusado de trabalhar para a polícia eram Matrix001 e JiLsi. Ocasionalmente, este fora acusado (e não sem razão) de incompetência. Mas de cooperar com a polícia, nunca. Fazia tempo que, graças a suas incursões de hacker, Iceman conhecia a senha de JiLsi. Mas agora era como se o mundo inteiro a conhecesse. Suspeitava-se de que um terceiro tinha infiltrado um *trojan* no adorado cartão de memória de JiLsi e agora monitorava cada tecla que ele digitava, penetrando nos mais fundos segredos do DarkMarket. Ou talvez JiLsi não fosse quem dizia ser... talvez tivesse ligação com a misteriosa empresa situada no número 2000 da Technology Drive: a Pembrooke Associates.

Dias antes do Natal de 2006, JiLsi acessou o DarkMarket, como de costume, para dar uma olhada no tráfego. Não ficou muito tempo on-line, pois tinha mais o que fazer na vida real. Voltou à tarde. Nome do usuário: "JiLsi", ele digitou. Senha: "MSR206". Em um piscar de olhos, a máquina respondeu: "Login ou senha incorretos". Automaticamente, JiLsi repetiu a operação, imaginando que tivesse cometido um erro de digitação. O resultado foi o mesmo. Ele tentou várias vezes mais.

Não havia dúvida: JiLsi, o proprietário espiritual e administrador-chave do DarkMarket fora excluído do seu próprio site. Apavorado, tentou acessar o Mazafaka.ru. Nada. The Vouched, outro site seu: acesso negado.

Ele não tardou a entrar em crise de abstinência. Nunca tinha vivido uma espiral descendente tão dolorosa. Toda a sua vida tinha sido retirada dele — ou pelo menos a parte que tinha algum significado para ele. Estava com raiva, magoado e transtornado. Quem havia feito aquilo e por quê? Sua reação foi se entregar às propriedades anestésicas do Martell acompanhado de um cachimbo de crack. A dor cedeu até o dia seguinte, mas ao acordar ele estava à mercê de um sofrimento mais intenso que na véspera.

JiLsi finalmente conseguiu entrar em contato com Cha0 via ICQ. O bate-papo deixou-o embasbacado. "A gente sabe que você trabalha para a Scotland Yard e para a Unidade de Crimes Tecnológicos", disse-lhe Cha0. "A sua decisão de dedar Iceman foi a prova cabal. A gente sabe que você trabalha para a polícia. Por isso foi expulso de todos os sites."

JiLsi perdeu a fala. Tudo aquilo que tanto trabalho lhe custara havia desaparecido em um instante, e ele era o bode expiatório. E agora, o que fazer? JiLsi ficou sem eira nem beira.

PARTE V

21. O legado de Dron

CALGARY, ALBERTA, 2006

Desde que começou a anunciar no Shadowcrew, Dron recebeu os maiores elogios pelo trabalho que fazia. "Ontem à tarde, recebi o *skimmer* de Dron", postou um satisfeito cliente no DarkMarket. "Passei a noite testando-o e fiquei impressionado. Dron oferece um produto de primeira classe, digno do tempo e do dinheiro da gente."

Dron era um homem de palavra. "A entrega foi rápida. A embalagem, discreta", prosseguia o remetente. Porém, mais que o despacho eficiente de mercadorias, o que lhe dava tanta popularidade, fazendo com que seus clientes continuassem comprando, era o serviço de assistência técnica que oferecia. "Para mim, Dron é imbatível no atendimento ao consumidor. Manda regularmente atualizações aos clientes e, quando eu lhe comunicava minhas preocupações e dúvidas por e-mail, recebia invariavelmente uma resposta em 24 horas. Nada mais admirável."

Em grande parte graças à internet, a cultura dos direitos do consumidor contagiou o mundo do crime. O delinquente que fosse ludibriado por um vendedor na internet dificilmente poderia recorrer ao uso da violência para manifestar sua insatisfação com a má qualidade de um serviço. Em compensação, os criminosos que vendiam mercadorias ilegais pela web precisavam oferecer o melhor serviço para vencer a concorrência.

Em outra época, Dron subiria ao topo rapidamente. Apesar de haver desistido de estudar aos quinze anos, sabia combinar tino comercial com criatividade. Tendo descoberto os fóruns criminosos quando o pai lhe ensinou a jogar na bolsa pela internet, ele ingressou no Shadowcrew — o mais bem-sucedido predecessor do DarkMarket — na primavera de 2004, aos 24 anos.

Mas sua maior vantagem era o talento inato de engenheiro. Sozinho e a partir do nada, aprendeu a projetar e construir *skimmers* adaptados aos dois caixas eletrônicos mais comuns do mundo. Eram dispositivos complicados e confusos que valiam cada centavo dos 5 mil dólares que ele cobrava (com direito a desconto nas compras em grande quantidade, naturalmente). Dron não só esclarecia as dúvidas dos clientes como despachava cada produto com um manual de instruções, o software adequado e um cabo USB gratuito.

Sua biblioteca também revelou que ele levava o trabalho muito a sério. Ao lado de *Document fraud and other crimes of deception* [Fraude documental e outros crimes de estelionato], figuravam *Holograms and holography* [Hologramas e holografia] e *Secrets of a back alley ID man* [Segredos de um falsificador de identidade]. Mas talvez o seu volume mais importante fosse *Methods of disguise* [Métodos de disfarce]. Quando ia a um dos muitos cibercafés da cidade em que morava para cuidar das vendas e do marketing pela internet, Dron geralmente usava um boné de beisebol preto e um casaco igualmente preto. Mas, nas incursões ao correio ou para sacar o pagamento de um *skimmer*, preferia o boné vermelho e o blusão azul.

O Serviço Secreto dos Estados Unidos foi o primeiro a detectá-lo como uma presença importante no Shadowcrew. Lógico: Cumbajohnny, o administrador do Shadowcrew, era nada menos que um informante. Mas Dron não participava do VPN de Cumbajohnny, o principal meio pelo qual o Serviço Secreto controlava as atividades dos membros. Ele não estava nos Estados Unidos, tampouco era um alvo fácil. De modo que não lhe deram prioridade. Mas nem por isso o esqueceram. Pelo contrário, trataram de estabelecer um relacionamento com ele.

Embora jovem em comparação com o Serviço Americano de Inspeção Postal, o Serviço Secreto dos Estados Unidos tinha a mais longa história de combate ao crime digital. Criado em 1865 — não para dar proteção armada ao presidente, essa foi apenas uma reação do Congresso ao assassinato do presidente McKinley, em 1901 —, teve por objetivo inicial e duradouro detectar, investigar e promover a perseguição de quem fabricasse ou comerciasse dinheiro falso. Pouco depois de sua fundação, o Congresso o encarregou de também investigar a fraude financeira.

Com o fim da Segunda Guerra Mundial, os acordos de Bretton Woods reconheceram a liderança incontestável dos Estados Unidos diante das economias ocidentais e erigiram o dólar a moeda de reserva do mundo capitalista. Embora rejeitassem a supremacia do dólar, as duas superpotências comunistas — a União Soviética e a China — estavam ávidas por acumular o máximo de verdinhas possível. Em um mundo em que a maioria dos governantes controlava com rigor o fluxo de reservas internacionais que passava por suas fronteiras, a ubiquidade do dólar como meio de pagamento estimulou muito a emissão de moeda americana falsa.

A consequência foi a internacionalização das operações do Serviço Secreto, à medida que os criminosos e os governos de todo o mundo sabotavam ou estimulavam o poder norte-americano por meio da impressão de notas de dólar. Onde quer que você esteja lendo este texto, pode ter certeza de que há um agente do Serviço Secreto nas proximidades. Mas, por longos que sejam os braços da agência, há recantos e nichos que nem ela consegue alcançar: por exemplo, na década de 1990, o "superdólar" se espalhou pelo mundo. O governo dos Estados Unidos acredita que esses lotes de notas de cem dólares fabulosamente bem-feitas, mas falsas, provinham de gráficas da Coreia do Norte, uma das poucas regiões fora do alcance dos "homens de preto".

Levar um tiro no lugar do presidente e correr atrás de dólares suspeitos são tarefas duríssimas, mas em 1984 o Congresso solicitou uma nova expansão da atividade do Serviço Secreto para incluir a investigação da fraude de cartões de crédito e de débito, da falsificação de documentos e dos crimes cibernéticos.

Nas duas décadas seguintes, essa organização, que é de longe o mais sigiloso órgão repressivo americano, desenvolveu a especialização em crime digital, coisa que lhe propiciou uma capacidade operacional inigualável. Mas o Serviço Secreto emprega apenas 6,5 mil pessoas. O FBI, em comparação, trabalha com um contingente de quase 30 mil. Mais recentemente, o Serviço Secreto foi absorvido pelo Departamento de Segurança Interna, medida que lhe feriu o orgulho. As duas agências não se bicam. É difícil dizer se isso se deve ao complexo de inferioridade do Serviço Secreto ou ao complexo de superioridade do FBI — provavelmente um pouco dos dois. Seja como for, eles têm um histórico de picuinhas que acaba afetando questões operacionais importantes.

Com a derrocada do Shadowcrew, o Serviço Secreto decidiu cultivar a relação com Dron, que em 2005 ingressara no DarkMarket, onde seu prestígio de vendedor de máquinas de *skimming* aumentou tão depressa que ele não tardou a criar o seu próprio site, o Atmskimmers.com. A sucursal de Buffalo do Serviço Secreto passou meses e meses pelejando para descobrir o paradeiro de Dron. Ele usava o serviço de e-mail israelense Safemail, pois sabia que a empresa bloqueava o endereço IP do remetente, impedindo que o destinatário o rastreasse. Em janeiro de 2006, após o Serviço Secreto recorrer ao moroso sistema judiciário de Israel, finalmente o Safemail concordou em fornecer os endereços IP de Dron. Revelou-se que Dron usava uma multiplicidade de computadores situados em toda a região de Calgary, na província petrolífera de Alberta.

Os dezoito meses seguintes foram de muito trabalho para o detetive Spencer Frizzell, da polícia de Calgary. As sucursais do Serviço Secreto de Buffalo e Vancouver passavam-lhe um endereço IP fornecido pelo Safemail toda vez que seu agente trocava um e-mail com Dron. Esses endereços levavam sempre a um cibercafé. Quando ele conseguia localizar o estabelecimento, o passarinho naturalmente já tinha batido asas. Antes de começar a trabalhar nesse caso, o detetive Frizzell nem sabia que havia tantos cibercafés em Calgary, muito menos que eram tão frequentados. Cada vez mais, ele sentia que estava procurando agulha no palheiro.

Durante meses, a frequência de Dron nos cibercafés pareceu ser aleatória. Um dia ele dava as caras em um lugar, no dia seguinte preferia andar mais cinco quilômetros. Às vezes, desaparecia completamente de Calgary, despertando o receio de que tivesse fugido de uma vez por todas. Mas sempre retornava e, depois de vários meses, Frizzell fez uma grande descoberta. Espetando alfinetes em um mapa, viu que os cibercafés frequentados por Dron ficavam nas imediações das paradas do VLT, o veículo leve sobre trilhos, de Calgary, junto à linha Somerset-Crowfoot. E lhe chamaram a atenção os dois ou três estabelecimentos que Dron parecia preferir.

Isso significava que Frizzell tinha informação suficiente para solicitar uma equipe de vigilância. Topou com as objeções costumeiras com que os ciberpoliciais topam no mundo inteiro. Quem são as vítimas de Calgary? Que prova você tem de atividade comercial ilegal?

Frizzell acabou obtendo autorização, mas por um período limitado e com limitadíssimos recursos humanos. Geralmente, quando o Serviço Secreto o informava de que Dron estava on-line, ele pegava o primeiro agente que estivesse livre no escritório e ia com ele a um lugar qualquer ao longo da linha do VLT.

Durante mais de um ano, o detetive de Calgary empreendeu o heroico trabalho de fazer a vagarosa triagem dos suspeitos até se convencer de que tinha achado o homem. Mas nunca lhe ocorreu que ele era apenas um dos vários pontos nevrálgicos de uma grande operação do Serviço Secreto, que além de Dron abrangia outros alvos na Europa. O Serviço Secreto havia contatado a SOCA, em Londres, e a OCLCTIC, em Paris. "Esse é o nosso modo de operar", declarou o porta-voz do Serviço Secreto Americano, Edwin Donovan. "Nós realmente expandimos o esforço colaborador trabalhando com as polícias do mundo todo. Procuramos a agência encarregada desse tipo de crime e contamos que temos este ou aquele alvo — e é claro que em tais casos a troca de informações é decisiva."

Portanto, o Serviço Secreto trocava informações com a polícia da Inglaterra, do Canadá e da França. Mas justamente com os colegas do FBI nunca as tinha trocado. O notório rancor entre as duas agências americanas semeou confusão entre os europeus: os franceses acabaram trabalhando com o Serviço Secreto; os alemães, com o FBI; e os britânicos, educadamente, trataram de se dividir entre os dois. Isso resultou em um momento profundamente irônico, pois a única pessoa no mundo que sabia que o FBI e o Serviço Secreto estavam à procura da mesma pessoa — JiLsi — pertencia a um órgão policial inglês, a SOCA. E a coisa piorou: os policiais da agência de Londres perceberam que, na verdade, as duas forças americanas rivais estavam investigando os agentes secretos uma da outra, tomando-os por criminosos. Por fim, um alto funcionário britânico teve a gentileza de lembrar a uma importante autoridade de Washington que talvez fosse melhor o FBI e o Serviço Secreto deixarem de lado as suas diferenças, pelo menos enquanto durasse aquela investigação.

22. Cara, você já era

BADEN-WÜRTTEMBERG, 2007

Era uma noite agradável do começo de maio, embora o tempo não parecesse muito primaveril a Matrix001. O mundo exterior sumiu quando ele, de boca seca, tornou a correr os olhos pelo e-mail.

O seu telefone foi grampeado.

Os tiras do Reino Unido, da Alemanha e da França estão na sua cola [...] Suma com os indícios. Avise os outros [...] Os tiras sabem que matrix-001 é detlef hartmann, de eislingen [...]

Em questão de semanas eles vão atacar na inglaterra e na frança [...]

Avise todos os carders que você puder contatar.

O que significava aquilo? De onde vinha? Ele tornou a ler o endereço do remetente: auto432221@hushmail.com. Na certa, tinha sido gerado ao acaso. E era impossível identificar o que quer que fosse acerca do autor, a não ser que seu inglês parecia ser fluente.

Matrix resolveu consultar os colegas administradores do DarkMarket e mais alguns confidentes. Perguntou-lhes o que achavam daquilo. As respostas foram insossas, em certos casos, quase indiferentes, meros conselhos para que ficasse alerta.

Em Pittsburgh, Keith Mularski não estava nem um pouco indiferente. Os trechos de e-mail de Matrix que ele e os outros tinham recebido só significavam uma coisa: a operação estava sendo vazada. E, se estivesse sendo vazada para Matrix, quem mais andava recebendo informações de dentro? O momento não podia ser pior, pois fazia vários meses que o FBI planejava a primeira onda de prisões no DarkMarket. Já bastava estar às voltas com um Serviço Secreto pouco colaborador. A polícia alemã do estado de Baden-Württemberg, a LKA, tinha ouvido dizer que os colegas franceses estavam preparando uma batida ligada ao DarkMarket, mas a polícia francesa os esnobara, dizendo que sua presença em uma reunião de planejamento em Paris com a SOCA britânica e o Serviço Secreto americano era desnecessária.

O Hushmail anônimo enviado a Matrix001 ocasionou nas forças policiais envolvidas uma inquietação que duraria muitos meses. Os investigadores precisavam saber se o vazamento era resultado do descuido interno ou da invasão das redes de computadores de uma das equipes investigadoras perpetrada por um hacker. Toda vez que algo dava errado, subia à tona a suspeita da existência de um traidor nas fileiras. E o moral ficava inevitavelmente prejudicado.

As primeiras detenções que Mularski tentou coordenar mostraram-se difíceis. O temor de todo ciberpolicial é que, se um fraudador for pego sem os outros, a notícia se propague pelos fóruns como fogo no palheiro e os alvos simplesmente desapareçam. Daí o sigilo obsessivo do Serviço Secreto...

Opa, pensou Mularski, *provavelmente foi de lá que saiu o vazamento* — do Serviço Secreto! E considerou com cuidado os possíveis culpados: a) o Serviço Secreto; b) alguém de dentro da sua própria operação, coisa de que duvidava, pois a segurança do FBI fora reforçada quando Iceman detectou o envolvimento dos federais; c) a SOCA sabia de Matrix, se bem que os ingleses eram sempre os mais reservados de todos; e d) os alemães — ele não tinha experiência suficiente para julgar os alemães, embora na viagem de duas horas a Wiesbaden ele tivesse percebido uma relação ligeiramente áspera entre a força regional de Stuttgart e a Polícia Federal alemã. Acaso as duas estavam informadas da história do DarkMarket? Ele não tinha certeza.

Por ora, a especulação precisava passar para o segundo plano. O interesse imediato de Mularski era entrar em contato com Frank Eissmann, da polícia regional de Stuttgart, e discutir a investigação de Matrix antes que o jovem alemão se escafedesse. Stuttgart decidiu que tinha chegado a hora de anabolizar o caso, e Eissmann antecipou a data da prisão de Matrix. Isso, por sua vez, criou problemas para as polícias em Londres, Calgary e Paris, que na reunião do começo de abril na capital inglesa haviam concordado em prender os suspeitos na mesma data, 12 de junho. A SOCA continuava se sentindo um tanto incomodada com o fato de o Serviço Secreto observar JiLsi desde o tempo do Shadowcrew. Tanto os federais como o Serviço Secreto queriam capturá-lo.

Mas acontece que Matrix não fugiu. Aliás, seus bate-papos e e-mails, que estavam sendo interceptados pela polícia alemã, indicavam que ele não dera a mínima para o e-mail. Será que a decisão de acelerar o caso Matrix tinha sido prematura?

No dia 10 de maio, exatamente uma semana depois de receber a primeira mensagem, Matrix recebeu outra. Dessa vez, o remetente era auto496064@hushmail.com — e auto496064 estava meio zangado:

Cara, você já era.

A nossa rede alertou muito bem vocês, carders alemães, e o que é que vocês fazem? Vão falar com a porra do FBI!

São tão burros que merecem é ir pra cadeia mesmo.

Mas a gente interceptou as comunicações do FBI com um alemão que atende por "iceman". Eles têm um agente no seu pé, só estão esperando que você compre/venda alguma coisa. A gente ainda não tem o nome do cara. Mas você podia ajudar a gente a detonar esse rato.

Com isso, vai fazer um puta favor a si mesmo. Enquanto a gente não descobrir quem é o tal agente, não compre de nenhum desses caras.

Como você foi burro o bastante para contar ao FBI que nós os descobrimos, pode ser que eles ataquem mais cedo! Delete toda informação no seu computador de casa, mesmo que esteja criptografada pra caralho, e use *unicamente* lan houses.

Matrix preferiu ignorar e dar de ombros. Atribuiu o fato a alguma outra jogada parecida com as de que se recordava do caso Iceman. Mas os policiais ficaram enfurecidos. Dessa vez, a vigilância colocada na conexão digital de Detlef Hartmann colheu o e-mail assim que ele o abriu. Frank Eissmann (que o misterioso auto496064 confundia com "iceman") não podia acreditar que alguém estivesse monitorando todas as comunicações do Dark-Market. Entre os policiais, propagou-se o temor de que a investigação tivesse sido hackeada e que os suspeitos soubessem de tudo o que a polícia sabia.

Mularski também ficou chocado. Mas notou uma sutileza importante: embora fosse fluente em inglês, o autor do e-mail anônimo escrevia "favour" com U, e não "favor", como mandava a grafia norte-americana. Quem seria ele então?

23. Matrix liquidado

Vinte de maio de 2007. Iniciava-se mais uma terça-feira em Eislingen. Sendo uma das muitas comunidades obscuras da Alemanha onde um semáforo quebrado ou uma vaca tresmalhada vira uma grande notícia durante meses, a pequena cidade raramente altera sua rotina. Na Alemanha, a vida começa uma ou duas horas mais cedo que na Inglaterra ou nos Estados Unidos. Às 6h30 já é constante o fluxo de gente a caminho do trabalho que entra no Café Tchibo. Ali as pessoas fazem uma fofocazinha enquanto tomam o detestável café misturado com leite condensado, compensado pelos bolos cremosos ou por um *weggle* ("pãozinho", no ininteligível dialeto da Suévia) com presunto cru.

Aquele, no entanto, seria um dia especial em Eislingen, pois o século XXI estava prestes a chegar. A meio quarteirão dali, na rua H., Detlef Hartmann saiu da cama com uma vaga consciência de que tinha algo importante a fazer. Com a neblina ainda a se dissipar do cérebro, procurou mensagens criptografadas na sua conta de Hushmail e averiguou se seu site precisava de manutenção. Não achou nada que o preocupasse.

Foi então que se lembrou. Seus pais iam retornar das férias na Áustria. Alerta máximo. Ele e o irmão tinham apenas um dia para dar um jeito naquela zona. Pedaços ressecados de macarrão grudados nos pratos como cimento industrial; cinzeiros repletos de bitucas em meio à confusão de latas de cerveja, garrafas e peças de roupa: o típico monumento que os adolescentes costumam erigir quando têm oportunidade de só fazer o que lhes dá vontade. Detlef resolveu tomar um banho rápido antes de enfrentar a faxina. Estava se enxugando quando a campainha tocou. Aos gritos, mandou o irmão atender a porta lá embaixo.

A irritação de Detlef por ser incomodado pouco depois das 9h30 aumentou ainda mais quando o irmão, também aos berros, falou que se tratava de uma encomenda cujo recibo ele precisava assinar. Descendo rapidamente ao térreo, Detlef já estava disposto a passar uma descompostura no carteiro que, obviamente, batera na porta errada. "Calma", disse-lhe o irmão com impaciência, estremecendo antecipadamente quando Detlef atravessou o hall.

Essa joça está estacionada em lugar proibido, pensou Detlef com sua característica atenção para os detalhes, ao avistar o furgão preto na rua. Diante dele, estava postada uma carteira. Vestia um uniforme que a Detlef pareceu, no mínimo, cerimonioso. Um nó minúsculo e apertadíssimo na gravata e um boné duro e pontudo. A expressão da mulher era muito séria.

A carteira se curvou quase até o chão ao lhe entregar um envelope A4 com uma mão e uma caneta com a outra. Quando ele pegou a caneta, ela recuou dramaticamente. "Que diabo está...?". Mas, antes que Detlef concluísse a frase, quatro homens já tinham saltado sobre ele, jogando-o no chão com os braços torcidos às costas. "Você está preso!", gritou um deles enquanto vários outros, surgindo do nada, invadiam a casa. Detlef ficou estendido ali, tendo no corpo só a calça do pijama. Chovia, e o frio era de 10°C. Uma bota prendia o seu pescoço sobre o piso gelado, ao passo que a corda que lhe atava as mãos rasgava a sua pele. Ele balbuciou várias vezes: "Mas o que aconteceu?", sentindo que tinha ido parar no cenário de um filme B.

Dez minutos depois, estava sentado em frente ao policial Frank Eissmann, da LKA de Baden-Württemberg. Ele olhou com tristeza para a sujeira na cozinha, o epicentro do caos adolescente. "Caramba, que bagunça", observou.

À guisa de explicação, Detlef disse que seus pais tinham viajado. "Estou vendo", murmurou Eissmann consigo.

Então ele e sua equipe mergulharam no silêncio. O único barulho que se ouvia era o bater dos dentes de Detlef. A porta da rua continuava aberta e, depois daquela breve permanência na chuva, a temperatura de seu corpo estava caindo. Um grito urgente veio do primeiro andar: "Os computadores ainda estão ligados!".

Detlef finalmente entendeu o que estava acontecendo. E, apesar do frio e da confusão, pensou rápido e perguntou ao policial se podia se agasalhar um pouco. Não chegava a ser mentira: ele estava tiritando de frio. Eissmann hesitou. "Tudo bem", concordou, observando que embora fosse totalmente irregular ia deixar o garoto se vestir.

Ao subir a escada, Detlef só conseguia pensar em uma coisa. *Desligue o computador! Desligue-o! Desligue-o já!* Sabia que a polícia não tinha a sua senha, de modo que, se conseguisse desativar o computador, não haveria prova nenhuma. Concluiu que, enquanto não descobrissem a senha, não teriam nada.

No quarto, um colega de Eissmann estava parado diante do computador, as mãos semierguidas como as de um goleiro disposto a proteger a máquina contra qualquer interferência. Ao vestir a camiseta com dificuldade, Detlef tropeçou e, na queda, agarrou o cabo de alimentação e arrancou o plugue da tomada. O zumbido cessou. "Merda, merda!", gritou o policial, "ele desligou o computador." Eissmann entrou precipitadamente no quarto.

"Tudo bem, está feito. Você conseguiu — mas esta será a última coisa que você fará por muito tempo." Arrastou Detlef de volta para baixo. Na cozinha, espalhou diante dele um monte de papéis escritos em linguagem burocrática, mas a única coisa que o rapaz se lembra de ter lido é um garrancho: "... suspeito de formação de quadrilha de crime organizado".

Apesar de furioso, o detetive Eissmann deixou Detlef conversar rapidamente com o irmão. Detlef lhe disse que não se preocupasse, tudo acabaria bem. O irmão não respondeu, mas o encarou como se ele estivesse louco. Por fim, antes de empurrá-lo para fora da casa, Eissmann perguntou se Detlef queria levar alguma coisa consigo. "O senhor pode me explicar do que eu vou precisar?", respondeu o rapaz com certa perplexidade. "É a primeira vez que isso acontece comigo."

A caminho da delegacia, olhando pela janela do carro, ele se lembrou dos dois e-mails anônimos que recebera semanas antes. Em que havia pensado? Por que não reagira a eles? No entanto, por mais que tentasse, não sabia o que podia ter feito. Detlef não era um criminoso experimentado, com esconderijos e uma rede da máfia ao seu dispor. Não passava de um estudante jovem e um tanto ingênuo. Mal sabia o que era formação de quadrilha e estava longe de imaginar que participasse de uma.

Ainda estava ruminando tudo isso quando a viatura parou em frente a um amplo prédio branco no fim da adequadamente chamada rua Asperger, no distrito de Stammheim, em Stuttgart, a capital de Baden-Württemberg. Se olhasse para as janelas do último andar, avistaria a cela em que Ulrike Meinhof, a carismática líder do grupo terrorista de esquerda da década de 1970, a Facção do Exército Vermelho, se enforcou em 1976.

Depois disso, o presídio de Stammheim passou a ser exclusivamente masculino. Mas Detlef foi levado para lá por uma policial feminina. Ao ver a mulher, os presidiários enlouqueceram nas celas e se puseram a gritar obscenidades.

A cada passo, aumentava o medo de Detlef das novas circunstâncias em que se encontrava. Como um rapaz respeitável da classe média se metera naquela situação? Havia concluído o ensino médio com ótimas notas e estava se preparando para entrar na faculdade. Seus pais o adoravam e prezavam muito sua ajuda com os três irmãos mais novos. Agora o garoto inofensivo de Eislingen estava em Stammheim, a instituição prisional mais famosa da Alemanha. Depois de despi-lo e revistá-lo, os carcereiros lhe deram um uniforme de preso um tanto folgado, mas nada de sapatos. O pijama novo era tão grande que lembrava uma calça de pescador. Chegou a comida, mas ele ainda não tinha entendido plenamente que estava lá para ficar. Achava-se em estado de choque. Pouco a pouco, deu-se conta de que aquela era a última etapa da pequena viagem iniciada cinco anos antes. Era véspera de seu vigésimo aniversário.

24. A conexão francesa

MARSELHA, JUNHO DE 2007

Como tinham deixado efetivamente de se comunicar, as duas agências norte-americanas lançaram ofensivas separadas contra o DarkMarket. Com a ajuda do Serviço Secreto, o detetive Spencer Frizzell prendera Dron em Calgary quatro dias antes da Operação Matrix no sul da Alemanha, apoiada pelo FBI.

Frizzell havia passado semanas reduzindo o número de suspeitos potenciais que frequentavam os cibercafés usados por Dron no seu trabalho. Por fim, selecionou o rapaz de 26 anos e aparência comum que alternava três uniformes simples quando ia cuidar dos negócios. O alvo morava em um bom apartamento no centro de Calgary, naturalmente bem perto do VLT.

Mas nem Frizzell nem o agente do Serviço Secreto estavam preparados para o que os esperava. O suspeito, Nicholas Joehle, tinha cerca de cem máquinas de *skimming* em produção, centenas de cartões plásticos em branco prontos para a clonagem e hologramas prontos para a falsificação. Todas as máquinas estavam vendidas, transação que lhe teria rendido 500 mil dólares. Claro que a mera posse dessas máquinas não era um crime em si, mas Frizzell conseguiu averiguar que Joehle havia ganhado uns 100 mil dólares em vendas de *skimmer* no período sob investigação, pouco menos de doze meses.

Para a polícia, uma coisa é prender um suspeito de atividade criminosa na internet. Outra muito diferente é reunir provas para fundamentar as acusações. A natureza virtual e transnacional desse tipo de crime impõe um trabalho árduo para convencer um promotor a aceitar o caso e dificulta muito a apresentação de provas no tribunal. Fora dos Estados Unidos, as condenações nessa área embrionária do direito tendem a redundar em penas mais curtas que no âmbito do crime convencional, o que significa que as forças policiais são obrigadas a investir muitos recursos para obter resultados pífios. Mas, tratando-se de uma pessoa como Dron, a questão era: quanto mais bem-sucedido ele fosse, mais sua produção drenaria a economia local e a global. Eram enormes as perdas potenciais causadas por um operador hábil como Dron. Entretanto, há dezenas de milhares de criminosos digitais em atividade no mundo, e só uma reduzida fração deles se deixa capturar.

Embora taciturno e mal-educado, Joehle era inegavelmente talentoso. Sua combinação de tino comercial e habilidade de engenheiro provavelmente o traria de volta quando ele, uma vez julgado, tivesse cumprido pena. Já havia transferido seu know-how a outros membros do DarkMarket, um dos quais estava construindo uma grande fábrica de *skimmers* em algum lugar do planeta. Mas isso não era responsabilidade de Dron nem do detetive Frizzell — a velocidade com que esse tipo de conhecimento é comunicado via lado negro da web é mais uma razão imperiosa para que as forças policiais nacionais aprimorem a comunicação com as suas equivalentes estrangeiras.

Quando Dron e Matrix fossem tirados de circulação, a polícia precisaria atacar rapidamente os alvos seguintes, antes que os darkmarketeiros reparassem no desaparecimento repentino e totalmente inexplicável de seus contatos regulares na internet. O Serviço Secreto estava em situação mais cômoda, pois Cha0, na qualidade de administrador do DarkMarket, já excluíra Dron do fórum.

Quando ainda postava no fórum, Cha0 havia lançado mão de sua autoridade para extrair os segredos do negócio do jovem engenheiro. Assim que ele e sua equipe (pois Cha0 tinha vários cúmplices) aprenderam as artimanhas do negócio, ele excluiu a participação de Dron tal como tinha feito com JiLsi em dezembro de 2006. Dron já não poderia fazer propaganda no DarkMarket, e, como a maior parte dos outros fóruns tinha sido liquidada na batalha mortal entre o DM e o CardersMarket, a estratégia de marketing do jovem canadense ficou seriamente prejudicada. Nesse meio-tempo, com Dron fora do baralho, Cha0 se empenhou em estabelecer o seu quase monopólio da venda de máquinas de *skimming*.

Com Dron fora do DarkMarket, seus três sócios franceses — Theeeel, nas imediações de Paris, Lord Kaisersose e Kalouche, em Marselha — poderiam não notar que Spencer Frizzell o havia levado preso. Não obstante, o Serviço Secreto não sabia quando Matrix, o administrador mais prolífico do DarkMarket, seria capturado pela polícia alemã com o apoio dos federais. E o seu surpreendente sumiço do fórum certamente semearia o pânico entre os outros membros do DM.

Na Suécia, Recka não tardou a saber que a polícia estava para chegar. Ele trocava diariamente mensagens amistosas com Matrix e não deu crédito à curiosa mensagem que este postara no começo de junho de 2007. "Minha mãe teve um acidente grave", explicava, "de modo que vou passar algum tempo ausente." Qualquer cibercriminoso experiente concluiria prontamente que a polícia havia assumido seu lado na guerra (e havia mesmo) e que aquilo não passava de simulação.

Lord Kaisersose, Theeeel e companhia eram diferentes, claro: eram franceses. A França estava contribuindo de maneira peculiar com o crime cibernético. Os vigaristas franceses eram tão obstinadamente francófonos quanto o resto dos seus compatriotas. A Académie Française, encarregada de policiar o idioma na França, já vinha observando com mal-estar o crescimento exponencial do inglês como língua franca global na década de 1990. Mas teve a satisfação de notar que, no mundo digital, a maioria dos hackers e geeks franceses estava empenhada em combater o inglês, a principal fonte de impurezas linguísticas.

Isso significava duas coisas: no começo, o crime cibernético na França era genuinamente nacional — não tinha nada de transfronteiriço como em tantas outras partes do mundo. Em 1982, o país havia se antecipado à internet com o lançamento de sua eficaz tecnologia da informação chamada Minitel que, usando as linhas telefônicas convencionais, transmitia texto para um monitor. Consequentemente, os franceses estavam muito mais avançados que a maior parte do mundo na compreensão da tecnologia da informação. O sistema Minitel, mediante o qual o cliente podia consultar a lista telefônica, checar a conta bancária, enviar flores ou obscenidades por meio do Messageries Roses, era consideravelmente mais seguro contra os hackers do que a internet, o que explica, em parte, por que só agora a web está sobrepujando o Minitel na França. Portanto, os franceses eram menos vulneráveis às primeiras infecções virais da rede. Além disso, um número pequeno de hackers franceses entrava em fóruns como o Carder-Planet, o Shadowcrew ou o DarkMarket.

Em segundo lugar, o avanço dos e-mails de spam sempre foi lento na França. O retorno é bem menos tentador que os gerados pelos envios maciços de spam ingleses, espanhóis e, ultimamente, chineses. O mercado é minúsculo. E, até há pouco tempo, os oitenta e poucos funcionários da OCLCTIC não se davam ao trabalho de monitorar as ameaças digitais procedentes de outros países (ao contrário das comunidades militares e de inteligência, que têm uma capacidade informática avançadíssima). A Operação Lord Kaisersose (a equipe de Marselha) e a Operação Hard Drive (Dron e Theeeel) ajudaram os agentes da OCLCTIC a explicar aos seus patrões políticos que a polícia francesa precisava cooperar com mais efetividade com os órgãos repressivos internacionais. O mais assombroso talvez seja o fato de que, quando a OCLCTIC efetuou suas prisões — com dúzias de homens armados invadindo endereços de Marselha e da periferia de Paris — não houve cobertura da imprensa francesa. Nem uma palavra.

Quando prendeu Theeeel, a polícia ficou um pouco chocada ao descobrir que ele tinha apenas dezoito anos — o mais jovem darkmarketeiro preso no mundo. Envolvera-se com *carding* para ajudar a financiar os seus estudos universitários. Se algumas moças vendem ocasionalmente o corpo para pagar a faculdade, é compreensível que jovens geeks também se sintam tentados a melhorar sua renda. E, como descobriu Theeeel, quando o dinheiro começa a entrar, fica difícil abandonar o hábito.

A princípio os policiais franceses acreditavam que Lord Kaisersose fizesse parte de uma das muitas quadrilhas de pequenos criminosos que povoam Marselha, a Odessa francesa: mais um porto onde viceja uma cultura inimitável (e, no caso de Marselha, também uma cozinha maravilhosa). Graças a sua vigilância, os policiais descobriram que um dos cúmplices de Kaisersose, Dustin, era dono de um restaurante situado a uma hora da cidade e tinha cometido pequenos crimes de estelionato.

Mas quando os agentes da OCLCTIC, com o apoio da polícia local de Marselha, invadiram o apartamento do suspeito Hakim

B., no centro da cidade, perceberam que Lord Kaisersose pertencia a uma categoria mais elevada. À parte a grande variedade de computadores, o apartamento era mobiliado com bom gosto e elegância. Hakim estava longe de ser um pé de chinelo. Era um hacker inteligente cujo irmão, Ali B., trabalhava na DHL. Para os criminosos digitais, poucas empresas eram mais valiosas que essa, especializada em remessas expressas internacionais. Com Ali dentro da DHL, Hakim tinha todas as possibilidades de embarcar bens e dinheiro para dentro e fora de Marselha sem que ninguém notasse. E isso era importante, porque Hakim era um dos maiores revendedores dos *dumps* conquistados pelo rei do *carding* ucraniano, Maksik.

Em um período de dois anos, Maksik vendera a Hakim os dados de 28 mil cartões de crédito num "valor promocional" de aproximadamente 10 milhões de dólares. Usando sua equipe — Ali, Dustin e um ou dois outros mais —, Hakim mandava os cartões a caixas eletrônicos de todo o sul da França. Tinha o cuidado de nunca usar cartões franceses, só americanos. Se o Serviço Secreto dos Estados Unidos não tivesse se aproximado da OCLCTIC nesse caso, Lord Kaisersose estaria solto até hoje — e ainda mais rico.

25. O homem invisível

Renukanth achava que podia começar uma vida nova. Sua exclusão do DarkMarket causou-lhe três semanas de depressão. O site que ele alimentava a partir do nada era a única coisa que tinha valor para ele, e agora isso lhe tinha sido arrancado. Quando o inverno de 2006 cedeu lugar à primavera de 2007 e seu choque inicial se abrandou, Renu foi lentamente dominado por uma estranha sensação de liberdade. Descobriu que era capaz de parar de beber e fumar crack. O nevoeiro em seu cérebro começou a se dissipar e ele voltou à academia a fim de perder uns quilos a mais que adquirira no período de administrador do DarkMarket. JiLsi era baixinho e, em pouco tempo, passou da magreza esquelética para a gordura hipopotâmica.

Passadas algumas semanas, enviou um pedido aos administradores do DarkMarket para que o deixassem retornar ao site. Isso eles permitiram, mas rejeitaram sua solicitação de recobrar a função de administrador. Em compensação, concederam-lhe o título honorífico exclusivo — ainda que insignificante — de "membro honorário".

Ele já não tinha poder de vida e morte sobre outros membros do site, mas continuava contribuindo para o seu bom funcionamento. Um deles havia montado uma fraude de cartão de crédito em um posto de gasolina Texaco de Portsmouth, na costa sul da Inglaterra. Instalara uma microcâmera no teto acima do terminal de cartão de crédito junto à caixa. Isso permitia não só a leitura dos cartões como a filmagem dos proprietários digitando suas senhas. JiLsi teve a infelicidade de concordar em atuar como depositário simplesmente para fazer um favor ao sujeito. E, pior ainda, pediu a outro membro, Sockaddr, que descontasse os cartões nos Estados Unidos. Sockaddr era o principal agente encarregado do DarkMarket no Serviço Secreto.

Mas a atividade de JiLsi no fórum tornou-se menos frequente — seu tempo de *carding* estava chegando ao fim. Embora ainda lhe faltasse decidir o que fazer da vida, ele tinha certeza de que estava na hora de se regenerar. Precisava cair fora da confusão em que andara metido.

O sexto sentido de Renu dizia que algo estranho estava acontecendo. Ao menor ruído, ele observava, escutava e farejava como um bicho em estado de alerta. Achava que animais o seguiam. Convenceu-se de que podia enxergar com o canto do olho uma alcateia de leões em torno do café Java Bean. E não deixava de examinar o céu em busca de urubus voando em círculo.

Tratava-se de paranoia ou suas duas vidas paralelas, como Renu e como JiLsi, corriam perigo de colisão? Fosse qual fosse a verdade, o melhor era estar preparado para todos os resultados possíveis. Ele já não podia ficar desleixadamente alheio aos sinais óbvios: um carro muito tempo estacionado perto do café; desconhecidos que não combinavam com o ambiente entrando no estabelecimento — tipos errados, roupa errada. Depois de algumas semanas, Renu começou a variar o trajeto até o Java Bean. Sem dúvida alguma, ele tinha companhia. Aqueles eram os leões.

Os urubus eram membros de uma equipe menos organizada, mas igualmente perigosa, que andava cobrando certas obrigações financeiras assumidas por ele após o desastroso episódio do cartão de memória mais de um ano antes. Pois agora queriam comê-lo vivo. Acaso um dos grupos estava disposto a negociar? Ou ele teria de fugir dos dois?

Meses antes, em março, Mick Jameson assumira a direção do caso JiLsi. Fazia mais de meio ano que seu empregador, a SOCA, estava na pista do hacker por conta de uma dica de Keith Mularski. Havia um bom tempo que tanto o Serviço Secreto americano como o FBI andavam no encalço de JiLsi graças a sua postagem hiperativa em praticamente todos os sites criminosos da web (quase a ponto de sua simples presença denotar a ilegalidade de um site). Seu alegre avatar, o pirata de tapa-olho e chapéu de três bicos, era indomável.

Sendo o único órgão policial informado das operações que tanto o FBI como o Serviço Secreto empreendiam contra o Dark-Market, a SOCA fazia, até certo ponto, o papel de apaziguador passivo, conseguindo assegurar que ao menos a data da prisão de Lord Kaisersose e Theeeel, na França, coincidisse com a de Matrix na Alemanha e a de JiLsi na Inglaterra.

Desde fevereiro, uma equipe de vigilância vinha direcionando câmeras e aparelhos de escuta para o Java Bean. Policiais vigiavam Renu. Observaram-no encontrando-se com algumas pessoas, geralmente falando em tâmil. Tinham-no visto entregando dinheiro e cartões de memória a pessoas que paravam o carro no meio-fio e logo partiam. Chegaram até a topar com um segundo usuário do DarkMarket que também frequentava o Java Bean. Mas quem eles queriam era Renu. Haviam fotografado seu monitor com uma teleobjetiva. Um dos colegas de Jameson se infiltrara no DarkMarket como um membro ordinário, de modo que eles podiam monitorar boa parte das postagens de JiLsi. Além disso,

Mularski lhes fornecia inestimáveis informações de inteligência. Mas ainda não tinham uma prova definitiva de que Renukanth Subramaniam era JiLsi. Para isso era preciso prendê-lo.

As várias forças policiais envolvidas na investigação decidiram arremeter contra ele na segunda semana de junho. O Serviço Secreto e o FBI chegaram até a esboçar um acordo: o dia D fora marcado para 12 de junho. Mas as mensagens eletrônicas anônimas enviadas a Matrix001 estragaram o plano. Se a prisão de JiLsi desse errado, era grande a probabilidade de que a notícia se espalhasse pelo DarkMarket em questão de minutos, e muitos anos de meticulosa preparação iriam por água abaixo.

E eis que se realizam os piores temores de Jameson: dias depois da prisão de Matrix, JiLsi sumiu do mapa. Certa manhã, em vez de ir ao Java Bean, caminhou em direção à estação de Wembley Park, no sentido do centro de Londres. Ao passar pela Ikea, no Circular Norte — o congestionadíssimo anel rodoviário interno da cidade —, reparou em um homem de aparência peculiar. Ou seria uma mulher? Impossível saber. Uma figura literalmente andrógina. Ele seguiu até a estação de metrô Wembley Park. Na passagem subterrânea, avistou um sujeito cabeludo que o estava observando enquanto falava ao telefone.

Após embarcar em um trem para Jubilee, JiLsi fez uma baldeação no Green Park e se encaminhou para Piccadilly. Desembarcou na Leicester Square, mas a exemplo do que acontece a muita gente nessa estação, pegou a saída errada e teve de dar a volta na própria praça.

Quase morreu do coração. O sr. Andrógino estava bem ali. E, ao atravessar a praça, lotada de turistas e artistas de rua, Renu quase esbarrou no sr. Cabeleira — agora não havia mais dúvida: estava sendo seguido.

Enfiando-se em um restaurante chinês, almoçou às pressas enquanto avaliava suas opções. Saiu à luz do dia e foi pela rua St.

Martin, a pista que se estreita até se transformar em uma passagem junto à lateral da National Gallery e desemboca na Trafalgar Square.

Vagando em torno da *Coluna de Nelson*, os visitantes admiravam a extraordinária estátua de 3,5 metros de altura que ocupava o Quarto Plinto, no qual as exposições se alternam mais ou menos a cada ano e meio. *Alison Lapper Grávida* representava a epônima artista britânica nua e com um bebê. A srta. Lapper nasceu sem braços, e a decisão de expor a estátua provocou um grande rebuliço na época. Atraía multidões, e quando Renu abriu caminho no vagalhão de turistas, seus perseguidores se atrapalharam. De um salto, ele entrou no primeiro ônibus que passou e subiu ao andar superior. Quando o veículo virou à esquerda na St. Martin's Lane, ele avistou do alto da plataforma o sr. Andrógino e o sr. Cabeleira olhando desesperadamente ao redor em busca da presa escapulida.

Renu desapareceu. Mas não foi o único: JiLsi tinha feito sua derradeira postagem na internet.

Semanas depois, Renukanth estava a caminho de uma das várias propriedades que, sendo suas ou não, ele de todo modo hipotecara. Momentos antes de chegar a casa, que ficava bem abaixo da pista de aterrissagem do aeroporto de Heathrow, ouviu o telefone celular tocar. Era sua companheira, que lá morava, alertando-o para não se aproximar em hipótese alguma. A polícia acabava de invadir o imóvel brandindo uma ordem de prisão contra ele.

Mick Jameson, o policial da SOCA que comandava a investigação de JiLsi, já tinha visitado o endereço principal de Renu em Coniston Gardens, assim como alguns outros. Além do trabalho como JiLsi no DarkMarket, o cingalês também era fraudador de hipotecas. Havia mentido reiteradamente sobre sua situação profissional e financeira no esforço de obter empréstimos, oferecendo como garantia uma variedade de imóveis no norte, no oeste e no sul de Londres. A Inglaterra não estava à mercê do frenesi do *subprime* que tomava conta da indústria financeira dos Estados Unidos. Não obstante, o notório sistema de autocertificação, para o qual a palavra dada bastava como prova de renda, combinado com a prática de emprestar até cinco vezes o salário do mutuário (em épocas mais sóbrias, essa cifra nunca seria superior a três), significava que a fraude de hipoteca era relativamente fácil no Reino Unido. Em um mercado tão competitivo, fazer vistas grossas passou a ser a melhor prática na indústria bancária.

Mas, quando o celular tocou, Renu estava mais preocupado em atravessar as águas bravias em que vinha nadando do que pensar nos pormenores de suas muitas tramoias. Naquele mesmo instante, decidiu entrar na clandestinidade. Passou três semanas dormindo ao relento, evitando todos os endereços que, presumivelmente, estavam sendo vigiados. Quando recebeu a notícia da batida policial, estava com umas quinhentas libras no bolso.

A vida tinha sido agitada e arriscada, mas Renu sempre havia gostado de sua furtiva existência clandestina. Nunca ficar muito tempo no mesmo endereço, passar sub-repticiamente cartões de memória a contatos mal-encarados, ser elogiado como um mestre dos sites de *carding* sem que ninguém soubesse quem ele era. No começo, achou que dormir debaixo de uma marquise em caixas de papelão acompanhado de um grupo de alcoólatras contribuiria para essa mística. Mas quando o dinheiro acabou e ele passou a viver da mão para a boca, Renukanth Subramaniam — fora de forma, desgrenhado e meio doente — concluiu que viver fugindo e se escondendo era um beco sem saída.

No dia 3 de julho de 2007, entrou na delegacia de polícia de Wembley Park e se entregou. Estava concluída a parte fácil da Operação DarkMarket.

INTERLÚDIO

O país do não sei quê e do não sei onde

TALLINN, ESTÔNIA

Na primavera de 2007, quatro dias antes das eleições parlamentares, a Estônia, um pequeno país báltico com população de apenas 1,25 milhão, ofereceu algo insólito aos eleitores: a oportunidade de votar pelo computador. Se a experiência desse certo, a meta era promover uma "eleição virtual" total dali a quatro anos, em 2011.

Muita coisa estava em jogo para que a Estônia desse um salto tão significativo rumo ao futuro digital: os sistemas não só precisavam funcionar como tinham de ser seguros contra ataques externos. Um ano antes, o país havia inaugurado oficialmente a CERT (Computer Emergency Response Team), uma equipe de resposta a incidentes de segurança informática cuja principal missão era reagir a quaisquer violações (acidentais ou não) do domínio da internet que tivesse a extensão do país: ".ee". Isso implicava o controle permanente do fluxo do tráfego da internet dentro, ao redor e fora de suas fronteiras em busca de padrões anormais.

221

O responsável por toda a segurança digital da Estônia é o discretíssimo Hillar Aarelaid, que sempre parece ter acabado de sair da cama e a contragosto. Ainda que dê a impressão de ser desligado, Aarelaid é de uma pertinácia que o levou a subir na hierarquia da polícia estoniana, na qual começou como mero guarda de trânsito em um cafundó qualquer. "Mas eu adorava computador, por isso, primeiro consegui ser transferido aqui para Tallinn e acabei nomeado chefe de informática da polícia de todo o país." Ainda bem: ele tem mesmo cara de geek. Cara de policial é que não tem (a não ser, talvez, de um investigador de narcóticos dos anos 1980), de modo que talvez tenha sido mesmo por uma questão de estilo que ele passou a dirigir a CERT em 2006.

No dia da eleição virtual, a CERT e os ex-colegas de Hillar na polícia estavam em alerta máximo. "E, como era de esperar", explicou ele, "descobrimos que tinham lançado um *botscan* no sistema eleitoral." Aparentemente, alguém enviara uma sonda automática instruída a procurar portas nos servidores eleitorais que tivessem ficado abertas por engano. "Não chegou a ser muito grave porque os *botscans* são fáceis de detectar", prosseguiu Hillar, "mas, mesmo assim, foi uma ameaça genuína à segurança."

Então ele se vangloriou — tanto quanto uma pessoa despretensiosa como Hillar é capaz —, anunciando com orgulho que "quinze minutos depois de nós acharmos o *botscan*, um policial bateu à porta de um endereço em Rapla, cinquenta quilômetros ao sul de Tallinn, para perguntar ao morador: 'Por que você lançou um *botscan* contra os computadores eleitorais?'".

No mundo da segurança digital, quinze minutos entre a detecção de um ataque e a chegada de um policial ao computador em que se originou o malfeito é mais que impressionante, é brilhante. "Para nós, foi uma sorte termos feito um trabalho tão bom", disse Hillar, "pois, quando veio o primeiro grande ataque no fim de abril, estávamos bem preparados."

Esse "grande ataque", dois meses depois do sufrágio marcou outra estreia cibernética na Estônia, pois o país foi alvo de um ataque sustentado contra suas redes que acabou obrigando o governo a cortar as ligações via internet da Estônia com o resto do mundo. Alguns afirmam que essa foi a primeira incidência de guerra cibernética.

Eu procurei Hillar um mês depois de ter visitado o Google no Vale do Silício. Minha viagem ao Leste levou-me a Tallinn, a pitoresca capital do mais setentrional dos países bálticos. O muro da cidade velha protege uma exuberante mescla de estilos arquitetônicos escandinavo, germânico e eslavo. Isso reflete o fato de as antigas aspirações imperiais dos vizinhos ao norte, a leste e a oeste da Estônia terem cedido o passo à cultura autóctone do país somente há pouco mais de vinte anos, após o colapso do comunismo (se bem que os russos ainda constituam quase um quarto da população).

Bem próximos das igrejas ortodoxa, luterana e católica, há restaurantes pseudobucólicos para turistas e, depois de um farto jantar, não faltam boates elegantes para arrematar a noite com um pouco de dança. A Estônia acolhe menos despedidas de solteiro de jovens ingleses embriagados do que a vizinha Letônia, mas nem por isso deixa de ter o seu lado devasso. Entre as boates, acha-se o Depeche Mode Baar — onde só se tocam discos do conjunto musical homônimo da Essex dos anos 1980 —, decorado como um santuário do legado britânico do tempo de Margaret Thatcher.

Quando cheguei, a atmosfera excêntrica mas hospitaleira de Tallinn estava mais intensa, porque faltava uma semana para a festa do verão e do começo das famosas noites brancas. Só escurece depois da meia-noite, e a luz começa a voltar uma hora e meia depois. Durante uma semana, a claridade dura 24 horas por dia.

Esse desordenado encontro de ambição imperial com peculiares ícones culturais modernos e a onírica natureza da luz formam um pano de fundo ideal para o encontro anual do CCDCOE (Cooperative Cyber Defense Centre of Excellence, ou Centro de Excelência de Defesa Cibernética Cooperativa), o complexo ligado à Otan que pesquisa todos os aspectos da guerra cibernética. Os personagens dessa conferência vivem em um país das maravilhas contemporâneo em que não se dá muita bola à convenção: rabos de cavalo e óculos de aro de arame trocam sérias informações com fardas engomadíssimas a respeito das "vulnerabilidades à injeção de SQL". Funcionários públicos engravatados conversam seriamente com rapazes de jeans e camiseta, pormenorizando as iniquidades dos ataques *man-in-the-middle*.

Para entender os meros fundamentos da segurança cibernética em sua rica variedade, é preciso ter disposição para aprender inúmeros idiomas novos, os quais são enriquecidos ou alterados constantemente. Do contrário, você pode escutar uma conversa cujo vocabulário básico e a estrutura sintática são inconfundivelmente claros, mas mesmo assim completamente ininteligível para os não iniciados na língua arcana. Naturalmente, é constrangedor ter de perguntar o tempo todo às pessoas fluentes no idioma por que um "buffer overload" pode ter consequências alarmantes para a segurança da sua rede, mas os geeks não são um clã arrogante, e geralmente gostam de ser solícitos.

A Estônia pode ser pequena, mas é o país mais informatizado da Europa e uma das principais potências digitais do mundo, de onde — entre outras invenções — provém o Skype. Há acesso *wireless* gratuito em quase toda parte, pois a conectividade é considerada um direito fundamental, não um privilégio. Lá você não topa com hotéis que cobram o acesso à internet.

No entanto, eu não conversei com Hillar Aarelaid sobre a postura generosa da Estônia, e sim sobre sua lendária situação na história — agora em rápido crescimento — do conflito digital internacional.

No começo de 2007, o governo estoniano anunciou a intenção de transferir um monumento aos mortos do Exército Vermelho durante a Grande Guerra Patriótica (como os russos denominam a Segunda Guerra Mundial) do centro de Tallinn para o principal cemitério da cidade, que na verdade não fica longe do centro. A Rússia e seus dirigentes viram nisso um insulto intolerável e até uma prova do ressurgimento do nacionalismo fascistoide estoniano (os simpatizantes somam 750 mil), além de uma afronta aos soldados do Exército Vermelho que deram a vida para libertar a Estônia do jugo nazista.

A polêmica em torno do soldado de bronze descambou. A mídia russa, tanto na Estônia como dentro de suas próprias fronteiras, instigou as preocupações legítimas da minoria russa da Estônia e em pouco tempo as coisas chegaram ao ponto de ruptura. Na tarde de 27 de abril, centenas de russos étnicos, cidadãos estonianos, se aglomeraram no centro de Tallinn. O protesto contra a retirada do monumento foi pacífico e bem-humorado até o momento em que um grupo tentou romper o cordão da polícia que protegia a estátua. Irrompeu um violento confronto que se espalhou rapidamente: ao anoitecer, a cidade velha, declarada patrimônio mundial pela Unesco, ficou em chamas, carros foram incendiados e vitrines foram quebradas e saqueadas.

Enquanto o tumulto ameaçava se generalizar, Moscou protestava contra a brutalidade da polícia estoniana, e o país que se emancipara da União Soviética menos de duas décadas antes foi tomado pela incerteza e pelo medo. Era altamente improvável que a Rússia oferecesse "ajuda fraternal" à Estônia, para usar o eufemismo soviético que designava o envio de tanques. Afinal de contas, agora a Estônia era membro da Otan, e não se concebia que a Rússia pretendesse desafiar a garantia de defesa da Otan — um por todos, todos por um — por causa de uma estátua!

Por sorte, o Kremlin não se mostrou inclinado a prestar "ajuda fraternal", mas enquanto o centro de Tallinn crepitava e os amotinados e profanadores de bandeira faziam a cidade ferver, os hackers abriram uma nova frente de batalha no peculiar conflito.

À noite, os sites do presidente da Estônia e de vários ministros começaram a receber quantidades excessivas de mensagens de spam, enquanto a fotografia do primeiro-ministro era desfigurada no site do seu partido. As salas de bate-papo em russo passaram a exortar os hackers a lançar ataques contra os sites estonianos, distribuindo softwares para isso. Segundo as fontes citadas em um telegrama da embaixada dos Estados Unidos para Washington (via WikiLeaks), os ataques iniciais eram tecnicamente toscos e "mais pareciam uma rebelião que uma guerra cibernética".

Entretanto, no fim da semana, as chuvas de spam se transformaram em ataques D DoS. Os hackers criaram dezenas de *botnets* incômodos, mobilizando computadores zumbis infectados em todo o mundo e obrigando-os a solicitar sites estonianos. Foram ataques poderosos: conforme o telegrama da embaixada norte-americana, o site presidencial, "que normalmente tem capacidade de 2 milhões de megabits por segundo, foi inundado por quase 200 milhões de megabits por segundo de tráfego". Isso ainda foi administrável, mas no dia 3 de maio, "os ataques cibernéticos se expandiram dos sites e servidores do governo da Estônia para os sites particulares".

Por volta das dez da noite, Jaan Priisalu recebeu um telefonema em casa, nos arredores de Tallinn. "Disseram-me que todos os canais iam ficar paralisados", recordou ele. No comando da segurança informática do maior banco da Estônia, o Hansabank, Priisalu se pôs a trabalhar freneticamente. "Então eu recebi uma mensagem de texto informando-me que o nosso serviço bancário via internet estava parado."

Eram postos de combate em toda parte: dezenas de milhares de computadores passaram a sobrecarregar os sistemas do Hansabank com pedidos de informação. Priisalu começou imediatamente a esquadrinhar a febril atividade eletrônica e logo descobriu que o Hansabank estava sob ataque de um *botnet* que compreendia uns 80 mil computadores. Rastreando os ataques até a origem, constatou que provinham de um servidor na Malásia. Isso não provava nada, pois para além da Malásia os agressores haviam conseguido mascarar sua origem real. Mas Priisalu compreendeu imediatamente que estava às voltas com um ataque gravíssimo. "Era maciço", disse. Um *botnet* de 80 mil computadores é um monstro enorme capaz de paralisar completamente, em questão de minutos, a totalidade do sistema de uma empresa.

Graças às medidas preventivas de Priisalu, o Hansabank estava bem preparado com servidores poderosos. Eram sites alternativos capazes de redirecionar o conteúdo do site original (dificultando mais o sucesso dos ataques D DoS). Entretanto, ainda que o site do Hansabank tenha permanecido on-line, a principal fonte estoniana da embaixada dos Estados Unidos relatou que isso custou à empresa "pelo menos 10 milhões de euros".

Os alvos seguintes foram a mídia estoniana, inclusive o jornal diário com o mais visitado site de notícias. "Imagine, se puder, o efeito psicológico", disse um observador, "quando um estoniano tenta pagar suas contas ou ler o noticiário on-line e não consegue." O governo entrou em alerta máximo, temendo que a escalada de ataques representasse "uma ameaça assustadora à infraestrutura econômica e social vital".

A essa altura, Hillar Aarelaid e sua equipe estavam plenamente mobilizados. A CERT da Estônia reagiu expandindo o canal de banda larga no país com o auxílio de amigos do exterior, principalmente da Finlândia e da Suécia. "Nós já esperávamos que algo assim acontecesse e estávamos prevenidos", recordou Hillar. "Foi aí que os russos erraram. Para ter sucesso em um ataque desses, é preciso conhecer muito bem o inimigo e estar perto dele", disse, explicando que os russos não previram o alto nível de preparo da Estônia. "Se eles tivessem pensado nisso", prosseguiu, "saberiam que os nossos sistemas estavam em alerta máximo por causa das eleições recentes."

Graças à coordenação do governo, da polícia, dos bancos e da CERT, o impacto dos ataques sobre os cidadãos comuns foi mantido dentro de limites razoáveis. O Hansabank manteve no ar o seu serviço on-line, mas os outros dois maiores bancos não conseguiram fazer o mesmo. As pessoas simplesmente passaram a usar as agências. Os telefones celulares foram bloqueados, e quando o governo ordenou o fechamento das ligações da Estônia com o mundo exterior, a comunicação com o país ficou complicada durante alguns dias. Ao contrário do que se relatou inicialmente, os semáforos de Tallinn não pararam de funcionar, mas houve certa interrupção no trabalho do governo e da mídia.

Os ataques prosseguiram durante quinze dias em graus de intensidade variados, culminando com uma ofensiva maciça em 9 de maio, a data da vitória do Exército Vermelho sobre os nazistas na Europa. Nesse momento, exausto com a inundação implacável de ataques D DoS, o governo estoniano decidiu isolar o sistema de internet do país do resto do mundo. Os ataques D DoS reduziram-se ao mínimo e, por fim, terminaram no dia 19 de maio.

As implicações dos fatos ocorridos na Estônia foram graves. Em termos políticos, ficou claro que os ataques haviam partido da Rússia, mas como era previsível Moscou isentou-se de qualquer responsabilidade. E é bem possível que não tenha havido envolvimento oficial. Os investigadores não conseguiram rastrear a origem precisa dos ataques. Supondo que tenham partido da Rússia, o governo devia estar perfeitamente informado pelo seu onisciente sistema de monitoramento SORM-2. Embora seja preciso admitir que a atividade cibernética naquele país era tão extraordinariamente grande na época que talvez até mesmo o célebre SORM-2 tivesse dificuldade de acompanhar o que se passava. Quem há de saber? Afinal de contas, uma coisa que o ataque à Estônia deixou claro é que se pode presumir com muita acuidade quem instigou um fato como esse, mas nunca se tem certeza absoluta.

Como todos os governos do mundo, o da Rússia estava desenvolvendo sua atitude própria frente à internet, determinando qual era a sua função e a relação entre o seu usuário final e o Estado. Ainda na década de 1990, Moscou reconhecera que a importância política e de segurança da internet era tal que merecia a máxima atenção de uma das instituições mais persistentes e bem-sucedidas do país: a polícia secreta. Em suma, o FSB (sucessor da KGB) desenvolveu a capacidade de monitorar cada pacote de dados que entra, sai ou percorre o país. Esse sistema atende pela sigla apropriadamente sinistra de SORM-2, o Система Оперативно-Розыскных Мероприятий, ou Sistema de Atividades Operativo-Investigativas.

O SORM-2 é verdadeiramente assustador. Se você solicitar uma informação pela web a partir do seu computador em Vladivostock ou Krasnodar, quando ela chegar ao provedor de serviço de internet, uma duplicata do pacote irá direitinho para o FSB central, em Moscou, onde será lida, analisada, ridicularizada e (quem sabe?) usada como prova contra você, ao bel-prazer do FSB. Na melhor das hipóteses, fica armazenada.

O SORM-2 não só exige que os servidores russos alimentem *toda* a atividade da internet através do quartel-general do FSB como, para piorar as coisas, os obriga a adquirir o equipamento necessário (a um preço superior a 10 mil dólares) e a arcar com as despesas do serviço. Estas, naturalmente, são repassadas para os consumidores, que acabam custeando diretamente um poderoso instrumento de opressão do qual eles são as vítimas principais.

O Estado russo tem capacidade de saber quem está fazendo o quê, quando, para quem e, provavelmente, por que na web. Obviamente, um usuário de computador esperto pode tramar um plano para se esquivar do onipresente olho do SORM-2 criptografando seus dados e sua navegação na internet. Mas convém lembrar: criptografar é proibido na Rússia, de modo que um arquivo com cadeado digital pode render uma passagem só de ida para a Sibéria.

Isso não quer dizer que os regimes de internet dos governos ocidentais representem um paradigma de liberdade de expressão. Pelo contrário, à medida que nossa dependência da internet aumenta, fortalecem-se o desejo, a capacidade e a vontade dos governos de controlá-la. Apesar dos protestos habituais dos funcionários e políticos, jurando que tal processo não existe, a lenta e torturada morte da privacidade na internet no Ocidente, principalmente no Reino Unido e nos Estados Unidos, é uma realidade triste — ainda que evidente — e provavelmente inevitável.

A reação ao Onze de Setembro, em nome do combate ao terrorismo, restringiu seriamente nossa liberdade com relação à interferência estatal na web. Nos Estados Unidos, a principal ferramenta foi o programa TIA (Total Information Awareness, ou Conhecimento Total da Informação), embora até mesmo o governo Bush, com a sua notória insensibilidade semântica, tenha percebido as muitas associações orwellianas do nome e resolvido mudá-lo para Terrorism Information Awareness.

O TIA propiciou à DARPA, a ala de pesquisa e detecção do Pentágono, um acesso considerável aos dados colhidos em comunicações privadas. Ainda que o programa tenha sido finalmente encerrado, o governo reteve muitos de seus poderes e os redistribuiu entre diversas agências nos Estados Unidos.

Em outra parte, em um caso histórico, a Suprema Corte autorizou o FBI a instalar *keyloggers* nos computadores de suspeitos, ainda que sob supervisão do tribunal. Isso possibilitou ao FBI registrar tudo que o suspeito fizesse no computador, exatamente como agem os criminosos digitais quando infectam o computador de terceiros com um *keylogger*. Na virada do milênio, o Parlamento europeu confirmou a existência do Echelon, um programa espião global dos Estados Unidos supostamente capaz de rastrear comunicações digitais em qualquer lugar do mundo.

Uma diretiva emitida quando o Reino Unido presidia a União Europeia obrigou os provedores de internet da Europa a começarem a armazenar todo o tráfego digital (inclusive o dos telefones celulares) durante um período de seis meses a dois anos: dados que uma variedade de agências governamentais pode acessar conforme a legislação nacional. Se essas medidas visando à vigilância digital continuarem, os governos ocidentais (geralmente em nome de estratégias antiterroristas e das forças policiais) terão condições cada vez melhores de controlar os movimentos e hábitos dos cidadãos.

Os pesquisadores da London School of Economics descreveram muito bem o caminho por nós escolhido. Em junho de 2009, pediram ao leitor que imaginasse:

> um agente de segurança surdo que, a serviço do governo, siga cada pessoa aonde quer que ela vá. O agente não pode ouvir o conteúdo de nenhuma conversa, em compensação, observa os mínimos detalhes da vida da pessoa: a hora em que acorda, como dirige quando vai trabalhar, com quem conversa e durante quanto tempo, e como vão seus negócios, a saúde, as pessoas que ela encontra na rua, suas atividades sociais, suas preferências políticas, os jornais e os artigos específicos que lê, assim como sua reação a estes, a comida que leva na cesta de compras e se sua alimentação é sadia, como anda seu casamento, os casos extraconjugais, os namoros e relações íntimas. Como hoje em dia a maior parte dessas interações

é mediada, em algum nível, pelos serviços de telecomunicações ou viabilizada por dispositivos móveis, a totalidade dessas informações agora passará a morar com o nosso provedor, aguardando que o governo as acesse.

Pelo menos no Ocidente, nós temos uma boa chance de opor resistência a alguns dos poderes mais draconianos que vários ramos do governo vêm procurando obter sobre a atividade civil na internet.

Considerando a maior pressão pelo respeito às liberdades individuais no Ocidente e a vigilância abrangente da KGB sobre a internet, era de supor que a Rússia representasse um ambiente implacavelmente hostil aos criminosos cibernéticos. No entanto, a Federação Russa veio a ser um dos grandes centros do crime digital global. O desempenho da polícia é lamentável, ao passo que o número dos condenados mal chega a dois dígitos. O motivo, embora não seja mencionado, é amplamente conhecido. Os criminosos digitais russos têm plena liberdade de clonar cartões de crédito, hackear contas bancárias e distribuir todo o spam que quiserem, desde que o alvo desses ataques esteja na Europa ocidental e nos Estados Unidos. Um hacker russo que começar a roubar russos acaba sendo jogado na traseira de um veículo não caracterizado antes que você tenha tempo de dizer K-G-B.

Claro está que, em troca disso, se o Estado russo solicitar o serviço de um hacker para lançar um ataque cibernético paralisante contra um suposto inimigo, a melhor coisa que o hacker tem a fazer é cooperar.

O ano de 2007 marcou o apogeu de uma associação de empresas sediadas em São Petersburgo conhecida como Russian Business Network, ou RBN. Essa misteriosa sigla oferecia hospedagem a sites de pessoas físicas e jurídicas: era conhecida como o rei dos servidores à prova de bala. As empresas que oferecem tal serviço deixam essencialmente claro para o cliente que não estão interessadas no conteúdo nem na função dos sites que hospedam e, em troca de mensalidades muito mais elevadas, resistem a qualquer tentativa legal ou digital de derrubar os ditos sites.

Nem toda hospedagem à prova de bala tem por objetivo infringir a lei, mas criminosos e piratas utilizam esses serviços com frequência. Eles são virtualmente indispensáveis a indivíduos e grupos envolvidos, por exemplo, na distribuição de pornografia infantil, e a RBN ficou conhecida por incluir tais clientes em seu rol, como constataram os departamentos de pesquisa de várias empresas de segurança.

Esses servidores também são valiosíssimos para quem distribui mensagem de spam, já que essas operações exigem uma capacidade enorme e segura para descarregar bilhões de anúncios duvidosos e vírus. Golpes como o Nigerian 419, os remédios falsificados, ou os agora famosos aumentadores de pênis e muitos outros produtos (reais ou imaginários) são despejados no mundo a partir de hospedeiros à prova de bala. Muitas mensagens de spam escondem vírus ou links de sites infectados que, quando ativados, podem transformar um computador em soldado raso de um exército de *botnet*.

Quando a Russian Business Network estava em plena expansão, entre 2006 e 2007, a Spamhaus, a operação secreta anti-spam de Cardiff, incluiu a empresa em sua lista de investigados por controlar 2048 endereços da internet. Descreveu a RBN como "um dos maiores *spammers* do mundo" e "lar de vastas redes de pornografia infantil, *malware, phishing* e hospedeiras de crime digital".

A grande importância da RBN está na lucratividade de tais empresas de hospedagem à prova de bala, que chegam a cobrar seiscentos dólares ou mais por mês. A mensalidade de um site legítimo equivale a um décimo disso.

Mas, em muitos aspectos, o mais interessante é o seu papel

secundário. Os ataques contra a Estônia começaram com a invasão da rede de computadores do governo por milhões de e-mails de spam. Logo depois, François Paget, da McAfee, a gigante americana de segurança informática, analisou o conteúdo dos spams e descobriu que seguiam o mesmo padrão de envio usado pela RBN. Além disso, Andy Auld, o chefe da inteligência cibernética da SOCA, relatou que em sua breve observação de campo da RBN em São Petersburgo a polícia britânica constatou que, em boa medida, a RBN podia operar porque subornava as forças policiais e o Judiciário locais.

Embora seja possível, é altamente improvável que a RBN tenha instigado os ataques à Estônia. Mais plausível é que ela ou tenha sido paga para lançá-los ou pressionada pelas autoridades a participar daquele ato de patriotismo. Esse elo entre um complexo de provedores de internet sediados em São Petersburgo e especializados em atividade criminosa e o ataque cibernético contra a Estônia realça um dos maiores enigmas no âmago do crime e da segurança digitais.

São três as principais "ameaças" na internet, sendo que cada qual se manifesta em uma variedade de aparências. Primeiro, o cibercrime. Em sua forma mais simples, o crime digital consiste no *carding*, ou seja, o roubo e a clonagem de dados de cartão de crédito visando ao ganho financeiro. Mas além do *carding* há uma infinidade de outras trapaças. Uma das mais lucrativas, por exemplo, chama-se *scareware*, aperfeiçoada por uma empresa sediada na Ucrânia, a Innovative Marketing. Esta empregava dezenas de jovens em Kiev, a capital ucraniana, a maioria dos quais se acreditava envolvida com uma empresa nova no mercado que vendia produtos de segurança legítimos. Mas não era o caso.

A IM transmitia um *adware* mal-intencionado que, uma vez

instalado no computador de um indivíduo, acionava um *pop-up* no navegador avisando ao usuário que sua máquina tinha sido comprometida por um vírus. E explicava que a única maneira de livrar o computador dos bichinhos eletrônicos que agora infestavam todo o disco rígido e a memória RAM era clicar em um link e comprar o Malware Destroyer 2009, para mencionar só um de seus incontáveis produtos.

Quando o cliente fazia o download do Malware Destroyer (no valor de quarenta euros), a IM o instruía a remover o sistema antivírus instalado no seu computador, como o Norton, e a instalar o produto dela. No entanto, quando instalado, o tal antivírus não fazia absolutamente nada: era um software vazio, só que agora a vítima estava aberta para a infecção do primeiro vírus que passasse e ainda tinha pagado por esse privilégio duvidoso.

Dirk Kolberg, um pesquisador da McAfee de Hamburgo, começou a monitorar essa operação. Seguiu o *scareware* até a fonte no Extremo Oriente e descobriu que o administrador dos servidores da IM havia deixado algumas portas escancaradas, de modo que Kolberg teve a liberdade de entrar no servidor e examiná-lo à vontade. Fez descobertas impressionantes. A Innovative Marketing ganhava tanto dinheiro que havia montado três centrais de atendimento — uma para anglófonos, uma alemã e uma francesa — para dar assistência aos desconcertados clientes que tentavam instalar os produtos inoperantes. Vasculhando os recibos encontrados no servidor, Kolberg constatou que a fraude do *scareware* tinha gerado uma renda de dezenas de milhões de dólares para a administração, num dos exemplos mais espetaculares de crime na internet.

Além do *scareware*, existem os esquemas de *pump-and-dump* praticados por hackers que entram nos sites financeiros e inflam digitalmente os preços de certas ações. Em seguida, vendem as que possuem e deixam que seu valor torne a cair. Há ainda os esquemas de folha de pagamento, pelo qual os criminosos invadem o computador de uma empresa e acrescentam empregados fantasmas ao banco de dados do pessoal. No entanto, os hackers dão a esses empregados salários reais, que são pagos mensalmente às chamadas "mulas de dinheiro". Em troca de uma pequena remuneração, estas são instruídas a transferir o dinheiro a um banco distante do lugar em que se cometeu o crime.

Assim como a web oferece possibilidades ilimitadas à mente criativa no mundo lícito, também instiga a fantasia dos criminosos.

A segunda área importante de malfeitoria na web é a espionagem industrial eletrônica. Segundo o relatório anual de ameaças publicado pela Verizon, a gigante americana de telecomunicações, ela corresponde a aproximadamente 34% da atividade criminosa na web e, quase certamente, é a mais lucrativa. A tecnologia das comunicações tornou o roubo de segredos industriais muito mais fácil que no passado. Antes da propagação dos computadores, roubar material pressupunha entrar fisicamente em uma empresa ou, tratando-se de um serviço interno, achar meios de retirar e distribuir concretamente os dados procurados.

Tais dificuldades desapareceram: os ladrões industriais têm como invadir o sistema de uma empresa e fuçar em busca de plantas, estratégias de marketing, folhas de pagamento ou qualquer outra coisa que lhes interesse. Basta fazer o download desse material. Antes de ser o famoso Iceman, Max Vision exerceu em toda a Costa Oeste a função de invasor de testes: as empresas pagavam para que ele tentasse um arrombamento digital. Em conversa comigo, vestindo o macacão alaranjado que é seu uniforme de presidiário, Vision contou: "Naqueles anos, houve só uma empresa que eu não consegui invadir, era uma grande indústria farmacêutica americana". É compreensível: o valor das indústrias farmacêuticas reside na sua pesquisa, e a perda da fórmula de um remédio novo pode resultar na perda de centenas de milhões de dólares e na queda do valor das ações.

Vision ficou furioso por não ter conseguido romper aquele sistema. "Claro, então eu lancei um ataque de *phishing* contra eles e acabei entrando em cinco minutos, mas não é a mesma coisa." Com isso, ele queria dizer que enviou e-mails infectados aos endereços eletrônicos da empresa, e bastaram alguns minutos para que um de seus muitos milhares de empregados caísse na armadilha. Portanto, possuir uma fortaleza digital inexpugnável é apenas uma parte da solução para os vários e grandes desafios que envolvem a segurança na internet.

De modo semelhante, atualmente é muito mais simples cometer um delito dentro de uma empresa devido à facilidade com que se podem coletar e armazenar dados. Sabe-se que Bradley Manning, o homem acusado de ter se apossado dos telegramas da diplomacia americana posteriormente publicados no site do WikiLeaks, conseguiu descarregar todo o material em um CD rotulado como um disco de Lady Gaga.

Também se sabe que o Stuxnet — até agora o vírus mais sofisticado do mundo — deve ter sido plantado em seu alvo aparente nas instalações nucleares do Irã por alguém que (conscientemente ou não) infectou os sistemas de computação com um cartão de memória ou um CD. Os sistemas operacionais nucleares do Irã não têm conexão com a internet. Mas não deixam de ser redes, e sua infecção pelo Stuxnet mostrou que elas estão ao alcance de uma agência de inteligência profissional.

O Stuxnet representou uma escalada significativa na terceira grande ameaça: a guerra cibernética. Esse *malware* era tão complicado que os pesquisadores calcularam que seu desenvolvimento devia ter demorado algo na ordem de vários anos/homem, o que significa que uma equipe dedicada de engenheiros de codificação havia passado um longo período trabalhando nele. O crime organizado não opera assim. A única entidade capaz de desenvolver o Stuxnet era um Estado nacional com muitos recursos disponíveis para projetar e produzir armas cibernéticas defensivas e ofensivas. Mesmo assim, quem projetou o Stuxnet tomou emprestada uma grande quantidade de técnicas e códigos informáticos de muitas dezenas de milhares de hackers criminosos — os chamados *blackhat*, ou "chapéus pretos" — e hackers que ficam na zona cinzenta da vilania no ciberespaço — os *greyhat*, ou "chapéus cinzas". Os hackers criminosos são grandes fomentadores da criatividade em todas as áreas do lado oculto da web. As Forças Armadas, o setor privado, a polícia e os serviços secretos sempre se apressam em adotar as ferramentas desenvolvidas pelos crackers e hackers.

Quando o Stuxnet conseguiu se infiltrar no sistema de controle de várias usinas nucleares do Irã, as autoridades reconheceram que ele provocou um grave colapso na operação de uma estação altamente sensível. Isso podia ter ocasionado uma explosão. Sua existência prova que os cenários apocalípticos propostos pelos chamados guerreiros cibernéticos já não são apenas possíveis na teoria. Por mais grave que tenha sido na época, o ataque contra a Estônia, em comparação com o que anuncia o Stuxnet, não passou de um divertido bate-bola de aquecimento antes do jogo.

Os guerreiros cibernéticos também são chamados de "segurocratas": os profetas que avisam que o céu está prestes a cair na nossa cabeça. Dentre eles, um dos mais articulados é Richard Clarke, que apresenta o seguinte cenário em seu livro *Cyber war*:

> Quando você chega à Sala de Situação, o diretor da Agência de Defesa dos Sistemas de Informação o aguarda ao telefone seguro.
>
> A FEMA, Agência Federal de Gestão de Emergências, notificou grandes incêndios e explosões em refinarias da Filadélfia e Houston, assim como o vazamento de nuvens letais de gás de cloro em várias indústrias químicas de Nova Jersey e Delaware.

É total o colapso dos sistemas do Centro Nacional de Controle do Tráfego Aéreo em Herndon, Virgínia [...]

A maioria dos segurocratas alega que a única maneira de prevenir um Pearl Harbor ou "cibergedon" digital é injetando dinheiro em pesquisa e nos celeiros da inteligência nacional a fim de aprofundar a pesquisa da ameaça.

Efetivamente, isso já está acontecendo. O ocorrido na Estônia acelerou a tendência à militarização do ciberespaço. A Otan não tardou a aprovar a criação do majestosamente intitulado Centro de Excelência para a Cooperação em Defesa Cibernética em Tallinn em 2005. Embora tenham acolhido com entusiasmo a ideia de um instituto operacional de guerra cibernética, os Estados-membros relutaram em pôr dinheiro na mesa (com a compreensível exceção do país anfitrião, a Estônia). O projeto não chegou a ser engavetado, mas sofreu muito para ultrapassar o estágio de mero papel timbrado e bem diagramado.

"Entretanto, quando houve o ataque", observou Peeter Lorents, um eminente matemático estoniano e cofundador do centro, "o clima mudou e nós começamos a receber apoio efetivo tanto de Bruxelas como de Washington. Aliás, a minha primeira reação ao saber do ataque foi telefonar para a França e encomendar duas caixas de champanhe Cristal para dar de presente ao sr. Putin. Ao lançar aquele ataque, os russos certamente garantiram o futuro do nosso centro."

O alarme por certo soou em Washington. Alguns fatos precederam ou se seguiram imediatamente ao incidente estoniano e, juntos, convenceram o recém-empossado governo Obama, em 2009, de que a defesa cibernética precisava ser reforçada a qualquer custo. Alguns meses depois da Estônia, a gigantesca operação americana de vigilância global, a NSA, percebeu a gravidade da perda, em abril de 2001, de um avião de reconhecimento EP-3E

Aries para a Força Aérea chinesa. Embora o piloto tivesse conseguido destruir o software antes da queda, o hardware ficou intacto, e assim que ele caiu nas mãos dos chineses, eles começaram a efetuar a engenharia inversa da tecnologia de ponta que lhes possibilitaria monitorar e decodificar comunicações criptografadas. Pouco depois da eleição de Obama, os chineses começaram a testar o brinquedo novo, e a NSA observou sua recém-adquirida capacidade de interceptar comunicações. Aparentemente, eles queriam sinalizar a Washington que tinham conseguido crackear a tecnologia.

O governo dos Estados Unidos não deixou de apoiar vigorosamente a defesa cibernética em Tallinn, que desde 2008 vem realizando uma grande pesquisa que inclui complexos exercícios militares digitais. As redes de computação tornaram-se uma parte tão vital da infraestrutura do Departamento de Defesa e de sua capacidade operacional ofensiva e defensiva que Robert Gates, o secretário da Defesa, tomou a importante decisão de criar um novo domínio militar: o ciberespaço.

Esse quinto domínio militar — ao lado da terra, do mar, do ar e do espaço — é a primeira esfera de operações militares produzida pelo homem, e as regras que aí prevalecem são quase inteiramente opacas. Junto com o ciberespaço, o Pentágono criou o USCYBERCOMMAND para nele monitorar qualquer atividade hostil e, se necessário, planejar o emprego de armas ofensivas como o Stuxnet. Por ora, os Estados Unidos são reconhecidamente o líder em capacidade ofensiva cibernética.

Não se deve confundir "capacidade ofensiva cibernética" com a possibilidade de empregar armas convencionais aperfeiçoadas pelos sistemas de computação. Os melhores exemplos desse arsenal são os chamados *drones*, os veículos aéreos não tripulados (que os Estados Unidos têm utilizado com regularidade no Afeganistão e no Paquistão) capazes de cumprir missões de vigilância e combate sendo pilotados por um operador de computador em Nevada.

As armas cibernéticas são as ferramentas de *hacking* que possibilitam ao cibersoldado penetrar no sistema de computação da infraestrutura nacional vital de um país, como as redes de energia e água, por exemplo. Uma vez no controle do sistema, reza a doutrina militar, o cibercomandante pode ordenar sua paralisação (ou, como aprendemos com o Stuxnet, provocar uma explosão muito danosa) para que, em questão de dias, a sociedade afetada seja reduzida à tecnologia da Idade da Pedra.

Pelo menos a ideia é essa. No momento os Estados Unidos são, sem dúvida alguma, os mais avançados no desenvolvimento de armas cibernéticas. Mas os chineses, os franceses e os israelenses os seguem de perto, sendo que os indianos e os britânicos não ficam muito atrás.

A militarização do ciberespaço era previsível. Aonde ela nos vai levar, no entanto, é uma incógnita. Em um artigo da revista *The New Yorker*, o sempre sensível Seymour Hersh ironizou as implicações do fato de os chineses terem roubado os segredos do HD do avião de reconhecimento:

> O fiasco do EP-3E deu margem a um longo debate entre os militares do governo Obama. Muitos oficiais graduados encaram a invasão chinesa como um alerta para as vulnerabilidades presentes e futuras: a possibilidade de a China ou outra nação usar sua aptidão cibernética em expansão para atacar a infraestrutura civil e o complexo militar dos Estados Unidos. Do lado oposto, estão aqueles que preconizam uma reação civil à ameaça, concentrada no uso mais generalizado da criptografia. Eles receiam que a dependência excessiva das Forças Armadas tenha consequências adversas na privacidade e nas liberdades individuais.

O empenho das Forças Armadas em se afirmar como árbitro da segurança cibernética parece generalizado. Em outubro de 2010, o presidente Obama incumbiu a Agência de Segurança Nacional, que faz parte do Pentágono, de dar assistência ao Departamento de Segurança Interna e ao setor privado de segurança cibernética doméstica. Na China, o Exército de Libertação Popular é a primeira instituição a controlar a segurança cibernética externa e doméstica, ao passo que, no Oriente Próximo, a Força de Defesa israelense é motor de uma extraordinária pesquisa sobre a guerra digital, o que permite a Israel um lugar de ponta nesse campo, que de outro modo não ocuparia.

Mas, é justo perguntar, o que tudo isso tem a ver com o crime digital?

As ameaças no ciberespaço são reais e perigosas. Idealmente, um Estado democrático trataria de garantir que essa tecnologia decisiva beneficiasse a vida de seus cidadãos, não a arruinasse. Do mesmo modo, o Estado devia resistir à tentação de violar nossos direitos e nossa privacidade. É insensato permitir que as Forças Armadas assumam um papel relevante na defesa das redes civis. No entanto, uma vez que as armas cibernéticas têm o potencial de paralisar a infraestrutura nacional vital de um país (e, no processo, arruinar a existência das pessoas), deve haver um plano de intervenção militar em situações extremas. Tais circunstâncias devem ser tanto excepcionais quanto verificáveis.

Diferentes agências devem se responsabilizar pelo policiamento das três ameaças diferentes: o crime digital, a espionagem industrial eletrônica e a guerra cibernética. Reconhecidos órgãos policiais, como o FBI e o Serviço Secreto dos Estados Unidos, devem assumir a responsabilidade pelo crime digital. As corporações e empresas podem ou desenvolver um sistema próprio de segurança de rede ou pagar uma empresa especializada em segurança digital que o faça. Caberia ao governo civil estabelecer sua própria defesa de rede, ao passo que os militares se encarregariam de proteger seus sistemas.

Na superfície, isso parece muito simples. Mas, no mundo real, as linhas de demarcação são vagas devido à interconectividade da web. Soma-se a isso o até agora insolúvel enigma que está no centro da questão: como é um ataque cibernético?

Para responder a essa pergunta, um defensor digital precisa de duas informações vitais. Qual é a origem do ataque? E qual é a motivação do atacante? Diante de um agressor eletrônico hábil, nem mesmo o melhor defensor é capaz de dar resposta a essas perguntas. Ele pode apenas especular e, guiado por suposições, levar a decisões erradas, mal-entendidos e até ao conflito.

Suponhamos que o nosso órgão policial, o setor empresarial e as Forças Armadas se entreguem com afinco à tarefa de proteger os Estado dos perigos a que está sujeito. Nós continuamos contando com dois atores eternamente presentes em todo o espectro de ameaças: o espião e o hacker. O primeiro procura decifrar o enigma (se bem que não necessariamente para compartilhar o conhecimento resultante daí); o segundo é responsável por formular o enigma de modo a torná-lo insolúvel.

A agência de inteligência espiona toda a internet feito um gato preto contra um fundo escuro, sem nunca fazer barulho, e só se manifesta quando sua equipe quer dissimular, recrutar ou confundir. Esse comportamento fantasmagórico faz parte do DNA do espião, mas também se explica pelo fascínio e até pela admiração dos serviços de inteligência pelo seu principal adversário no ciberespaço: o hacker.

Até recentemente, os defensores de rede estavam convencidos de que todo ataque era planejado e dirigido por um hacker. Isso mudou nos últimos cinco anos com o aparecimento do *malware* "pronto para uso"*off-the-shelf*. Atualmente, muitos hackers criminosos não ganham dinheiro comprometendo cartões de crédito, contas bancárias nem com outros golpes desse tipo, e sim vendendo cavalos de troia, vírus e *worms* por eles desenvolvidos. Trata-se de programas de uso fácil que não requerem conhecimento de especialista. A forma mais comum é o *botnet*. Os hackers "alugam" *botnets* durante um ou dois dias ou então uma semana ou um mês, que serão usados em ataques D DoS visando à extorsão ou à vingança. Naturalmente, os hackers que alugam um *botnet* ou vírus têm a capacidade técnica de controlar a duração do aluguel, pois são capazes de simplesmente programar sua obsolescência, contra a qual os clientes — presumivelmente pequenos criminosos ocasionais — nada podem fazer.

Mas o surgimento de um mercado secundário de *malware* "pronto para uso" na internet não altera uma verdade fundamental: por trás de todo ataque cibernético — seja criminoso, seja de espionagem industrial, seja de guerra — há um hacker talentoso. Empreender ataques eletrônicos verdadeiramente nocivos, e não apenas inconvenientes, sempre exige capacidade técnica ultraespecializada. Isso significa que, mesmo que trabalhe para um patrão (seja ele um *capo*, um diretor executivo ou um comandante), o hacker continua precisando saber muito a respeito do alvo visado para conceber o produto adequado. Por exemplo, a equipe de hackers que projetou o Stuxnet tinha de estar informada não só acerca das usinas nucleares iranianas (os seus alvos presumíveis), mas também da rede Siemens PLC de controladores lógicos programáveis que as operava, do compressor muito específico projetado pela Vachon (uma empresa finlandesa que fabrica o instrumento na China) e da empresa taiwanesa cujo certificado digital RealTek fora imitado para enganar o programa antivírus do sistema iraniano. Qualquer um que fosse inteligente o bastante para trabalhar com o Stuxnet seria inteligente o suficiente para manipular a vítima escolhida.

Nesse aspecto, os hackers são a chave da segurança cibernética, pois têm a solução do enigma. Se achar os hackers, você terá avançado muito na descoberta da verdade.

O enorme percentual de seus orçamentos que os governos atualmente destinam à segurança cibernética é empregado nas "soluções digitais". Ou seja: combater o poder dos *gadgets* com *gadgets*. Por sua vez, o dinheiro investido em compreender os hackers, sua cultura, sua mente, suas intenções e vulnerabilidades é irrisório. Mas como encontrar um hacker? E, na internet, como saber se o seu novo amigo é um hacker, um espião da polícia, um agente do Serviço Secreto, um investigador da Força Aérea, um gaiato qualquer, um terrorista ou um alienígena?

Tudo gira em torno da confiança. E construir confiança significa ser paciente e cultivar relações. Mas o tempo é um bem escasso no mundo da segurança eletrônica. As dificuldades relacionadas à confiança e ao tempo nunca ficaram tão claras como quando o lócus do DarkMarket se transferiu da sua origem na Inglaterra, na Alemanha e nos Estados Unidos para um país cuja importância econômica e geoestratégica vem aumentando aceleradamente: a Turquia.

Livro Dois

PARTE I

26. Um turco em Pittsburgh

PITTSBURGH, PENSILVÂNIA, FEVEREIRO DE 2008

Em uma fria manhã do inverno de 2008, o inspetor Bilal Şen, da polícia turca, olhou pela janela de seu escritório para a ponte Hot Metal, em Pittsburgh. Estendendo-se sobre o rio Monongahela um pouco a leste do lugar em que este se une ao Allegheny para formar o majestoso Ohio, a ponte outrora transportava o metal fundido na grande fornalha de Eliza, no lado norte, para as usinas de laminação do sul.

Mas, naquele dia, ele não tinha tempo para refletir sobre a nevada estética pós-industrial de Pittsburgh. Acabava de ler algo inquietante nos fóruns do DarkMarket. Segundo a informação aparentemente confiável vinda de Istambul, Cha0, o criminoso eletrônico investigado pelo inspetor Şen, era "um peixe graúdo, rico e poderoso". Para um turco, a frase era fácil de decodificar: o alvo tinha amigos influentes, o pior pesadelo de um policial turco.

Fazia quase três meses que o inspetor Şen trabalhava na National Cyber-Forensics & Training Alliance. No primeiro dia, estava na recepção aguardando a acolhida do chefe da instituição quando o agente Keith J. Mularski entrou por acaso, alegre e cativante como sempre. Ele se apresentou e, ao se inteirar de que Şen era da Turquia, começou a lhe contar tudo que sabia de Cha0, o notório administrador do DarkMarket e mestre do crime. Mularski e Şen se deram maravilhosamente bem.

Quando entrou no setor de escritórios no quarto andar da Technology Drive, 2000, o policial turco ficou impressionado com o aspecto do lugar, que mais parecia uma companhia de seguros que o frenético ambiente high-tech a que nos acostumaram os programas de televisão como o *CSI New York*. Uma sala escondida estava repleta de instrumentos de computação forense, máquinas que revelam os segredos mais íntimos de qualquer aparelho digital. Mas essa sala de análise técnica, além de quase invisível, era lacrada para impedir que *trojans* ou qualquer outro *malware* proveniente de objetos submetidos a investigação infestassem as máquinas (tal como seus correspondentes orgânicos, os vírus de computador às vezes são transportados pelo ar). À parte isso, os escritórios eram silenciosos, bem-arrumados e discretos.

Naquela primeira manhã, Keith mostrou a Şen, em seu escritório, o quadro com o nome "Cha0" no vértice da pirâmide de criminosos ligados ao DarkMarket. Ali, o policial turco sentiu uma pontada de vergonha. Seis meses antes, com o auxílio de colegas da Inglaterra e da Alemanha, o FBI tinha capturado dois dos mais enérgicos administradores do DarkMarket, JiLsi e Matrix. Já se haviam efetuado prisões na Inglaterra, na Alemanha, no Canadá e na França, e outras tantas estavam em curso nos Estados Unidos. Por isso o funcionário de Ancara sentiu um arranhão no seu orgulho nacional e também na sua reputação pessoal: pois um compatriota seu agora figurava entre os mais procurados criminosos digitais do mundo.

A polícia turca tinha progredido muito na década anterior, principalmente no setor de crime organizado, e Şen estava decidido a provar que, mesmo contando com muito menos recursos que os colegas da Europa ocidental e dos Estados Unidos, a jovem Unidade de Crime Cibernético sediada em Ancara, a capital turca, tinha plenas condições de jogar na primeira divisão.

Policiais do mundo inteiro entravam e saíam dos escritórios do FBI. Iam aprender com os colegas norte-americanos, mas também construir redes de assistência mútua. A cooperação entre as forças policiais de países diferentes padecia sob o peso de procedimentos burocráticos intoleráveis, de modo que a amizade pessoal entre os agentes era a melhor maneira de contornar o problema.

Şen ia fazer um estágio de três meses. Sendo turco, era um contato novo, mas potencialmente muito útil para os federais. Em 2003, tinha sido um dos dois fundadores da pequena Unidade de Crime Cibernético na Divisão Turca de Combate ao Contrabando e ao Crime Organizado. E, em comparação com os bandidos, o inspetor não tinha recurso nenhum.

Por isso, Şen queria aprender com o FBI. Não que ele fosse inexperiente. Ingressara na polícia aos quinze anos, em 1989, e completara um penoso curso de treinamento, de oito anos, o mais longo do mundo. Era estranho, pois o inspetor Şen, baixo e de modos delicados, lembrava mais um Hercule Poirot turco que a imagem do duro policial balcânico moldado por bandoleiros rurais, quadrilhas de narcotraficantes e um sistema brutal de justiça penal.

Na academia de polícia, o regime era pesado. No entanto, o que mais afligia Şen não era o alojamento espartano nem o treinamento inclemente, e sim a ausência total de computadores. Desde pequeno ele não perdia nenhuma oportunidade de se enfiar nos videogames de Eskişehir, sua cidade natal fincada entre Istambul e Ancara, no norte de Anatólia. Tinha apenas seis anos quando topou com o jogo River Raid. Gastava cada minuto do seu tempo livre sobrevoando um rio em um avião de combate bidimensional, alvejando helicópteros, navios, tanques e dirigíveis minúsculos ao mesmo tempo que tentava reabastecer a aeronave. Fascinado com aquela misteriosa fusão de repetição e recompensa ocasional que mantém crianças, adolescentes e jovens adultos grudados no monitor, Şen tinha pelos jogos uma obsessão parecida com a de muitos proto-hackers da mesma idade. Também era dominado pela vontade de vencer.

Talvez essa obstinação tenha ajudado o recruta ainda cru em seu primeiro posto na delegacia de polícia de um lugarejo remoto da península anatoliana. Embora já fossem bem entrados os anos 1990, a única máquina disponível era a de escrever, muito antiga e manual. Colher o depoimento de testemunhas era considerado abaixo da dignidade de sua patente de oficial, mas Şen estava tão determinado a aprender a datilografar que passava horas martelando as teclas. Quando não estava entretido com isso, o autodidata notável estudava mandarim.

Quando Şen solicitou ingresso na elitista Unidade de Crime Organizado de Ancara, o chefe do destacamento lhe perguntou por que estava aprendendo chinês. "Com a China abrindo as portas para o mundo exterior", respondeu ele, "em breve nós vamos precisar de gente que fale mandarim no Departamento de Crime Organizando." A resposta contribuiu muito para que Şen ficasse com o emprego.

Estando agora na capital turca, o jovem detetive matriculou-se no mestrado na Universidade de Ancara, uma vez mais por esforço próprio e aproveitando o tempo livre. Escolheu um tema desconhecido e pouco estudado na Turquia: "Oportunidades e riscos do governo eletrônico", debruçando-se sobre a relação entre privacidade, direitos civis e crime cibernético.

Şen começou a monitorar a proliferação do crime digital em

seu país, um dos poucos policiais locais em condições de fazê-lo — os únicos outros órgãos do Estado já cientes da importância estratégica da segurança cibernética eram as agências militares e civis de inteligência, mas estas, obviamente, não faziam alarde de sua capacidade ou motivação.

Şen e um colega se incumbiram do trabalho hercúleo de convencer o destrambelhado Ministério do Interior a destinar parte de sua preciosa verba à criação de uma unidade de crime cibernético. Os dois passaram três anos pleiteando, adulando e persuadindo. Por sorte ele contava com um colaborador que dominava a arte otomana de falar no tom certo com os burocratas certos do Ministério do Interior.

Tal como todas as unidades de crime digital que estavam surgindo no mundo, o novo departamento turco soube explorar o fato de que praticamente ninguém no Ministério compreendia o lado sombrio dos computadores. Tendo obtido sinal verde, os dois homens ficaram estranhamente livres de interferência externa, pois ninguém mais tinha ideia da sua atividade e, além disso, eles não chegavam a ser um fardo para o erário.

Muito embora o próprio governo mal soubesse do trabalho empreendido pelo inspetor, seus pares do outro lado do Atlântico não tardaram a tomar conhecimento do seu desempenho. No verão de 2007, quando a polícia prendeu os administradores do DarkMarket, Matrix001 e JiLsi, na Alemanha e na Inglaterra, a equipe de crime digital da Turquia havia posto atrás das grades um dos mais famosos delinquentes eletrônicos: Maksik. Figura importante no DarkMarket (fornecedor de *dumps* ao hacker francês Lord Kaisersose e a outros), Maksym Yastremsky, da cidade ucraniana de Kharkov, achou que estaria a salvo na Turquia: não só porque lá ninguém prendia cibercriminosos como porque as relações entre a Ucrânia e a Turquia nunca tinham sido tão cordiais, especialmente no submundo.

Os ucranianos adoravam o país também por causa do seu deslumbrante litoral: as lindas praias de Antália passaram a ser o destino obrigatório dos ladrões digitais dos dois países.

Fazia dois anos que o Serviço Secreto dos Estados Unidos estava atrás de Maksik. Conseguira roubar os segredos de seu laptop em 2006 e, em seguida, marcar encontros entre ele e um agente disfarçado na Tailândia, em Dubai e na Turquia. Anteriormente, a cooperação com a polícia turca tinha sido difícil, se não inteiramente impossível. Mas, por ocasião da prisão de Maksik, que estava se bronzeando ao sol forte de Antália, os turcos sinalizaram que, no tocante ao crime cibernético, estavam interessadíssimos em colaborar e tinham know-how para tanto.

Conquanto os JiLsis e os Matrix da vida já não frequentassem os fóruns do DarkMarket, o resto da equipe continuava em plena atividade: aliás, o DarkMarket estava revivendo um verdadeiro boom. Ironicamente, a chave de seu novo fôlego tinha sido a prisão de outro criminoso digital: Iceman.

Em setembro de 2007, as forças policiais americanas finalmente capturaram Max Vision no apartamento do centro de San Francisco que lhe servia de esconderijo. Com a queda de Iceman, o CardersMarket se esfacelou; assim, enquanto o Mazafaka.ru controlava o *carding* na Rússia, o DarkMarket tornou-se o campeão indiscutível dos cibercriminosos de língua inglesa. Direta ou indiretamente, o site continuava gerando centenas de milhares de libras mensais de lucro ilegal e retomara sua popularidade entre *carders* e hackers.

Agora eram três os protagonistas do DarkMarket: Cha0, Master Splyntr e Shtirlitz. O misterioso Lord Cyric não tardaria a se unir a eles. A presença de Cyric no universo do *carding* suscitava inimizade e adoração em iguais proporções entre os fraudadores eletrônicos. Os que o abominavam achavam que ele era a fonte infiltrada do FBI, mas também suspeitavam de que Master

Splyntr e Shtirlitz na verdade fossem agentes ou estivessem a serviço da polícia norte-americana. Mas em uma coisa policiais e hackers estavam de acordo: o mais importante delinquente remanescente no fórum era Cha0.

Em contraste com os volumosos dossiês com que contavam a respeito de seus comparsas darkmarketeiros, Mularski e Şen conheciam apenas dois fatos relevantes concernentes a Cha0: ele morava em Istambul e tinha um próspero negócio de venda de *skimmers*, a ferramenta essencial dos vigaristas da Era do Plástico. Mas os detetives não sabiam seu nome verdadeiro, não conheciam nenhum endereço físico, nenhum endereço IP e nenhum parceiro dele. Ou Cha0 não existia (o que não era impossível), ou jamais cometia erros.

Tratando-se da segunda possibilidade, ele parecia ter aprimorado a arte de apagar rastros eletrônicos de tal modo que os detetives achavam impossível localizá-lo. Parte desse sistema de mascaramento era fornecido por Grendel, que, nas horas livres, assessorava o DarkMarket (em troca de pagamento). Não deixava de ser irônico, já que Grendel também fornecia o sistema *shell* que dissimulava a localização dos servidores de Mularski. Inicialmente, JiLsi convidara Grendel a prover esses serviços ao DarkMarket — na vida real, ele trabalhava em uma companhia de segurança de TI na Alemanha. Foi irônico, mas até certo ponto bem típico do DarkMarket, ele acabar oferecendo segurança digital tanto a criminosos como a policiais.

Apesar do esforço intenso, Şen não conseguiu encaixar o estilo de Cha0 (ou seu *modus operandi*, no dialeto policial) no de nenhum criminoso conhecido na Turquia. Os dois aspectos fundamentais do lado escuro da internet pareciam coincidir em sua personalidade: ele era um geek com extraordinária capacidade técnica, mas também um criminoso bem-dotado e atento aos mínimos detalhes que nada deixava ao acaso. Também era possível que Cha0 fosse o nome coletivo de uma quadrilha bem organizada, ainda que a análise linguística sugerisse que uma única pessoa formulava suas postagens e mensagens na internet.

Por isso, ao receber o e-mail de Istambul dizendo que Cha0 era um "peixe graúdo", Şen não só ficou preocupado como entendeu que dali por diante precisaria avançar com cuidado mesmo em um país em pleno processo de aceleração econômica como a Turquia.

Com a chegada do novo milênio, a Turquia passara a ser um lugar cada vez mais atraente para hackers, crackers e cibercriminosos em geral. No final dos anos 1990, grande parte da atividade criminosa cibernética se concentrava em certas regiões dos chamados países BRIC. Um economista do banco Goldman Sachs reuniu nesse acrônimo o Brasil, a Rússia, a Índia e a China como as principais nações dos mercados emergentes, o segundo grupo do poder global depois do G8 (embora, politicamente, a Rússia participasse dos dois).

Os BRIC tinham em comum importantes características sociais e econômicas. Sua economia avançava e se abria depois de várias décadas de estagnação. Contavam com população grande cujo esforço combinado registrava altas taxas de crescimento, ao passo que a transição para o status de agente global dinâmico vinha acompanhada da retomada de um nacionalismo exuberante e às vezes agressivo. Seu sistema educacional oferecia excelente capacitação fundamental. Mas isso, combinado com a desigualdade extrema na distribuição da riqueza, gerou uma nova classe de jovens pobres e desempregados, mas — em contraste com as gerações anteriores — com grandes aspirações materiais à medida que eles absorviam os apelos consumistas que são parte indissociável da globalização. Para satisfazer tais aspirações, uma minoria começou a trabalhar arduamente nas lan houses, livres da detecção do aparelho policial e de quem quer que fosse, onde encontravam uma miríade de oportunidades on-line de ingressar na carreira de hacker.

Com uma economia muito mais dinâmica que, por exemplo, a da Rússia, a Turquia se alçou à categoria de BRIC honorária. A população do país, de quase 80 milhões, e suas taxas de crescimento vinham aumentando mais aceleradamente que as dos chamados BRIC. Todos reconheciam sua importância estratégica. Incrustada entre o mar Negro e o mar Mediterrâneo e mantendo relações com a Bulgária, a Grécia, o Irã, o Iraque, a Síria e a Armênia, era vizinha de poucos países que não tivessem vivido uma grande convulsão ou guerra nas últimas duas décadas. O imprevisível sempre esteve presente na política turca, mas com a virada do milênio o poder econômico e a florescente sofisticação do país reforçaram-lhe o papel crucial em várias regiões geoestratégicas vitais: o Oriente Próximo, a Ásia Central, o mar Negro e os Bálcãs.

O país desenvolveu com lentidão a infraestrutura de internet nos anos 1990, mas nos últimos anos da década começou a avançar aceleradamente. Istambul, a locomotiva econômica local, acolheu uma explosão de pequenas firmas bem-sucedidas, junto com empresas de design, mídia e serviços que com elas se beneficiavam.

Por outro lado, o tamanho do país, sua infraestrutura em desenvolvimento e a ampliação da instrução da jovem classe média abriram uma oportunidade para o crime cibernético. Até que a unidade de Şen estivesse adequadamente montada e em funcionamento, praticamente não havia como impedir os crackers e hackers de operarem impunes na web a partir da Turquia. A Unidade de Crime Cibernético estava começando a surtir efeito, mas enfrentava uma luta dura. Se o inspetor Şen conseguisse capturar Cha0, a unidade passaria a exibir um grande trunfo.

Todavia, na metade de março de 2008, pouco antes de retornar de Pittsburgh à Turquia, o inspetor recebeu outro alerta que complicou ainda mais a investigação de Cha0. Dessa vez, seus contatos em Istambul enviaram detalhes de uma entrevista desconcertante dada por um hacker turco chamado Kier ao conhecido órgão de notícias Haber 7, durante a qual ele se confessou foragido da lei.

Parte da reputação do Haber 7 se apoiava no reforço espiritual que recebia de um grande movimento nacional islâmico chamado Comunidade Gülen, que promovia a filosofia de seu líder, Fethullah Gülen, na época exilado nos Estados Unidos. Sendo uma empresa de notícias da Comunidade, a Haber 7 simpatizava muito com o Partido AK, uma agremiação pró-islâmica democrática então no poder.

O jovem hacker Kier procurou o órgão de imprensa não só para afirmar que conhecia Cha0 como para sugerir que a pessoa ou as pessoas por trás da mais misteriosa personificação do DarkMarket planejavam expandir seu império criminoso. O artigo trazia uma fotografia do hacker falando com um jornalista em um café de Istambul. A foto tinha sido tirada pelas costas, mas mostrava parte do perfil do rapaz.

Şen ainda não sabia que se tratava de um jovem chamado Mert Ortaç. Presumia-se que esse estranho personagem fosse cúmplice de outro criminoso digital chamado Cryptos, preso em janeiro de 2008 sob suspeita de ter hackeado o Akbank, uma das maiores instituições financeiras da Turquia. Em muitos aspectos, o caso Akbank era mais importante que o DarkMarket, pois a equipe tinha invadido o principal sistema do banco aproveitando uma vulnerabilidade do sistema operacional. Mas nem a polícia de Istambul nem a Divisão de Combate ao Crime Organizado tinham a mais vaga ideia de onde Ortaç estava escondido. E eis que, de uma hora para a outra, ele aparece conversando com um jornalista.

Apesar de vigiado tanto pela polícia de Istambul como por uma equipe de agentes da inteligência, Ortaç disse ao jornal que, em dezembro de 2007, tinha driblado a todos e entrado na clandestinidade. Viera a público unicamente para contar sua história esquisita e fragmentária.

A polícia de Istambul ficou furiosa com essa aparição fugaz. As implicações da entrevista — a facilidade com que ele se esquivara da captura — eram constrangedoras. Para piorar a situação, o hacker informava que as prisões no caso Akbank não teriam o menor impacto sobre a segurança dos bancos turcos, pois agora um criminoso muito mais formidável estava lhes roubando todo o dinheiro possível: seu nome era Cha0. (É claro que Şen já tinha ouvido falar em Cha0, mas era a primeira vez que ouvia mencionarem aquele nome em público — e quem o mencionava era justamente um homem misterioso.)

Ortaç afirmava que Cha0 contava com a proteção de funcionários públicos. Para Şen, a entrevista pelo menos confirmava a existência de Cha0. Mesmo assim, ao lê-la, ele se sentiu à beira do abismo. Quem estaria protegendo Cha0, e por quê?

27. O sublime portal

Erguendo os olhos de suas anotações, o inspetor Şen sentiu o mal-estar se transformar gradualmente em medo. Sabia-se agora que o próprio Cha0 enviara uma mensagem ao canal de notícias Haber 7 em resposta à entrevista de Ortaç. Foi uma irrupção extraordinária, temperada com fortes pitadas de megalomania e férrea convicção. "Eu sou a lei suprema no DarkMarket", trovejou ele. "Impeço o trabalho dos policiais e dos *rippers*. Eu crio as regras e todos as obedecem."

Os contatos do inspetor não tardaram a indicar que Cha0 talvez estivesse fora do alcance da lei. Şen conversou com seu amigo mais antigo na polícia de Istambul. Era de arrepiar: os dois receavam que Cha0 tivesse um olheiro na própria polícia que, é claro, o mantinha informado do progresso da investigação. Se eles não pudessem confiar na sua equipe, no seu apoio e, mais importante ainda, nos seus superiores, como levar o caso adiante?

Na primeira entrevista, Mert Ortaç falou muito na polícia secreta e nos demais órgãos encarregados do caso DarkMarket. Em alguns países, isso podia parecer teoria da conspiração, mas na Turquia seria insensato não lhe dar importância. Mert insinuou que a operação DarkMarket podia atingir gente no topo do poder militar ou político.

A complicada estrutura política do país vinha se transformando desde que o partido AK se tornara a força dominante, nas eleições de 2002. Considerando que mais de 90% dos turcos eram muçulmanos, o fato de um partido confessamente islâmico ter tido uma vitória esmagadora não chegou a surpreender. O AK fazia questão de dizer que a fé religiosa se subordinava ao seu compromisso com a democracia, tal como na Europa muitos partidos moderados se definem como democratas *cristãos*.

Mas a Turquia se gaba de outra tradição ideológica imensamente poderosa: o kemalismo. Derivada do nome do fundador da Turquia moderna, Kemal Atatürk, essa doutrina tem por princípio fundamental a separação completa entre Igreja e Estado. A onipresença da imagem de Atatürk nas lojas, nas casas, nos escritórios, nos quartéis, nos hospitais e nos presídios reflete a reverência profunda por seu legado de secularismo entre os turcos (assim como o temor à prisão por inconformidade).

No entanto, o kemalismo costuma ser servido numa variedade de sabores. Seus dois apoiadores mais fervorosos provêm da elite da classe média secular: intelectuais, profissionais liberais e funcionários públicos por um lado e, por outro, o chamado Estado Profundo. Ambos se encaram mutuamente e ao AK com desconfiança.

Estado Profundo é o nome adequadamente sinistro do complexo industrial militar que atuou como o árbitro supremo da política turca no período do pós-guerra. Sendo um dos dois únicos membros da Otan a fazer fronteira com a União Soviética (o outro era a Noruega), o país teve um papel-chave na Guerra Fria, e seus aliados, liderados pelos Estados Unidos, faziam vistas grossas para os odiosos abusos infligidos pelos militares à população.

Durante sua reiterada interferência na vida política, o aparato de segurança turco também cravou os dentes na economia do país, tanto que às vezes era difícil distinguir o predador da presa. Ele protegia sua influência abrangente e lucrativa apelando para o kemalismo: quando achavam que a frágil ordem democrática estava ameaçando seus interesses econômicos, as Forças Armadas intervinham, proclamando a necessidade de preservar o legado de Atatürk. Por tradição, as Forças Armadas não deixam nada nem ninguém se interpor no seu caminho. Parafraseando um antigo ditado turco: "Se você apertar a mão do Estado Profundo, ele lhe arranca o braço".

Mas nos últimos quinze anos, sucessivos governos turcos instigaram uma série de reformas, em parte para preencher os requisitos do ingresso na União Europeia. A despeito dos temores de que secretamente o partido AK tivesse uma agenda islâmica extremista, os novos governantes da legenda impuseram algumas das mudanças mais liberais à sociedade turca, como a abolição da pena de morte. Em outra tentativa de consolidar a primazia do império da lei, o partido procurou retirar da órbita militar as forças policiais regulares do país.

Esse processo levou a algumas mudanças notáveis e muito positivas. Parte do funcionalismo público começou a entender que sua função principal não era encher o próprio bolso, e sim prestar serviços às pessoas comuns; e que um Estado eficiente aumentava o prestígio e a influência internacionais do país.

Mas o lento nascimento de uma nova Turquia não foi um processo indolor, tampouco apresentou resultados sempre previsíveis. E veio acompanhado de uma titânica luta política, na qual as alianças cambiantes entre forças opacas podiam ser fatais a quem, consciente ou inconscientemente, se interpusesse entre elas.

O palco principal da guerra entre essas forças foi inaugurado oficialmente em 2007 com o lançamento da investigação denominada Ergenekon. Ergenekon, que remete a uma lenda épica da antiga tradição popular turca, foi mais recentemente o nome de uma suposta conspiração do Estado Profundo em que importantes figuras das Forças Armadas, da inteligência e da política colaboraram com o crime organizado, jornalistas, advogados e outros profissionais. Sua presumível meta era restringir a influência dos governos eleitos pelas vias democráticas, e particularmente a do partido AK. Segundo os promotores e a mídia favorável ao governo, no entanto, o complô era mais ambicioso: os membros do Ergenekon estavam preparando um golpe militar em 2009, que restauraria o poder do Estado Profundo sobre o governo eleito.

A partir de 2007, a polícia fez centenas de prisões no alto escalão das Forças Armadas e do serviço secreto — foram as chamadas "ondas" Ergenekon. Mas, paralelamente, prendeu dezenas de jornalistas e advogados acusados de colaborar com o Ergenekon em troca de vantagens pecuniárias ou ideológicas. O pequeno mas articulado segmento de intelectuais liberais do país e amplos setores da classe média acusavam o governo democrático de lançar mão do tipo de intimidação geralmente associada ao Estado Profundo. Sinal dos tempos: o inquérito Ergenekon dependia muito de provas digitais: telefones celulares grampeados, arquivos de mensagens passadas por celular e computador, demonstrando a crescente capacidade cibernética dos serviços internos de inteligência.

Bilal Şen não participou de nada disso, a não ser pelo fato de sua diligência, seu compromisso e sua energia juvenil parecerem alinhá-lo com a nova Turquia, não com a velha. Mas, como a maioria dos turcos, ele tinha plena consciência do contexto político sensível em que trabalhava, assim como todo mundo. A última coisa que um policial turco queria era ser um peão inocente esmagado na luta entre o Estado Profundo e o governo democraticamente constituído. Quase todos os turcos evitavam discutir o Ergenekon em público se pudessem. Mas todos sabiam que a investigação do Ergenekon se erguia sobre a mesma base que muitos casos criminais importantes, tivessem eles implicações políticas explícitas ou não.

Şen precisava tomar cuidado, mas não estava disposto a desistir da caçada.

Em Pittsburgh ele e Mularski desenvolveram uma amizade sólida, e o agente do FBI lhe passou toda informação que pôde a respeito de Cha0. Os dois começaram a colaborar para a construção de um pequeno dossiê. Sendo um dos participantes importantes do DarkMarket, Mularski podia recorrer a um vastíssimo arquivo; Şen, por sua vez, lia turco, e queria avaliar a personalidade de Cha0 para ver se coincidia com a de algum criminoso digital conhecido em seu país. Assim, muitos documentos foram escaneados e enviados de um lado para outro entre Ancara, Istambul e Pittsburgh.

Como se já não fossem mais que desconcertantes, as coisas tomaram um novo rumo quando o inspetor Şen retornou a Ancara. Uma imagem esquisitíssima andava circulando na web.

O agente turco mal pôde conter a raiva e a frustração. Mularski tinha lhe enviado uma fotografia publicada primeiramente no site do Haber 7 e depois na revista *Wired* de San Francisco.

O misterioso Kier aparecia sentado em uma cadeira, só de cueca, sendo aparentemente obrigado a segurar um pedaço de papel em que se lia:

1 EU SOU KIER. MEU NOME VERDADEIRO É MERT ORTAÇ

2 SOU PARCEIRO DA MÍDIA

3 SOU UM RATO. SOU UM PORCO.

4 SOU REPÓRTER

5 CHA0 ME FERROU

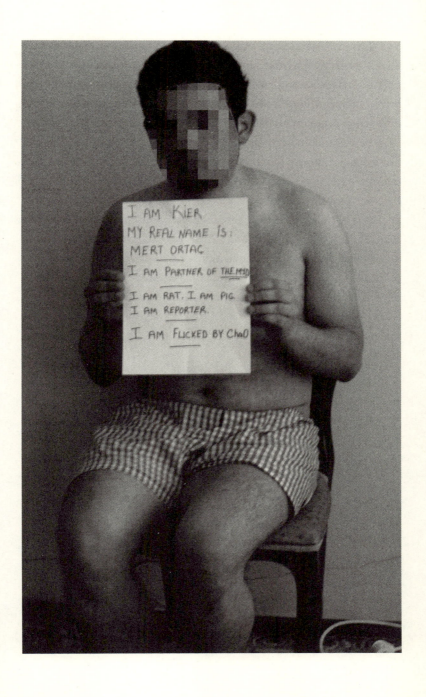

Em vão, metade da polícia de Istambul estava à procura de Kier — ou Mert Ortaç, para dar seu nome verdadeiro —, mas Cha0 conseguira não só localizá-lo como sequestrá-lo e humilhá-lo. Era perfeitamente possível que a vida do rapaz estivesse em perigo. Que diabo estava acontecendo?

Şen tinha plena consciência de que era uma insensatez tomar por fato qualquer coisa que estivesse na internet. Sendo um frequentador experiente dos fóruns criminosos e um estudioso do comportamento das pessoas na rede, sabia que elas mentiam, trapaceavam, exageravam, enganavam e conspiravam com a maior naturalidade do mundo. Mas a história do DarkMarket na Europa, e especialmente na Turquia, ia além dessa dissimulação cotidiana para se transformar em uma história surreal de impostura, espionagem e traição. E uma história aparentemente sem fim.

PARTE II

28. *Ciao*, Cha0

Através de sua pesquisa sobre o DarkMarket em conjunto com Keith Mularski, o inspetor Şen sabia que Cha0 tinha um site próprio: CrimeEnforcers.com (um jogo de palavras com a expressão "law enforcers", os que fazem cumprir a lei, que a fraternidade do crime havia muito reduzira ao acrônimo LE devido à frequência com que aparecia nas discussões on-line).

Na home page da CrimeEnforcers, Cha0 explicava seus objetivos e serviços:

> Somos uma organização privada focada nas suas necessidades específicas de desenvolvimento. Prestamos serviços de engenharia eletrônica e da computação. Se você precisa de hardwares especiais (especialmente hi-tech) ou um software que não pode ser feito nem discutido no seu país por causa de qualquer razão como leis etc. então você está no lugar certo.
>
> Nós estamos oferecendo desenvolvimento absolutamente anônimo & no exterior para os seus projetos. Não nos importamos com o que você quer fazer com os hardwares e softwares que encomendou que sejam feitos por nós.

Desnecessário dizer, a sua privacidade é muito importante para nós e nós não compartilhamos com mais ninguém seja pelo motivo que for. Nós não precisamos do seu nome, endereço etc. Só do seu e-mail. Você terá um certificado e uma conta para logar com segurança no nosso fórum particular e acompanhar o seu desenvolvimento. Você pode até fazer perguntas aos engenheiros que estão montando o seu projeto.

Se você chegou a este site então você já nos conhece. Nós não cobramos barato para desenvolver e não podemos fazer parceria com você. Se você quer que os seus sonhos virem realidade então você tem que pagar pelo pedido de uma cotação nossa para o seu projeto.

Uma vez acostumado à linguagem global ligeiramente deformada, o negócio de Cha0 ficava claro para o leitor. Ele oferecia apoio e serviços logísticos a qualquer pessoa interessada em explorar uma carreira no cibercrime. Em vez de cometer crimes ele próprio, Cha0 facilitava o engajamento de usuários de computador menos habilidosos nessa prática. O crime pela internet estava começando a imitar modelos dos negócios do mundo real.

Em outras páginas do CrimeEnforcers.com era possível examinar os equipamentos de Cha0. O carro-chefe era o *skimmer*, e não demorou para que o volume de pedidos desse dispositivo crescesse até se tornar um negócio significativo.

A CrimeEnforcers também oferecia leitores móveis de cartões de crédito — aparelhos portáteis do tipo encontrado na maioria dos restaurantes. No começo de 2007 policiais em diversas partes da Inglaterra descobriram uma rede de frentistas em postos de gasolina que haviam encomendado um lote desses dispositivos cuja origem seria, segundo se pensou, do associado canadense do DarkMarket, Dron, ou da fábrica de Cha0. Quando o freguês dava um cartão de crédito, o frentista o passava discretamente sob o balcão pela leitora ilegal para registrar os detalhes, antes de passá-lo mais uma vez pela máquina legítima.

Para aqueles que estão dando os primeiros e incertos passos no crime cibernético, o CrimeEnforcers estava repleto de dicas úteis que tornavam o processo muito mais fácil. Para os estreantes, o site oferecia proveitosos vídeos nos quais uma animação de Cha0, abençoado com uma voz eletrônica que traía o timbre e melodia característicos do homem real, fornecia dicas e orientações sobre como escolher os melhores caixas eletrônicos ao planejar a execução de um crime.

Ele ensinava sua audiência que instalar *skimmers* em caixas eletrônicos onde houvesse alta concentração de imigrantes ilegais era uma má ideia (pouco tráfego eletrônico, muitos olhares curiosos e demasiada competição pelo ponto de crime). Em vez disso, sugeria instalá-las perto de clubes noturnos, "onde jovens ricos frequentemente usam os cartões de crédito dos pais".

Como fornecedor confiável de dispositivos criminosos, Cha0 viu seu nome espalhar-se rapidamente pela internet, de modo que se tornou extremamente importante para ele consolidar sua reputação e evitar ser rastreado.

O emprego do globês — uma segunda língua filha bastarda do inglês que se tornara o idioma franco da internet, atuando como um criptograma que possibilitava a brasileiros comunicarem-se com coreanos e búlgaros com indonésios — era generalizado. Em pouco tempo sua grafia e utilização, mesmo por parte de anglófonos nativos, começou a se desenvolver em muitas direções na internet. Podia-se arriscar um palpite sobre a origem do remetente de uma mensagem, mas geralmente era impossível identificar com precisão sua nacionalidade.

O mesmo não se aplicava a russos ou chineses. Os frequentadores de sites criminosos de fala russa atulhavam os comentários com gírias locais que talvez alguns linguistas fossem capazes de acompanhar, mas somente os mais talentosos teriam a capacidade de replicar com naturalidade. Agentes do FBI não se trairiam num contexto em inglês, mas num contexto russo seria uma luta conseguir passar pelo primeiro login. Embora os membros da inteligência e os responsáveis pela aplicação das leis dos Estados Unidos tenham ocasionalmente solicitado o auxílio de pessoas com domínio do russo e do chinês, com certeza nunca possuíram nada que chegasse perto dos recursos linguísticos para assumir o controle de um site russo da mesma maneira que se apropriaram parcialmente do DarkMarket.

Em sites de língua inglesa, porém, tinha-se muito menos certeza quanto à verdadeira identidade do interlocutor. A web possibilitava, até mesmo estimulava as pessoas a mudar de personalidade. Isso não se restringia de forma nenhuma ao mundo criminoso. Sites de encontros românticos já eram refúgio de algumas das mais constantes e intensas tapeações da história. Em salas de bate-papo as pessoas gostavam de transmitir uma imagem raramente correspondente à realidade sem graça de suas vidas. A internet alimentava esse tipo de coisa porque as pessoas não podiam verificar as características comportamentais de seus parceiros virtuais. Todo mundo ia descobrindo que na web era possível mentir sem medo de exposição ou vexame.

Os criminosos não só estavam sujeitos às mesmas leis de duplicidade, como as praticavam especialmente bem. O DarkMarket é prova disso. Em salas de bate-papo o satânico Devilman, por exemplo, projetava a imagem de um jovem de vida intensa, cheio de "gatas", muito embora reservasse seus afetos mais profundos para "bagulhos" baratos. Mas quando os investigadores bateram à porta da Lime Tree Grove, 62, em Doncaster, o pequeno prédio de dois andares para cima e dois para baixo onde residia o verdadeiro alter ego de Devilman, John McHugh, foram recebidos por um homem com pouco mais de sessenta anos, cuja primeira reação ao ser informado de sua prisão foi: "Os senhores se importam se eu for primeiro colocar a minha dentadura?". No tribunal, quando chegou a hora da sentença, ele incluiu entre as circunstâncias atenuantes o fato de já ter sofrido cirurgia de um dos quadris, e de estar aguardando a cirurgia do segundo, de modo que estava com a mobilidade seriamente restringida.

Mas cibercriminosos sérios tinham de ter credibilidade para fazer negócios: a reputação é crucial na área. No DarkMarket só se conseguia o título de Vendedor provando para os administradores e compradores que se era capaz de abastecer o mercado com cartões de crédito roubados que funcionassem de verdade. Essas transações eram supervisionadas por cinco administradores — três, depois de JiLsi ter sido expulso do site e Matrix preso: Master Splyntr, Shtirlitz e Cha0. (Mais tarde Lord Cyric também veio a desempenhar esse papel.)

Cha0 entrou para o DarkMarket em fevereiro de 2006, porém suas consideráveis habilidades lhe asseguraram uma rápida ascensão na hierarquia. Uma vez consolidada sua posição como príncipe do site, ele pode concentrar-se na sua real estratégia de negócios. Queria se tornar o principal fornecedor de *skimmers* em todo o mundo. Havia uma demanda significativa para tais dispositivos, e se pudesse criar um monopólio ele passaria à fase seguinte do plano para maximizar sua receita com o mínimo esforço.

Nosso homem em Istambul também estava encarregado do crucial serviço de *escrow*, possivelmente a espinha dorsal de toda a operação. Atuando como corretor honesto, ele garantiria que nem o comprador nem o vendedor de cartões de crédito e outros dados ilegais pudessem desfalcar um ao outro. Nessa esteira, o DarkMarket era uma operação mafiosa no sentido original do termo. Atuava como policial ou árbitro de um mercado criminoso, exatamente como a Cosa Nostra havia começado: policiando os mercados agrícolas da Sicília na segunda metade do século XIX, antes de passar ao comércio ilegal de armas e alvarás de construção.

A reputação de Cha0 como fiel depositário escrupulosamente honesto foi construída sobre seu sucesso como atacadista de *skimmers*. Todo mundo confiava nele. Ele, ao contrário, não confiava em ninguém. Jamais forneceu seu endereço de IP a ninguém, jamais mandou uma mensagem potencialmente comprometedora sem tomar o cuidado de criptografá-la. Ninguém podia, portanto, localizá-lo digitalmente.

Uma vez que Cha0 havia criado um buraco negro no ciberespaço onde estava seguro e invisível para a polícia, Şen decidiu se fiar em métodos policiais mais tradicionais para rastrear seu suspeito — o labor lento, árduo e meticuloso revelara-se surpreendentemente eficaz no trabalho dos ciberpoliciais.

29. Muito discretamente

ISTAMBUL, TURQUIA, 2008

Ainda que estivesse apreensivo com a possibilidade de Cha0 ter alguma proteção superior, Şen perseverou com sua investigação. Prometeu que, assim que voltasse a Istambul, manteria contato estreito com o agente Mularski em Pittsburgh. Haviam discutido a possibilidade de solicitar o serviço de *escrow* de Cha0 no DarkMarket, para ver se assim conseguiam fazê-lo sair da toca, mas depressa concluíram que isso daria muito trabalho e que tinha pouca probabilidade de trazer resultados.

A outra coisa que sabiam sobre ele, é claro, era que negociava *skimmers*. Digitalmente era impossível rastreá-lo. Mas se Cha0 vendia tais equipamentos, raciocinou Şen, havia dois pontos fracos na operação — a fabricação e a entrega.

A manipulação de dados em caixas eletrônicos tornara-se um esporte tão popular na Turquia que havia cada vez mais policiais treinados em localizar os aparelhos, uma vez colocados no lugar. Muitos dos dispositivos eram de péssima fabricação e instalados por amadores. Folheando os boletins de apreensão, o inspetor observou no entanto que em algumas áreas não só a qualidade dos aparelhos estava melhorando: a fabricação parecia estar aumentando vertiginosamente. Em algum lugar devia haver uma fábrica. O serviço de inteligência alertou Şen para a possível presença de fábricas de leitoras na Romênia e na Bulgária, de modo que ele enviou pedidos de auxílio para as polícias locais. A outra possibilidade era que a operação de Cha0 fosse mascarada como negócio legítimo, e que os pedidos fossem feitos por fabricantes licenciados de leitoras de cartões dentro da Turquia.

Uma vez vendidas as máquinas de *skimming*, Cha0 de alguma forma teria de distribuí-las. Mularski e Şen tinham uma pista de que seus produtos estavam indo para o exterior, chegando até os Estados Unidos, a Nova Zelândia e a América do Sul, e que algumas aquisições eram extremamente volumosas. Nesse caso, era bem pouco provável que ele estivesse utilizando serviço de entregas pessoais. Dados os números com que Cha0 começara a trabalhar, esse esquema de remessas devia ser bem complicado. Şen ponderou as razões para o aumento de produtividade, mas não chegou a nada.

Ele não estava a par de que, um ano antes, no fim da primavera de 2007, Cha0 havia se desentendido com Dron, o canadense especialista em *skimmers* que o Serviço Secreto e o detetive Spencer Frizzell da Polícia de Calgary estavam se preparando para prender. Cha0 alegou que Dron era "um cara difícil", que irritava seus fregueses e que portanto havia solapado a boa reputação do DarkMarket. As muitas mensagens positivas acerca dos serviços de Dron sugeriam que a motivação de Cha0 poderia ter sido outra — havia outros compradores na carteira de clientes afirmando que Cha0 tinha atacado Dron sem motivo, por suas próprias razões.

Cerca de um mês antes de o jovem especialista e comerciante

canadense ser agarrado por Frizzell, Cha0, usando sua posição de administrador, anunciou que Dron seria excluído do DarkMarket e seu retorno não seria permitido. Cha0 podia agora ativar seu plano e dominar o mercado de *skimming*.

O DarkMarket fornecera uma plataforma vital para os equipamentos de Dron — um grande número de dispositivos foi vendido a falsificadores de cartões atraídos por seus anúncios pagos. O DarkMarket também era usado como o principal veículo de anúncios para o CrimeEnforcers.com, por meio do qual Cha0 vendia suas próprias leitoras. Cha0 também oferecia pacotes de soluções para cibercriminosos em potencial, inclusive treinamento, manuais e todo o equipamento necessário para dar início a esse tipo de operação.

Mas, uma vez tendo removido Dron da equação, ele modificou seu modelo de negócios: os interessados não podiam mais comprar os *skimmers*; em vez disso, deviam alugá-los. Cha0 os enviaria, mas com uma pequena modificação.

Após a expulsão de Dron, Cha0 ficou em posição de majorar o preço unitário do *skimmer* — seu aluguel passou a custar 7 mil dólares, um aumento com relação aos antigos 5 mil para compra. Por esse valor, os clientes recebiam um *PIN pad* — dispositivo específico para senhas —, além da máquina. Instalavam o dispositivo na boca do caixa eletrônico e depois encaixavam o *PIN pad* sobre o *skimmer*. Quando os clientes do banco inseriam seus cartões e digitavam a senha, esta ficava registrada tanto no *PIN pad* quanto no *skimming*. Os dois dispositivos eram então separados e o cliente de Cha0 baixava a informação num computador usando um terminal USB.

Com os *skimmers* de Dron, o cliente era capaz de usar a informação obtida para conseguir fundos de maneira fraudulenta. Mas, com os aparelhos de Cha0, os dados baixados no computador eram criptografados. A única pessoa que possuía a chave para decriptografar a informação era... Cha0. Assim, o jovem criminoso que havia se esforçado tanto para colocar a leitora e o *PIN pad* no caixa eletrônico não podia simplesmente sair por aí clonando ele próprio cartões de crédito — tinha de enviar a informação de volta a Istambul. Cha0 então organizava a transferência do dinheiro. Uma vez de posse dele, mandava uma parcela para o cliente que de fato fizera o trabalho duro. Ele estava efetivamente alugando suas máquinas — uma estratégia muito mais lucrativa que a venda direta feita por Dron.

Esse era um modelo de negócios ousado dentro do mundo da cibercriminalidade. Tudo que ele precisava fazer era fornecer as leitoras e efetuar a entrega sem ser detectado. Nada que não estivesse ao seu alcance. Obviamente podia chegar um momento em que a concorrência buscaria minar sua estratégia ou voltar ao velho e simples estilo da venda direta. Mas até que isso acontecesse, controlando o esquema mais influente no mundo de língua inglesa, Cha0 podia desfrutar uma vida muito boa. E realmente desfrutou.

Em 2008, Istambul estava a caminho de se tornar a cidade com a maior taxa de crescimento do mundo. A população vinha crescendo quase de forma incontrolável por quinze anos, e agora a metrópole era o lar de cerca de 15 milhões de pessoas, dos quais um número estimado de 2 milhões de imigrantes, não apenas estrangeiros, mas turcos e curdos da Anatólia que afluíam para a cidade postada em posição privilegiada diante do impressionante Bósforo, o grande corpo de água que separa a Europa da Ásia.

Em contraste com as muitas cidades da Ásia oriental, notadamente as chinesas, Istambul se desenvolveu sem prejudicar sua herança histórica e arquitetônica. Há história em quase todos os prédios da cidade. Qualquer lugar revela as ricas tradições de mais de um milênio de história bizantina e 660 anos de grandiosidade otomana — duas das estruturas imperiais mais violentas, bem-sucedidas e inspiradoras de admiração e respeito de todos os tempos. Contrariamente à imaginação popular, durante grande parte da sua história o Império Otomano era reconhecido pela tolerância demonstrada por seus governantes para com os três Povos do Livro — judeus, cristãos e muçulmanos. Sua reputação de violência originou-se nos sangrentos massacres do passado distante, apenas para ressurgir durante sua lenta decadência nos séculos xix e xx.

Na república turca que se ergueu das cinzas do antigo império após a Primeira Guerra Mundial, Istambul viveu períodos difíceis: primeiro quando seu status de capital do país foi perdido para Ancara, uma cidade da Anatólia recém-enriquecida; depois durante a Guerra Fria, quando militares impiedosos tentaram reprimir o espírito independente da cidade. Sua infraestrutura começou a ruir, e parte da população se esvaiu, tendo se estagnado nos 2 milhões de habitantes. Mas desde o início da década de 1990, Istambul tem progredido a passos largos, recuperando seu lugar no alto da lista das cidades mais dinâmicas e intrigantes do planeta.

Superpovoada, barulhenta e exuberante, com a atividade econômica voando entre os setores europeu e asiático, Istambul pode às vezes parecer sufocante, com dezenas de milhares de carros e caminhões capengas entupindo suas duas pontes intercontinentais. Do lado europeu, o tráfego se arrasta a passo de lesma em torno da praça Taksim ou dos Dolmabahçe, os antigos jardins imperiais que dão vista para a Ásia. Mesmo quando o tempo está fresco, sente-se a poeira arranhando o fundo da garganta. Mas na última década, um mar de possibilidades floresceu em Istambul — artísticas, comerciais e políticas — e há poucos prazeres na vida maiores que, no fim de um dia duro de trabalho, pegar uma balsa na Europa, contemplando o Bósforo, e rumar para uma esplêndida refeição em Kadiköy, do lado asiático.

Apesar de todos os temores de que o partido da situação, o AK, possa representar uma quinta coluna de fundamentalismo islâmico, desde que ele chegou ao poder a jovial classe média de Istambul agarrou a oportunidade econômica com unhas e dentes e começou a criar companhias de design, alta tecnologia e serviços capazes de competir com as melhores da Europa, da América e da Ásia.

Policiar a cidade é um verdadeiro pesadelo, especialmente porque poucos de seus habitantes têm qualquer confiança nessa força que, por décadas, foi o símbolo da repressão estatal.

Novos crimes deram origem a um novo tipo de polícia, e Şen não era associado a nenhuma das velhas tradições do Estado Profundo, nem havia se confrontado com alguma pessoa poderosa, de modo que foi bem recebido ao chegar de Ancara, capital da Turquia, com o objetivo de investigar a rede de distribuição dos produtos de Cha0.

Tratando-se de Istambul, porém, o inspetor Şen estava procurando uma agulha no palheiro. O mercado de importação e exportação legal, semilegal e ilegal fora durante séculos a marca registrada da economia da cidade — mandar bens para fora e trazê-los para dentro. Desde os anos 1960 vastas quantidades de artigos domésticos haviam saído da Alemanha — para onde cerca de 2 milhões de turcos emigraram nos anos 1960 como *Gastarbeiter*, ou "trabalhadores convidados" — e chegado a Istambul através dos Bálcãs. Mas o volume desse comércio havia atingido as nuvens após o colapso da União Soviética: novos mercados abriram-se na Rússia, na Ucrânia, no Cáucaso e em diversas repúblicas da Ásia Central de línguas de origem turca.

Mas Şen precisava começar em algum lugar, então escolheu as três maiores companhias de transporte de carga da cidade. Primeiro, ele e seus assistentes passaram metade de um dia treinando as equipes de entrega na arte de identificar um *skimmer*. Esses aparelhos geralmente são registrados como partes sobressalentes de veículos ou como ferramentas de maquinário. As equipes receberam os equipamentos para manusear e se acostumar ao peso e ao formato das máquinas.

Passaram-se dias improdutivos, e o inspetor Şen resolveu que deveria retornar ao quartel-general em Ancara. Semanas depois ele já sentia um desânimo familiar. Até que, passado um mês, chegaram boas-novas de Istambul: um homem havia entrado numa das empresas de transporte com um pacote destinado à Finlândia. O interior do pacote acabou se revelando uma máquina de *skimming*. O recepcionista estava ligando de um escritório nos fundos com a notícia de que o pacote incluía também um *PIN pad*.

Bingo!, pensou Şen, dizendo ao recepcionista que deixasse o remetente ir embora: já haviam captado sua imagem no circuito interno de TV. Após muitos meses, o inspetor finalmente havia deparado com uma pista. Não foi surpresa descobrir que o homem havia usado uma carteira de identidade falsa, mas então o detetive encontrou uma segunda pista. O suspeito também dera à firma de entregas três números de telefone — e um deles era real. Verificaram o nome para identificar o proprietário legal da linha, e ela não parecia pertencer a um criminoso. Mas monitoraram o número do celular, e o homem do pacote o estava usando — era um telefone ativo.

Esse pode ser o cara que vai nos levar ao Cha0, pensou o agente.

Mas se viu defrontado com um dilema. Foi mais ou menos nessa época que a agência de notícias Haber 7 publicou a fotografia do hacker humilhado, Mert Ortaç, e havia uma crescente pressão tanto sobre a polícia de Istambul, encarregada de encontrar Ortaç, como sobre Şen, cujo alvo principal era Cha0. Ele precisava acelerar as coisas, mas sabia que não podia permitir que a impaciência colocasse a operação em risco.

Sequestrando Ortaç, Cha0 pela primeira vez dera sinais de nervosismo e vulnerabilidade. Mas por que as revelações de Ortaç na Haber 7 o tinham deixado tão inquieto?

Cha0 sabia que Ortaç era turco. Cha0 também parecia acreditar que Ortaç era um informante da polícia. Mais ainda, ele havia deduzido que Ortaç estava fugindo e em estado de pânico. Se a polícia o tivesse agarrado antes de Cha0, havia um risco real de que ele começasse a abrir a boca.

Mas quem diabos era Mert Ortaç e como tinha se envolvido nesse extraordinário caso criminoso? Tudo começara na primavera anterior, quando, sem que Ortaç soubesse, Matrix e JiLsi estavam prestes a ser presos, marcando o fim da primeira fase da operação DarkMarket e o início da segunda.

PARTE III

Em menos de um ano, o DarkMarket tinha me levado para muito além da sede do Google, especificamente para um restaurante em Cihangir, o bairro chique logo abaixo da praça Taksim, na Istambul europeia. À minha frente dançava o efervescente sorriso de Mert Ortaç. Depois de passar várias horas na sua companhia, concluí que o adjetivo "malicioso" nunca se ajustara tão bem a uma pessoa.

Durante um jantar descontraído em Kadiköy, meu amigo Şebnem e eu estávamos com os nossos iPhones sobre a mesa. De repente, ouvimos sinais simultâneos de chegada de mensagem de texto. Minha mensagem fora enviada do iPhone de Şebnem, e a dele do meu. Ambas diziam: "Saudações de Mert!". Enquanto líamos o texto, a gargalhada borbulhante de Mert fazia-se ouvir do outro lado da mesa, junto com a explicação de que ele conseguira invadir o sistema internacional de *roaming*. Como resultado, ele continuou, estava em posição de enviar uma mensagem de qualquer telefone celular do mundo para qualquer outro — em mãos erradas (como as de Mert), tal habilidade podia transformar a vida numa série de tramas shakespeareanas baseadas em mal-entendidos, tanto trágicas quanto cômicas.

Eu tinha me correspondido com Mert enquanto ele estava na prisão, de onde me enviara fragmentos de uma história que superava todas as outras lendas do DarkMarket. Enquanto ao conversar com a maioria dos outros envolvidos no DarkMarket eu notava que eles escondiam coisas, Mert, ao contrário, soltava um superfluxo de informações, anedotas e histórias de fundir a cabeça.

É crucial que hackers, cibercriminosos e ciperpoliciais mantenham pleno controle de suas duas vidas — eles precisam saber as fronteiras entre o real e o virtual, e ter a capacidade de se desligar de uma vida quando passam para a outra. Mas Mert simplesmente não conseguia fazer uma distinção mental entre mentira e verdade.

A vida teria sido muito mais fácil se Mert fosse só um casca-teiro falando absurdos. Seguir os hackers, membros e policiais associados ao DarkMarket esteve entre as experiências mais enervantes da minha carreira jornalística. Mas nada era mais exasperador do que a tentativa de identificar os fatos verdadeiros na história de Mert. Na verdade, não era exatamente assim: muito do que ele contava acabou se revelando verdade e verificável em essência, mas às vezes enfeitado com tais floreios e babados que se transformava em algo bem distinto. Bizarramente, quando Mert contava inverdades óbvias, elas se relacionavam com as questões mais simples, mais fáceis de verificar. Por exemplo, ele me contou com a maior cara de pau que nascera em 10 de abril de 1982. Na verdade, nasceu no mesmo dia, mas quatro anos depois.

Nos próximos capítulos, conto a história de Mert em grande parte como ele me contou. Mas há dois momentos-chave em que sua narrativa não fecha de maneira nenhuma, em que não sou capaz de confirmar suas alegações: de fato, em primeira instância,

288

um dos protagonistas nega terminantemente a versão que Mert dá dos fatos. Quando chegarmos a esses momentos, alertarei o leitor.

O teste final da credibilidade de Mert residia em sua resposta à pergunta que atormentava muitos aficionados da ciberclandestinidade desde a criação do DarkMarket: onde estava Lord Cyric?

30. O mundo onírico de Mert Ortaç

ISTAMBUL, TURQUIA, MAIO DE 2007

Mert Ortaç prendeu a respiração quando lhe foi mostrada a sala do requintado palacete onde ficava a sede regional da MÌT (Milli İstihbarat Teşkilati, a Agência Nacional de Inteligência da Turquia) em Istambul. O cômodo recordava-lhe a Suíte do Sultão do Palácio Çirağan, a obra-prima do século XIX construída sob as ordens de sua alteza imperial, o sultão Abdülaziz, e mais recentemente adquirido pela rede de hotéis Kempinski. Espirais de folheados dourados adornavam sofás e cadeiras, enquanto o papel de parede, com seus arabescos, reluzia ao captar a luz do sol.

Na verdade, o Palácio Çirağan ficava a apenas oitocentos metros de distância da sede da MÌT, que também ficava isolada num complexo fortemente guardado. Agentes vigiavam os arredores e fechavam a cara para qualquer um que ousasse estacionar ali. Construída nos limites do distrito de Beşiktaş, a mansão observava imperialmente a Ásia do alto de uma colina na Europa, através do estreito do Bósforo. O mais surpreendente de tudo era que a sala que haviam oferecido a Mert não exibia nenhum retrato de Kemal Atatürk, o reverenciado fundador da Turquia moderna. Como dito, retratos do líder político são de praxe por toda a Turquia, e não só em instituições públicas e privadas. Com frequência são encontrados em cada cômodo de um prédio. Mas naquela sala não, ainda que ela se localizasse na Agência Nacional de Inteligência.

Em situações de extrema ansiedade, Mert reagia ou dando leves risadinhas maliciosas, ou simplesmente fugindo. Nessa ocasião nenhuma das duas coisas seria apropriada. Mert estava perturbado pela presença dos elegantes garçons que serviam chá e café. Acima de tudo, sua mente fixou a imagem de suas luvas brancas imaculadas ao depositarem refrescos sobre a mesa à sua frente. Afinal se sentiu bem com todo aquele luxo que o circundava, entusiasmado. Mas isso não durou muito.

Ele estava acompanhado de um antigo colega do Instituto Sênior de Ciências da Tecnologia, mas não conhecia os outros três que o cumprimentaram. Tendo os garçons se retirado silenciosamente, estes homens voltaram sua atenção a Mert. "Nós queremos lhe fazer umas perguntas", começou um deles. Então puseram um gravador digital sobre a mesa.

Em pouco tempo ele estava suando sob a pressão do interrogatório. E isso não foi o pior. Ao contrário, durante seis horas e meia pediram a Mert que resolvesse uma série de problemas matemáticos diabolicamente difíceis. Em circunstâncias normais ele nem sequer teria tentado resolvê-los sem um computador. Seus três anfitriões pediram-lhe que usasse uma metodologia popular de codificação envolvendo a divisão do número 52 em números ímpares. Era matemática avançadíssima, e ele só tinha uma caneta e um papel para auxiliá-lo.

O jovem programador de computadores já havia fracassado antes no exame de seleção que o teria admitido para um período de experiência na MÌT. Ele passou nos testes de língua estrangeira (inglês) e matemática, mas foi assustadoramente mal no exame de língua turca. Mesmo assim, a agência ainda estava fascinada por seus talentos computacionais. Suas habilidades em programação eram notáveis, e ele tinha um currículo extraordinário, de modo que o pegaram como colaborador freelancer.

Em 2003 Mert fora objeto de uma investigação criminal por fraude. Tinha somente dezessete anos na época, mas conseguira quebrar o código criptografado dos cartões inteligentes — *smart cards* — usados para ter acesso à televisão por satélite Digiturk. Tinha sido um feito lucrativo. A Digiturk recentemente adquirira os direitos de transmissão da Süper Lig, a popular primeira divisão do futebol turco. Para decodificar o sinal, os assinantes precisavam comprar um cartão inteligente da Digiturk e introduzi-lo no receptor do satélite para poder assistir às partidas.

Tendo descoberto como quebrar o código desses cartões, Mert se dedicou a reproduzi-los para venda ilegal nas ruas de Istambul, angariando somas significativas no processo. Mal as liras turcas entravam por um bolso, derramavam-se pelo outro. Mert organizava festas para amigos, que convidava para virem de Ancara pagando as passagens e a acomodação em Istambul. Ele nunca foi capaz de controlar seus gastos, mesmo mais tarde, quando passou a fazer consideráveis quantias de dinheiro com o *carding*.

Os amigos de Mert eram muito importantes para ele, em parte porque às vezes tinha dificuldade em conseguir afeto. Tendo ou não consciência disso, ele usou o dinheiro da Digiturk para comprar amizades — e havia uma profusão de jovens na casa dos vinte em Istambul dispostos a ficar amigos de um rapaz que dava festas caras. É claro que sempre que o dinheiro acabava, essas figuras sumiam.

Ele também estava desesperado para provar que era especial (o que, dadas as suas habilidades computacionais, sem dúvida era). Assim, Mert sistematicamente exagerava suas conquistas. À medida que essa tendência foi se fortalecendo, a consciência dele passou a oscilar permanentemente entre realidade e fantasia. Ele pareceu perder a capacidade de distinguir entre as duas já num estágio inicial. Sua confusão era tão completa que, se ele se sujeitasse alguma vez a um teste com detector de mentiras, é provável que ou extrapolasse a escala ou não registrasse sequer um bipe. Isso significa, é claro, que ele estava inteiramente adaptado à cultura da internet — o vale das mentiras.

Após uma série de empregos na área de TI em diversas companhias, Mert foi contratado, em junho de 2006, pela concessionária local da Toshiba, cujo departamento pessoal falhou em se inteirar de sua condição de investigado da fraude na Digiturk. Mesmo assim, não demorou muito para que os colegas de Mert começassem a estranhar alguns de seus comportamentos, bem como a desconfiar do pretenso diploma em ciência da criptologia da Universidade de Cambridge.

Segundo o certificado, os administradores haviam concedido "este diploma como evidência aqui mostrada na cidade de Londres, Cambridge, no vigésimo segundo dia de junho de dois mil e quatro".

Quem sabe tinham conferido o diploma no Cambridge Arms, na cidade de Londres? Onde quer que a cerimônia tivesse ocorrido, o certificado era tão grosseiro que mal merecia o epíteto de falsificação.

Um de seus colegas no departamento de comunicação interna da Toshiba ficou surpreso com a frequência com que Mert se vangloriava da sua relação com a MÌT. Ele também teria fornecido assistência ocasional aos "invisíveis", especialmente no final dos anos 1990, quando a agência ainda precisava desenvolver sua própria divisão cibernética. Mas ninguém se jactanciava desses assuntos. A constância com que Mert falava da sua estreita relação com a inteligência era assombrosa. No entanto, a Toshiba o manteve por seis meses porque, sempre que seus chefes lhe pediam que apresentasse a solução de um problema, ele satisfazia o pedido. Ele os impressionava pela inteligência, mas algo lhes dizia para mantê-lo sob atenção.

Numa noite, Mert podia ser chamado por seus superiores na MİT e ser solicitado a dar assessoria pericial em discos rígidos e computadores surgidos como que do nada. Ele deveria acessar os arquivos, quebrar as senhas que pudesse e entregar qualquer material incriminador. A responsabilidade primeira da agência era com a segurança doméstica turca, e tinha a tarefa de monitorar a ampla gama de organizações que o governo considerava envolvidas em terrorismo.

Perto do final de 2006 a Toshiba demitiu Mert — sua atitude não era correta, ele se gabava um pouco demais de suas dúbias façanhas com cartões de crédito, e constantemente pedia empréstimos aos colegas e, aos chefes, o pagamento de gratificações.

Mert alegava ter deixado a Toshiba por instrução de seus contatos na Inteligência Nacional. Eles estariam trabalhando no sentido de lhe arranjar outro trabalho de fachada, dizia.

Pouco antes de começar a trabalhar em seu novo posto, seu superior trouxe-lhe um disco rígido que fazia parte de uma investigação altamente sensível. O controle queria saber tudo sobre cada arquivo do disco, visível ou oculto, acessível ou criptografado. O disco pertencia a um membro antigo de uma organização clandestina de esquerda conhecida pela sigla DHKP/C.

Ao longo dos anos 1990 e no começo dos anos 2000 a DHKP/C fora uma das organizações de esquerda mais violentas e efetivas no comprometimento com a luta armada na Turquia. O Partido/Frente Revolucionário Popular de Libertação (o partido era a ala política, e a frente, em teoria, o braço armado) era uma dissidência do Dev Yol, o maior movimento revolucionário turco, que aguentou o peso da repressão militar durante as décadas de 1970 e 1980.

O grupo não brincava em serviço — levava sua política e terrorismo muito a sério, concentrando-se basicamente em atacar a colaboração entre aquilo que denunciava como sendo imperialismo da Otan e o establishment militar turco. Executou com sucesso assassinatos de cidadãos turcos, americanos e britânicos, que eram ou empresários influentes ou ligados aos militares. Ao contrário da maioria dos modelos da esquerda armada, vangloriava-se de uma sofisticada capacidade de contrainteligência e, como tal, era um dos alvos de vigilância mais astutos da Inteligência Nacional.

Numa ação de busca, os agentes apreenderam um laptop que foi entregue a Mert na sala onde tivera sua primeira entrevista e onde costumava trabalhar. Seu contato explicou que o usuário vinha acessando um site chamado DarkMarket. O contato também era um geek, e contou a Mert que havia seguido as conexões do DarkMarket até um servidor em Cingapura. O servidor parecia ser um *proxy*. Depois disso, ele contou, havia perdido o rastro digital. Não sabia mais nada do site, embora as evidências sugerissem que o DHKP/C estivesse envolvido em *carding* como meio de maximizar sua receita. Era possível também que a organização estivesse se inteirado, através do DarkMarket, do uso de *botnets*, e tentado descobrir como a sujeição de uma série de computadores infectados a seus servidores poderia ajudar a DHKP/C a atingir suas metas.

De repente DarkMarket não era mais apenas um site criminoso: estava ajudando a financiar uma organização reconhecidamente terrorista.

Será que Mert, perguntou o contato, sabia alguma coisa sobre esse site?

Mert não sabia. Ele também rastreou o servidor do Dark-

Market até Cingapura, mas por mais que tentasse não conseguiu ir adiante. Isso de fato se devia aos genuínos esforços de Grendel. Mesmo assim, Mert disse ao seu contato que conhecia alguém que podia estar mais familiarizado com o DarkMarket.

Mert estava cansado. A Inteligência Nacional invariavelmente esperava que ele completasse essas tarefas da noite para o dia. Seu novo emprego era um trabalho na concessionária turca da rede de televisão Fox. A filial turca não era formalmente controlada pelo grupo de Rupert Murdoch, a News International, pois segundo a legislação turca era obrigatório que um cidadão local detivesse 51% das ações. Esse acionista majoritário era um ex-diplomata conhecido por seus laços com a polícia e o serviço secreto da Turquia. Na Fox, os colegas de Mert notavam que ele estava frequentemente, se não sempre, distraído. E que tinha dificuldade de terminar até os serviços mais simples — não por não conseguir fazê-los, mas porque estava entretido com alguma outra coisa ao mesmo tempo.

Um dos contatos de Mert pedira a ele que ficasse de olho num certo Sadun Özkaya, um adolescente de classe média que deixara seus pais preocupados. Tinham acabado de tirá-lo da cadeia, onde estivera sob investigação por fraude. O contato pediu a Mert que mantivesse Sadun sob intensa vigilância — o que era a mesma coisa que pedir a um lobo que pregasse as virtudes do vegetarianismo a um semelhante, enquanto ambos lambem os beiços diante de um suculento cordeiro.

Mert sabia lidar com criptografia e programação; Sadun sabia lidar com cartões de crédito. Em pouco tempo, ambos estariam associando suas habilidades. Para espanto de Mert, Sadun lhe contou que era membro do DarkMarket, que visitava utilizando dois apelidos: Cryptos e PilotM. Em poucas horas, Mert Ortaç se conectava pela primeira vez ao site usando este último cognome.

Que maravilha!, pensou Mert enquanto espiava as entranhas do DarkMarket pela primeira vez:

Ó maravilha! Quantas criaturas adoráveis existem aqui!
Quão belos são os humanos!
Ó admirável mundo novo, onde habitam semelhantes pessoas!*

Mert ficou fascinado. Explorou cada recanto e cada fenda do site, vasculhou os fóruns, tentou aprender as gírias e desvendar os segredos daqueles meandros ligeiramente mais desonestos que os que ele frequentava até então. As aspirações criminosas de Mert se limitavam à decodificação de cartões de TV e à venda de cartões clonados com códigos quebrados. À solta no DarkMarket, ele estava rapidamente captando novas dicas sobre fraudes de cartões de crédito. A combinação dessas habilidades conduziu Mert e Sadun para algumas águas muito turvas, embora financeiramente nutritivas.

Antes disso, porém, ele começou a mapear tudo o que encontrava sobre o DarkMarket como se fosse um labirinto subterrâneo com armadilhas e tesouros ocultos. Seus chefes na Inteligência Nacional obviamente queriam descobrir qualquer coisa relacionada à DHKP/C, a organização terrorista que estavam investigando. Porém Mert estava mais interessado em tudo aquilo com que ia se deparando nas páginas do site.

Rapidamente compreendeu que Cha0, Master Splyntr, Shtirlitz e Lord Cyric eram membros-chave do site. Na época em que Mert começou a "brincar" no DarkMarket, JiLsi e Matrix001 já tinham sido derrubados.

---

* "How many goodly creatures are there here!/ How beauteous mankind is! O brave new world,/ That has such people in't!" Aldous Huxley, *Admirável mundo novo*. Tradução de Lino Vallandro e Vidal de Oliveira, Globo Livros, 2009.

Ele levou apenas alguns segundos para descobrir que Cha0 era turco, embora tenha sido por mera casualidade e não por alguma de suas habilidades especiais de hacker. Ele estava navegando pelos anúncios das leitoras de cartões de Cha0 quando identificou ao fundo um anúncio turco de kebab. Em outra foto, uma leitora à venda estava perto de um sabão em pó turco.

Ele transmitiu a notícia da forte influência turca no site ao seu supervisor na Inteligência, que se interessou ainda mais pelo DarkMarket: não só havia terroristas de esquerda ativos ali, como o site era de fato dirigido por turcos! Isso podia ser algo de suma importância, requerendo investigações. Foi dada a Mert a autorização para fazer contato com Cha0 e quaisquer outros turcos vagando pelas páginas do DarkMarket. Não demorou muito para ele achar que havia identificado outro conterrâneo — Lord Cyric.

Mert começou a pesquisar os arquivos do começo dos anos 1990, quando muitos geeks usavam uma coisa chamada BBS (Bulletin Board System), um sistema eletrônico de mensagens anterior à popularização da internet. Enquanto examinava os acessos, seu queixo caiu ao se deparar com dois apelidos familiares, lado a lado: Cha0 e Lord Cyric! Parecia, deduziu ele, que essas duas lideranças do DarkMarket já se conheciam de longa data.

31. Um servo de dois mestres

O Lord Cyric fictício tinha se tornado popular entre geeks e jogadores de RPG nas décadas de 1980 e 1990. Tratava-se de uma divindade autonomeada que assombrava os Forgotten Realms, um jogo de fantasia em que guerreiros vagavam por uma terra desolada em busca de tesouros e segredos, enquanto combatiam criaturas com poderes mágicos e impulsos destrutivos. O Forgotten Realms tornou-se território favorito para exploração dos jogadores, uma vez que tivessem assumido o papel de algum herói num grupo de aventureiros jogando Dungeons and Dragons. Logo essas terras tenebrosas de um mundo subtolkieniano apareceram numa variedade de jogos de computador, incluindo o imensamente popular Baldur's Gate.

Eles eram também descritos em muitos romances inspirados em igual medida por Dungeons and Dragons e por *O senhor dos anéis*. A figura de Lord Cyric tinha um papel crucial na mitologia dos Forgotten Realms — além de ser um deus, ele era absolutamente malévolo. Mais importante para o universo do *carding* e do DarkMarket, Cyric era conhecido, entre outras coisas, como o

Príncipe das Mentiras, cujos poderes satânicos incluíam o domínio do engodo e da ilusão, bem como a habilidade de promover a discórdia e a intriga.

Quem quer que fosse o hacker por trás desse avatar no CardersMarket ou no DarkMarket — e em qualquer outro lugar —, ele ou ela queria projetar o conceito daquilo a que os jogadores de Dungeons and Dragons se referem como "alinhamento caótico mau", deixando implícito que o personagem espalha as sementes da maldade e do desespero por onde quer que ande. Isso certamente se encaixava no Lord Cyric do DarkMarket com a mesma perfeição que ele demonstra ter no emprego do engodo, da tapeação, da discórdia e da intriga. Poucos *carders* geraram tanta hostilidade na comunidade quanto esse personagem. Sua especialidade era espalhar acusações por meio de intrigas e insinuações maldosas.

Por razões nunca compreendidas, Cyric podia escolher um alvo ao léu, como RedBrigade, que havia utilizado o Shadowcrew para ganhar muito dinheiro em Nova York. Dedicava-se então a destruir a reputação do rival entre os colegas *carders*. Tratava-se de uma pequena insinuação aqui, de que RedBrigade não era o que parecia ser, ou de pequenas mensagens cifradas ali, afirmando que RedBrigade na verdade trabalhava para a polícia. Sua linguagem era infantil e irreverente, mas planejada em minúcias para causar o máximo de aflição a seu alvo.

No entanto, Cyric tinha seus oponentes, também — e nenhum mais resoluto que Cha0. Com um cérebro superdimensionado e um complexo de superioridade sem igual, Cha0 sempre enxergou só dois usuários de computadores como seus iguais. Seu desprezo pela divisão cibernética do FBI era ilimitado, mas ele reconhecia calorosamente os talentos de hacker de Max Vision, vulgo Iceman, mesmo que tenha empreendido confrontos diretos com ele devido aos ataques de Iceman ao DarkMarket. E ao falar de Lord Cyric, Cha0 quase chegava ao ponto de reconhecer seu velho amigo como sendo ainda mais elevado no panteão hacker do que ele próprio.

Num curto intervalo de tempo, Lord Cyric conseguira se posicionar como moderador-chave e administrador de fóruns como The Grifters, CardersMarket e finalmente DarkMarket. Ninguém entendia qual era a sua jogada e o que ele buscava atingir, embora aqueles que se tornavam seus alvos imediatamente fossem levados a assumir que ele trabalhava em favor da lei, fosse como policial, fosse como informante.

Em Pittsburgh, o agente do FBI Keith Mularski não tinha ideia de quem era Cyric. Como muitos outros, acreditava que a pessoa por trás do personagem morasse em Montreal, no Canadá, mas suas inquirições na divisão de cibernética da RCMP (Royal Canadian Mounted Police, a Real Polícia Montada do Canadá) não lhe trouxeram nenhuma alegria. Na verdade, embora os endereços IP de Cyric pudessem ser rastreados até Montreal, ocasionalmente se revelavam provenientes de Toronto, que era onde alguns suspeitavam que ele de fato morava.

Vários *carders* levantaram acampamento e fugiram assim que surgiram os boatos de que Lord Cyric era na verdade Brian Krebs, um jornalista que escrevia sobre cibersegurança e que na época trabalhava para o *Washington Post*. Não havia evidência para isso — de fato, era o contrário, pois Krebs é um escritor sério demais para arriscar-se a arruinar sua reputação se envolvendo com gente que ele, na verdade, investiga. Seguiu-se uma onda de rumores, mas jamais alguém chegou a saber quem era realmente Lord Cyric, nem o que ele fazia.

Enquanto exortava os outros a mergulhar em todo tipo de atividades dúbias, Lord Cyric nunca se envolveu ele próprio em nenhum tipo de transação criminosa, o que reforçava a tese de que ele trabalhava pela lei ou para alguma agência de inteligência.

Todo mundo acreditava, porém, que Cyric tinha um volumoso conhecimento da comunidade do *carding* e de como ela funcionava. E é por isso que era muito procurado. Os membros da comunidade queriam que ele os pusesse em contato com colegas que ele pudesse avaliar, ou então queriam saber o que Cyric sabia sobre eles. E havia ainda as polícias dos Estados Unidos e da Europa ocidental, que estavam em busca dele na esperança de cooptá-lo para a cruzada contra o cibercrime.

Cyric era a quintessência da figura do marginal cibernético — surgia de lugar nenhum; demonstrava arrogância ilimitada e antipática; e acima de tudo sua motivação para passar horas intermináveis postando mensagens, envolvendo-se em debates muitas vezes fúteis e agitando seus pares ainda era obscura.

Até Mert Ortaç revelar que dois dos mais proeminentes postadores dos Bulletin Board Systems, os embriões da internet turca, tinham apelidos de Cha0 e Lord Cyric, ninguém jamais chegara a suspeitar dessa conexão.

Usando sua mistura característica de charme e duplicidade, Mert — postando como PilotM no fim da primavera de 2007 — apresentou-se a Lord Cyric como uma terceira pessoa, um conhecido mútuo de ambos. "Olá, meu velho!", foi a mensagem, "o que você está fazendo num site como este?" Cyric foi perspicaz o bastante para fazer ao homem disfarçado de velho amigo exatamente a mesma pergunta! Em pouco tempo, porém, estavam papeando alegremente, em grande parte acerca de assuntos relativos à criptografia. Mert notou que Lord Cyric era um engenheiro de computação muito talentoso, confirmando suas suspeitas sobre a verdadeira identidade por trás do personagem. Após alguns dias ou semanas de troca de ideias e informação, Cyric concordou em facilitar um encontro virtual entre Cha0 e Mert (ainda fingindo ser outra pessoa). Utilizando trocas de ferramentas de mensagens codificadas, Mert começou a conversar com Cha0 (em turco, obviamente).

"Veja", Cha0 disse a Mert. "Eu não passo muito tempo na Turquia. Prefiro estar no exterior." Prosseguiu dizendo que não gostava muito de seus compatriotas e evitava lidar com eles sempre que possível. "Meu nome", disse, "é Şahin e só falo turco quando é absolutamente necessário." Estava disposto a falar turco com Mert porque foram apresentados por Lord Cyric. "Ele e eu somos velhos amigos", disse Cha0.

Em abril de 2007 Cha0 expulsara Dron do DarkMarket, e junto com Dron foi sua capacidade de consertar os microprocessadores de suas máquinas de *skimming*. Cha0 perguntou a Mert se ele seria capaz de fazê-lo, e Mert disse que sim. Estava começando a se envolver seriamente nos negócios criminosos de Cha0, o que significava que estava conquistando um bem extremamente precioso — confiança.

Apenas Mert alegou ter intimidade com Cha0 e Cyric. É claro que este último nunca disse com certeza se trocou mensagens com Mert, pois Mert estava disfarçado de outra pessoa. Cha0 negou explicitamente tê-lo alguma vez conhecido ou se comunicado com ele, até o fatídico dia em que o sequestrou e colocou sua fotografia, via Haber 7, na internet.

Mais importante, ninguém mais na Turquia ou em qualquer outra parte jamais reconheceu a existência do misterioso Şahin. Além da palavra de Mert, não existem evidências de que Şahin exista, inclusive quando os dois acabaram se encontrando. Mas Mert provou estar correto em um ponto importante: a amizade entre Lord Cyric e Cha0 remontava a um tempo anterior.

Mert, obviamente, ainda estava trabalhando para a MÌT. Assim, na maioria das noites, após passar grande parte do dia fingindo trabalhar na Fox turca, brincando no DarkMarket ou elaborando microprocessadores para a indústria ilegal de Cha0, Mert reportava a seus contatos as descobertas do dia. Contava-lhes sobre um distribuidor polonês de spams chamado Master Splyntr, sobre o gênio da segurança Grendel, sobre Lord Cyric e Cha0, sobre os servidores de apoio que os administradores do Dark-Market controlavam em diferentes países europeus — e sobre as atividades da DHKP/C.

E o que mais ele tinha em mente? Seu chefe na Fox começou a ficar muito desconfiado. Notou que agora Mert quase nunca completava as tarefas que lhe eram dadas, fornecendo no lugar uma ladainha de desculpas para ausentar-se do posto de trabalho. Alegou uma grave condição de saúde, e repetidamente pedia dinheiro emprestado aos colegas. Se ele era tão bem-sucedido, ponderou o patrão, por que estava sempre sem dinheiro?

Um dia o chefe descobriu que Mert pedira as senhas de todos os seus colegas de trabalho. Alegou que precisava delas para instalar um importante upgrade no sistema. Bem a tempo o chefe pôs um ponto final no seu plano, suspeitando de que Mert queria as senhas por motivos bem menos honrosos.

Num outro dia, enquanto mantinha um olho em Mert, divisou um maço de cartões de crédito sobre a mesa do funcionário. Posteriormente, deparou com duas carteiras de identidade de Mert, nenhuma delas com nome, data e local de nascimento corretos. Finalmente, notou Mert navegando por um site com instruções detalhadas de como crackear um caixa eletrônico. Quanto mais Mert ficava na Fox, maior a sua necessidade de dinheiro — e as somas não eram nada pequenas.

Mert conhecera Sanem — uma mulher dos sonhos por quem ele ficara apaixonado. Sanem é a única pessoa no mundo que pode confirmar ou não a extraordinária história de Mert. Mas Sanem se recusa a falar.

32. Deleite turco

O estádio Sükrü Saracoğlu, no fervilhante distrito asiático de Kadiköy, estava abarrotado de gente para assistir ao último jogo em casa do Fenerbahçe naquela temporada. O Fenerbahçe já tinha ganhado o título da Süper Lig, de modo que esse jogo numa gloriosa tarde de domingo no fim de maio era uma ruidosa comemoração para alguns dos torcedores de futebol mais fanáticos do mundo.

E no estádio entrou Mert Ortaç. Talvez de verdade, talvez apenas em sua própria cabeça.

Nos camarotes predominava uma atmosfera festiva. Şahin e seu tenente de confiança, Çağatay Evyapan, aguardavam o chute inicial às cinco da tarde. Os torcedores de Istambul se dividem entre três equipes. Os que torcem para o Galatasaray e o Beşiktaş moram em geral no lado europeu da cidade, enquanto as camisetas amarelas e azul-marinho dos torcedores do Fenerbahçe se distribuem pelo lado asiático. Şahin e Çağatay eram ambos fiéis torcedores do Fenerbahçe, e as visitas do primeiro a sua cidade natal geralmente coincidiam com algum jogo — na verdade ele tinha um camarote no estádio.

Entre os convidados para o jogo estava Mert, que conforme Şahin disse a Çağatay era um dos novos rapazes no comércio de *skimmers*. Mert também apresentou sua nova namorada, Sanem. Mert estava totalmente deslumbrado com ela, e ela, por sua vez, com a ostensiva riqueza dos amigos do namorado.

Sanem já conhecia os perfis de algumas das pessoas presentes no camarote. Não era difícil arrancar segredos de Mert. Ele não só era um tagarela por natureza, mas estava desesperado para impressionar a namorada. Ver homens poderosos como Şahin e seu colega musculoso Çağatay vagando pelo camarote deve ter sido para Sanem a confirmação de que o pequeno Mert realmente tinha contatos impressionantes. Isso se o jogo do Fenerbahçe não tiver sido um sonho de Mert.

A vida estava boa para Mert. Ele e Sadun estavam começando a fazer um bom dinheiro com fraudes eletrônicas no Akbank. Informante ativo da Inteligência Nacional, ele gozava de ampla proteção e era tido em alta conta por Cha0, o operador-chave do DarkMarket. Mas, acima de tudo, passava seus dias e noites com uma garota linda, que parecia ser talhada para ele.

Chegara o verão e Mert decidira capitalizar sua boa fortuna tirando umas férias em Antalya, no cobiçado Hotel Adão & Eva, onde os decoradores tinham conseguido combinar um elevado orçamento com um mau gosto singular. Imensas e infinitas piscinas se sobrepunham em um átrio com jogos de luz que mudavam constantemente, enquanto os quartos eram conhecidos por seus incontáveis espelhos, condizentes com a intenção de muito sexo intenso. Nada disso custava barato. As tarifas começavam na faixa dos quatrocentos dólares por noite, e o valor das contas podia facilmente chegar às alturas com os gastos adicionais. Mas para os turcos jovens belos e ricos era aquele o destino de férias da temporada.

Tão logo Mert e Sanem deram entrada no hotel, depararam com Çağatay, que também voara para o sul naquele verão. Çağatay explicou a um atarracado senhor de óculos ao seu lado que Mert vinha ajudando Cha0 em "questões administrativas". O robusto cavalheiro deu uma olhada para Mert e exclamou: "Espere aí! Eu conheço esse cara desde que ele era um garotinho de calças curtas! Que diabos você está fazendo nesse negócio?". E Mert respondeu, como sempre fazia, com um sorriso malicioso.

Quando ele e Sanem se dirigiram para o quarto, Mert se curvou e disse: "Sabe o outro sujeito? Era Lord Cyric". Sanem quis saber se Cyric era mais poderoso que Cha0. Mert lhe garantiu que não, lembrando-se de que ela se interessava primeiro por poder, depois por dinheiro.

Mert estava no paraíso, e apaixonado. Era um homem de dinheiro, respeitado igualmente por criminosos e pelo serviço de inteligência, e para o mundo exterior tinha um emprego impressionante, dirigindo o departamento de comunicação interna da Fox na Turquia. Além disso, estava passando o verão refestelado no Hotel Adão & Eva com sua nova e linda namorada. As coisas não podiam ficar melhores.

E não ficaram — em retrospecto. Agosto de 2007 representou a breve era de ouro do mundo de sonhos de Mert Ortaç, em que suas projeções de fantasia tiveram a oportunidade de coincidir com a realidade. Quase em seguida a sua volta para a Istambul, as coisas começaram a fugir do seu controle, e à medida que o verão ia se transformando no outono, sombras escuras começaram a se projetar. Sanem e Mert estavam acostumados a fazer viagens caras de compras a lugares como a ilha de Mykonos, na vizinha Grécia. O casal gastava milhares de dólares num dia, o que gerava uma tensão mesmo no cofre bem recheado de Mert. O ressentimento dele com o que considerava licenciosidade da parte da namorada ia lado a lado com a crescente irritação dela com seus segredos e mentiras.

Num episódio típico das suas confusões, Mert foi detido por ter supostamente roubado 5 mil euros de um amigo do irmão de Sanem. A detenção acabou sendo a gota d'água para a Fox, que o demitiu. Por sua vez, a Inteligência Nacional finalmente decidiu que ele se tornara um risco que não valia mais a pena proteger. De repente, sem mais nem menos, ele se sentiu exposto e sem duas importantes fontes de renda.

Depois da detenção, ele intensificou suas atividades no esquema de *carding* ao lado de Sadun, graças à contínua vulnerabilidade dos sistemas do Akbank. O desespero se traduzia em nervosismo, exacerbado pela infeliz descoberta de que Sanem estava tendo um caso. A explosão subsequente foi uma torrente de acusações amargas, lançadas de lado a lado. Mert acreditava que Sanem roubara dele grandes somas de dinheiro. Ela deve ter achado que ele era maluco.

Com seu mundo ruindo num piscar de olhos, Mert viajou para o sul no fim do ano para refletir sobre seu próximo passo. No caminho, recebeu mais notícias ruins — Sadun fora preso e a polícia já vasculhara o apartamento de Mert, brandindo um mandado de prisão. Tivesse ficado em Istambul, e estaria na cadeia. Como tantas vezes quando confrontado com situações difíceis, Mert decidiu continuar cavando até chegar bem fundo.

Retornando a Istambul com um nome falso, começou a bolar uma estratégia de fuga. Usando uma de suas muitas carteiras de identidade fajutas, requereu e recebeu um passaporte novo, antes de subornar um funcionário do consulado francês para obter um visto. Embarcou então numa viagem tortuosa via o território caribenho francês da Martinica até Paris, e por fim Alès, uma cidadezinha soporífera a cerca de oitenta quilômetros ao norte da costa mediterrânea da França.

Mert estava isolado. Contava com fundos limitados, falava mal o francês e, o que era mais inquietante, não tinha acesso imediato à internet. Pelo menos podia se consolar sabendo que estava em segurança. E assim, sem nada mais o que fazer, Mert afundou num extenso período de descanso e relaxamento.

Depois de se tornar um fugitivo da justiça turca e se digladiar com a ex-namorada, Mert passou a considerar Alès um refúgio bem-vindo. Pela primeira vez em meses, talvez anos, ele podia abrir mão das meias verdades, da tapeação, dos roubos e das prevaricações. Podia cessar a extrema compartimentação que suas múltiplas personalidades on-line e off-line exigiam, e buscar sua verdadeira essência — contanto, é claro, que ainda tivesse alguma. Talvez tivesse chegado a hora de fazer uma pausa na loucura: hora de se acertar na vida, arranjar um emprego honesto e se assentar com uma mulher decente. Se jogasse suas cartas com sabedoria, tudo estaria ao seu alcance.

Então, certa manhã, por volta das oito horas, ouviu-se uma batida na porta.

Mert estava deitado na cama, sorvendo lentamente um café. Nunca tinha recebido visitas em Alès, e tampouco esperava por elas. Vestindo o roupão às pressas, ele arrastou os chinelos rumo à porta, abrindo-a para dois homens carregando mochilas. "Olá, Mert! Como está?", disse o primeiro em turco. Como resposta, Mert murmurou debilmente: "*Je ne comprends pas...*". "Vamos lá, Mert", disse o outro em inglês, "nós sabemos quem você é. É melhor nos convidar para entrar."

Ao se sentarem com canecas de café em torno da mesa da cozinha, um dos homens tirou uma pasta e a pôs sobre a mesa. Mert achou que o primeiro homem era um imigrante de segunda geração da Turquia nos Estados Unidos, porque falava um turco com sotaque e erros de gramática ocasionais. O segundo sujeito, aquele que falava mais, era americano.

Foram apresentadas duas alternativas a Mert: "Ou você nos ajuda incondicionalmente ou apresentamos esta pasta para a Sécurité". Mert folheou rapidamente páginas de cartões de crédito franceses, que ele e Sadun tinham copiado depois de terem aberto caminho no sistema de computadores do Akbank. Os dois homens lembraram a Mert que na França a pena podia chegar a oito anos por um único cartão de crédito fraudado.

Era a escolha de Hobson, mas antes de consentir Mert exigiu saber quem os dois representavam. As forças da lei dos Estados Unidos, foi a resposta. "E o que", prosseguiu Mert, "vocês querem de mim?"

"Vamos lá, Mert: um chute!"

Mert, irritado e assustado, negou com a cabeça.

"Nós queremos que você nos entregue Cha0."

33. O retorno ao Hades

Enquanto os três discutiam sobre Cha0 e o seu possível paradeiro, Mert percebeu pelas suas perguntas e comentários que eles não conheciam a identidade de Cha0 nem a de Lord Cyric. Os dois agentes disseram a Mert que ele teria de voltar à Turquia, restabelecer-se no DarkMarket e fazer Cha0 e seus colegas saírem da toca. Eles o surpreenderam ainda mais dizendo que um de seus homens controlava o servidor do DarkMarket. Assim, podiam facilmente ajudá-lo a entrar de novo nos quadros.

Pelo que Mert pôde depreender, o FBI queria agora fechar o cerco sobre todos os operadores remanescentes do DarkMarket: Cha0, Lord Cyric, Master Splyntr, Shtirlitz e Grendel. Não lhe disseram exatamente como, mas ele supostamente teria um papel nisso tudo. Não era uma perspectiva que o seduzisse, mas tampouco havia magia numa prisão francesa, que, segundo corria, estava entre as mais duras da Europa.

Os agentes americanos ofereceram a Mert algumas promessas vagas e o muniram de um número de telefone e o e-mail de Lucy Hoover, a assistente do adido legal na embaixada dos Estados Unidos em Istambul. Também recebeu uma conta de e-mail, Sadinsider@gmail.com (Mert escolheu o nome), pela qual escreveria a ela.

A estada de Mert no Languedoc é o segundo episódio de seu mundo onírico que não é verificável. Mas ele de fato estabeleceu contato com Lucy Hoover do FBI, que estava na Turquia na época.

Mert estivera afastado por dois meses quando chegou de volta a Istambul em 2 de março de 2008. A primeira coisa que teve de fazer foi elaborar um plano de ação. Resolveu abordar a agência de notícias e a estação de TV Haber 7, oferecendo-lhes uma entrevista na qual prometia revelar os segredos do mundo do *carding* e do DarkMarket. Seu objetivo, talvez insensato, era assustar Cha0, passar-lhe a informação de que sua operação estava vazando e que a polícia podia muito bem estar no seu encalço.

Em sua inocência — que, apesar de tudo, ainda era parte integrante de seu caráter —, Mert presumiu que Cha0 não seria capaz de estabelecer quem de fato era esse hacker misterioso que oferecia entrevistas à imprensa. Porém Mert não contava que a Haber 7 tiraria sub-repticiamente uma foto sua no McDonald's de Kadiköy onde ele e os jornalistas se encontraram. Uma vez publicada a foto, Cha0 sabia quem estava dando com a língua nos dentes. Mert estava definitivamente sob os olhos do grande homem.

Com um mandado de prisão expedido e Sadun encarcerado, Cha0, Lord Cyric e companhia já deviam saber que Mert estava sofrendo pressões da lei. A entrevista reforçou essas suspeitas. Assim, em vez de retornar diretamente aos quadros do DarkMarket, Mert fez contato com um jovem amigo hacker chamado Mustafa, que também era conhecido de Cha0. Mustafa estava ávido para desenvolver suas habilidades na cultura do dinheiro fácil do *carding* e do cibercrime.

A família de Mustafa vinha de Antalya, o que também deu a Mert uma desculpa para sair de Istambul, onde não se sentia seguro. Permaneceu no sul por mais de um mês, de volta à sua região favorita do país.

Mustafa operava no DarkMarket sob o apelido de MYD, tendo desenvolvido uma boa relação de trabalho com Cha0. O que Mert não sabia, porém, era que Mustafa havia avisado Cha0 de que Mert estava por perto.

Mustafa marcou então um encontro com Cha0 em Istambul, e ele e Mert dirigiram-se de volta para o norte. Mert mantivera Lucy Hoover informada de seus movimentos e a alertou que estava se preparando para encontrar-se com Cha0. Os americanos precisavam dar uma olhada em Cha0 e estabelecer tanto suas coordenadas quanto sua infraestrutura de comunicação. Mert, por sua vez, estava mantendo a promessa — conduzindo os americanos à sua presa. Cha0 instruíra Mustafa a se encontrar com sua gente diante do Burger King, não longe da estação de trens suburbanos de Göztepe, que fica do lado asiático de Istambul, a poucos quilômetros do estádio do Fenerbahçe.

Quando chegaram a Göztepe, encontraram Haktan Öztan, um homem enorme que parecia um touro e que servira como protetor de Çağatay quando os dois estavam na prisão, e agora oferecia os mesmos serviços a Şahin. O guarda-costas levou os dois para um prédio chamado Apartamentos Sözdener no distrito da classe média abastada de Suadiye, distante dali uns três quilômetros. Os quartos eram pobremente mobiliados e não muito acolhedores. Haktan disse aos dois que ficassem preparados, alguém entraria em contato com eles.

Sem a proteção dos espaços abertos, e muito menos da Inteligência Nacional, Mert agora estava preocupado com a possibilidade de Çağatay estar a caminho para pegá-lo. Sem que ele soubesse, Mustafa colocara um *trojan* no laptop de Mert, seguindo as instruções de Cha0, e essa infecção estava agora revelando a Cha0 todos os segredos de Mert, uma densa selva de duplicidade.

Cha0 não era somente um criminoso-mestre, era também inclemente, não perdoava. Tinha agora sólida evidência de que Mert
estava trabalhando para a polícia. Mert presumia (e com certeza
esperava) que Lucy Hoover tivesse de alguma maneira organizado uma vigilância sobre o apartamento, mas não via qualquer
sinal de que isso estivesse ocorrendo. Assim, se Çağatay, Şahin,
Haktan ou qualquer combinação dos três aparecesse, ele estaria
em sérios apuros.

Às dez da manhã do domingo de 18 de maio de 2008, Mert
estava sozinho quando a campainha tocou nos Apartamentos
Sözdener. Ele abriu e deu com Haktan parado à sua frente. O
visitante não disse nada, mas entrou bruscamente passando por
Mert, e fechou a porta atrás de si. Animado, Mert disse que estava
à sua espera. Haktan o fitou. "Um minuto", disse. Então abriu a
porta, e Çağatay entrou. Mert mudou de cor.

Çağatay forçou Mert a sentar numa cadeira e começou a andar lentamente de um lado para o outro à sua frente, entoando
como num ritual: "Mert... namert... mert... namert..." — um jogo
de palavras em turco que repete a palavra "corajoso" ("mert") e
seu antônimo "covarde" ("namert").

Mert então foi parar no chão e levou chutes na barriga, no
peito e nas pernas. Outros dois pesos pesados aderiram à panca-
daria, depois de jogar um cobertor sobre a cabeça de Mert para
que ele não pudesse reconhecê-los. Ocasionalmente ele via de re-
lance uma arma apontada para sua cabeça.

Ele apagou. Quando voltou a si, ainda estava no chão, mas
notou uma câmera de vídeo gravando tudo que se passava. Colocando o *trojan* no laptop de Mert, Cha0 não apenas soubera de
sua relação com Lucy Hoover, como também descobrira que a
MİT estivera orientando Mert (ainda que com êxito apenas parcial).

"Certo", disse Çağatay, que, atuando como mestre de ceri-
mônias, deu início à gravação. "Agora você vai nos contar toda a

314

história, do começo ao fim." E assim Mert desfiou suas aventuras dignas de Alice em *Através do espelho*, e só foi terminar por volta das três da manhã. Eles queriam saber sobre os policiais, as suas operações com Sadun, o que ele sabia do DarkMarket, a ex-namorada... Nenhum detalhe ficou de fora.

Os brutamontes finalmente foram dormir, exceto um que permanecia sempre acordado para que toda vez que Mert apagasse ele pudesse despertá-lo para mais uma rodada de socos e chutes.

Ao meio-dia de domingo, Şahin ligou, e Çağatay o colocou ao telefone. A essa altura a força de vontade de Mert já estava rompida. Ele achou que seria morto. Não ficou surpreso quando Şahin lhe disse para repetir tudo o que já tinha dito. Outra vez, foi tudo filmado. No final, Şahin falou sem ironia: "O.k., agora chegou a hora da sua punição. Quero que você faça tudo que Çağatay lhe disser para fazer e eu vou julgar o resultado".

Çağatay disse a Mert para se levantar e tirar a roupa. Temendo estar prestes a ser estuprado, Mert finalmente descambou: "Pelo amor de Deus, simplesmente metam uma bala na minha cabeça", implorou. "Que porra vocês acham que vão fazer comigo?"

"Cala a boca!", retorquiu Çağatay. "Você não tem com que se preocupar. Nós não somos um bando de pervertidos. Fique de cuecas e aceite a sua punição!" Ao telefone com Şahin, Çağatay rabiscou o infame pedaço de papel que rotulava Kier, ou Mert Ortaç, como traidor e dedo-duro. Foi assim que o mito de Kier se estabeleceu. O jornalista da Haber 7 havia encontrado em um site o nome Mert ao lado do apelido Kier. Na verdade, Mert nunca o tinha usado, e jamais o usaria depois. Seu nome de verdade era SLayraCkEr. Mas depois que Çağatay tirou a foto, jornalistas, polícia e *carders* de todo o mundo passaram a referir-se a Mert como Kier.

Após a sessão de fotos, Mert foi novamente jogado ao chão com o cobertor sobre o seu corpo. "Fique aqui por meia hora e aí pode ir embora", disse Çağatay. "Estamos deixando suas roupas e não vamos tocar no seu dinheiro. Pode ficar também com uma carteira de identidade. De agora em diante — e pelo resto da vida — nem pense em escrever o nome Cha0, porque se fizer isso vai sentir as minhas mãos em torno do seu pescoço antes que possa respirar." No final, Çağatay não resistiu a um toque pessoal: "Se fosse por mim, eu teria matado você aqui e agora. Mas o homem gosta de você. Seja grato e fique de boca fechada". (Na verdade, Çağatay considerava a ideia de matar alguém como Mert — aos seus olhos, um verme — digna de riso.)

Meia hora depois um arrasado Mert Ortaç, com apenas cinquenta dólares no bolso, cambaleou para fora do apartamento e se dirigiu para a estação rodoviária intermunicipal, onde pegou um ônibus para Esmirna. Naquela cidade lamberia suas feridas e refletiria sobre o que fazer dali por diante. O destino era óbvio: entraria na clandestinidade. Mert desapareceu — até ser preso muitos meses depois requerendo um passaporte sob um nome diferente em novembro de 2008.

Outras histórias habitam o mundo onírico de Mert — nem realidade nem fantasia —, mas para os nossos propósitos é aqui que ela termina.

34. Investida turca

Antes de Mert ser finalmente preso, o inspetor Bilal Şen não tinha ideia se o hacker estava foragido, ainda prisioneiro ou simplesmente morto. Mas sabia que não tinha o tempo a seu favor. Sua única opção era continuar rastreando Cha0 da forma mais eficiente e paciente possível. Pelo menos agora tinha uma fotografia e um número de telefone do homem que encomendara uma máquina de *skimming*, e Şen estava convencido de que isso o conduziria a Cha0. Pelo fato de o escudeiro que despachara o equipamento estar usando um dos números de telefone que registrara na transportadora, a polícia tinha a possibilidade de "triangular" o suspeito — em outras palavras, podiam localizar as centrais de celular que o dispositivo acessava. Em pouco tempo tinham uma ideia precisa tanto de onde ele estava como de seu padrão de movimentos.

Logo tiveram uma segunda pista, e seguiram seu rastro. Em alguns dias o homem os conduziu a uma propriedade em Tuzla, um subúrbio distante de Istambul, a pouco mais de vinte quilômetros descendo pela costa asiática. Local de uma das maiores bases navais da Turquia, essa área, que um dia já foi famosa pela pesca, era apenas uma das poucas na cidade que não haviam sido completamente dominadas por edifícios novos. Com suas casas espaçosas de fachadas coloridas, era um bairro altamente requisitado, habitado em grande parte por famílias abastadas.

Tratava-se de uma luxuosa *villa* com piscina. Após dias de observação, a equipe de vigilância estava certa de que havia vários homens morando na mansão. Mas não levou muito tempo para Şen estabelecer quem dava as ordens ao grupo. Passando pelos registros criminais, logo identificou um certo Çağatay Evyapan.

Na faculdade um talentoso estudante de engenharia elétrica, Çağatay tinha agora uma vida agitada. Primeiro fora preso em 1998 sob acusação de fraude. Dois anos depois veio seu maior erro de cálculo, quando ele e seus colaboradores foram pegos em flagrante usando cartões de crédito clonados para sacar dinheiro de caixas eletrônicos no porto de Esmirna. Cumpridos cinco anos de uma sentença de 27, a perspectiva de permanecer encarcerado foi demais para ele. Assim, num dia de maio de 2005, Çağatay escalou os muros da prisão fora do alcance do radar. Era menos um fugitivo que um fantasma.

Ele jogou a culpa de sua prisão nos homens com quem estava trabalhando — algo que ele estava determinado a não deixar acontecer de novo. Se você quer que algo seja feito corretamente, rezava a filosofia básica de Çağatay, faça você mesmo.

Naturalmente ele entendeu que durante seus cinco anos atrás das grades o mundo cibernético passara por mudanças significativas. Conhecia bem a Lei de Moore, segundo a qual o número de transistores que podem ser instalados em um circuito integrado continuarão a duplicar a cada dois anos até por volta de 2015. Traduzindo para a vida real, a lei significa que a cada ano os aparelhos ficam mais assustadores, os programas de computador mais complexos, as ferramentas para invadir sistemas mais traiçoeiras — e as correspondentes recompensas mais suculentas. Então ele se empenhou em adaptar-se às novas circunstâncias.

Primeiro, precisava de uma nova identidade para se apresentar na internet. Çağatay desaparecera quase quatro anos antes, sendo seu nome substituído no passaporte pelo de um de seus empregados, o guarda-costas Haktan Öztan, e no espaço virtual por Cha0 (que se pronuncia como a saudação em italiano). Ele vinha usando a primeira sílaba de seu nome e o algarismo zero desde que entrou pela primeira vez nas BBS no começo dos anos 1990. Nessa época, o excepcional sistema de segurança de Cha0 assegurava que ninguém era capaz de identificá-lo. Em fóruns públicos como o CrimeEnforcers e o DarkMarket, Cha0 vendia *skimmers*. Em particular, vendia sistemas de segurança para usuários de computadores que realmente não queriam sua identidade revelada.

Mas agora Şen tropeçara nele. No entanto, uma coisa era identificar a localização de Cha0. Outra bem diferente era juntar as provas necessárias para formar um caso contra ele. Os juízes e promotores turcos estavam ainda menos familiarizados com a internet do que seus colegas na Europa e nos Estados Unidos, e a cidade de Istambul já tinha gerado diversos advogados de defesa caros e competentes, que estavam aprendendo rapidamente a explorar essa ignorância para benefício de seus clientes e de suas próprias contas bancárias.

Çağatay estava aproveitando o verão — era um sujeito sociável que gostava de sair com seus amigos. Geralmente se fazia acompanhar de belas mulheres; inclusive, corria o boato, uma ousada participante da família real saudita. Gostava de bebidas caras, comida fina e de frequentar festas em iates, e ao longo dos anos ganhara algum peso. Dinheiro parecia não ser empecilho para seu extravagante estilo de vida.

Şen pôs vários colegas de trabalho de Çağatay sob observação cerrada — crescia a evidência de que Cha0 não era apenas Çağatay Evyapan, mas associação criminosa muito bem lubrificada. Isso era crime organizado, não somente uns servidores brincando de hackers pela primeira vez. Como tal, era evidência de uma tendência crescente ao redor do mundo. Durante um longo tempo as organizações criminosas encararam fraudes na web como coisa leve, aos quais nem valia a pena prestar atenção. Isso agora estava começando a mudar. O cibercrime estava se tornando mais sistemático, mais eficiente e mais cuidadoso em termos de segurança à medida que ia abandonando seu incubador original — um espaço onde geninhos maldosos brincam e se divertem —, para se transformar num domínio mais adulto e com estruturas realmente mafiosas. Portanto a investigação de Şen precisaria de mais recursos e a construção do caso exigiria atenção meticulosa e mais cuidadosa — isso se o inspetor quisesse evitar uma rasteira no tribunal.

Os policiais reuniram provas, e é claro que Keith Mularski e Cha0 ainda eram colegas na administração do DarkMarket. A operação demorou uns bons cinco meses, e Şen juntou ínfimos fragmentos de evidências nesse período. Ele se certificou de que o grupo de pessoas íntimas de Çağatay era relativamente pequeno e que sua segurança tinha precisão militar. Mas junto com esses fragmentos, que poderiam ligar Çağatay a qualquer crime, Şen tinha uma segunda agenda: ainda estava tentando estabelecer se Çağatay contava com um espião — e rezava para que não.

No fim de agosto Çağatay desapareceu. O pânico se espalhou pela equipe que o vinha seguindo. Mesmo assim, o jornalista da Haber 7 continuava a receber mensagens, não de Cha0, mas de um certo Yarris, que parecia ter um conhecimento íntimo das atividades de Cha0. Para a sorte de Şen, Cha0 ressurgiu em Istambul de forma tão inesperada quanto desaparecera. Todavia, tratava-se de uma advertência da precariedade da situação, e Şen decidiu partir para a ofensiva no começo de setembro.

De volta à propriedade no bairro de Tuzla, a vigilância identificara que um dos residentes saía a cada tantos dias para pegar provisões. Oito de setembro foi um desses dias. Bilal Şen estava de volta a Ancara, roendo as unhas enquanto a equipe da SWAT que cercou o edifício ia lhe passando todos os fatos por telefone minuto a minuto. Então, quando o encarregado das compras retornou, eles atacaram — invadiram a *villa* e derrubaram outros quatro homens no chão. À sua volta havia incontáveis computadores e dúzias e dúzias de *skimmers*, matrizes, *PIN pads*, dispositivos de pontos de venda e montes de dinheiro. A investida foi um triunfo — ninguém se feriu e todos os suspeitos foram presos.

Estranhamente, a prisão de Cha0 havia sido antecipada alguns dias antes no site da revista *Wired*. Uma matéria sobre o DarkMarket fora publicada na versão on-line da revista, e um dos comentários de leitores postados no pé da página veio de alguém que se dizia Lord Cyric, o administrador do DM. Ele alegava estar em contato com Cha0. E acrescentou, de maneira misteriosa, que alguns dos subordinados podiam até ir parar na cadeia, mas Cha0 jamais iria.

Ciao ciao, Cha0?

35. A morte do DarkMarket

Quem quer que Cha0 realmente fosse, a prisão inesperada de Çağatay Evyapan pareceu semear pânico entre os colegas administradores do DarkMarket. Em 16 de setembro de 2008, menos de uma semana após a invasão em Istambul, Master Splyntr anunciou no DM que os êxitos policiais estavam desgastando os nervos dele e dos outros administradores. Era um fardo que não se sentiam mais capazes de sustentar:

> É visível que este fórum[...] está atraindo atenção demais de uma porção de serviços internacionais (agentes do FBI, do Serviço Secreto e da Interpol). Creio que era só uma questão de tempo até isso acontecer. É muito ruim que tenhamos chegado a esta situação, porque[...] nós estabelecemos o DM como o principal fórum de língua inglesa para conduzir negócios. Assim é a vida. Quando se está por cima, as pessoas tentam derrubar você.

Uma semana depois, o principal site criminoso do mundo de língua inglesa estava morto. Seus seguidores ficaram desarvorados. "DarkMarket era a nossa ponte para os negócios, e se essa ponte ruiu...", lamentava um membro chamado Iceburg, num post no site da revista *Wired*. "Vida longa aos saques de dinheiro e ao *carding*. Vida curta a todos os RATOS, ao FBI e a todas as estúpidas agências secretas que não estão só arruinando a nossa vida e famílias, mas destruindo tudo o que deixamos para trás."

Parecia que os ciberpoliciais tinham vencido. Porém, em se tratando do DarkMarket, a coisa não foi assim tão simples.

PARTE IV

36. Duplo risco

STUTTGART, SETEMBRO DE 2007

O policial Dietmar Lingel estava satisfeito com seu trabalho. Uma semana antes seu chefe lhe dera as senhas de acesso ao provedor canadense de e-mail, o Hushmail. Esse sistema de e-mail era supostamente ultrasseguro — ninguém conseguia ler sua correspondência se você estivesse usando o Hushmail. Era em grande parte verdade, mas em 2007 a companhia cedera às pressões da polícia canadense e fornecera aos policiais acesso aos registros de entradas. E estes revelaram a um investigador que endereços de IP haviam se conectado a uma conta de e-mail específica. E a Real Polícia Montada do Canadá terminou cedendo ao agente Mularski, do FBI, os acessos às contas auto432221@hushmail.com e auto496064@hushmail.com.

Em maio de 2007 Matrix001 enviara a Keith Mularski uma cópia do e-mail anônimo que ele recebera, avisando-o de que estava sob vigilância da polícia alemã. A reação inicial de Mularski foi presumir que seus colegas do Serviço Secreto americano fossem responsáveis pelo vazamento. Na época, o FBI e o Serviço Secreto estavam competindo nas operações do DarkMarket, multiplicando a possibilidade de erros, fosse por incompetência ou por má vontade. Mas pelo menos três forças policiais internacionais sabiam a respeito de Matrix: os britânicos, os franceses e, é claro, os alemães.

Ninguém da polícia subestimava a importância dos e-mails. Junto com a possível existência de um dispositivo de espionagem eletrônica havia a igualmente perturbadora ideia de que alguém pudesse ter invadido os computadores pertencentes a alguma das unidades investigativas. A operação DarkMarket começara para valer, mas a queda de Matrix001 e JiLsi era só o início — o plano era expandi-la por vários anos. Os e-mails ameaçavam toda a estratégia elaborada durante os anos de trabalho árduo. O vazamento tinha de parar. A necessidade de achar a fonte tornou-se a prioridade máxima da investigação internacional.

A chegada dos logins de acesso ao Hushmail à mesa de Lingel significava que um exame detalhado das provas podia começar. Como especialista técnico da equipe que tinha investigado Matrix001, era função de Lingel determinar quem tentara acessar aquelas contas mais ou menos na época em que Matrix as obtivera.

Lingel identificou que um endereço de IP que havia tentado acessar as contas anônimas era de Stuttgart. Ele o desconsiderou imediatamente — era a sua própria conta. Depois que Keith Mularski alertara Stuttgart pela primeira vez da existência dos e-mails, Lingel havia tentado acessar a conta de Hushmail usando algumas senhas padronizadas (tais como "admin" ou "senha") e outras pertencentes a membros proeminentes do DarkMarket já conhecidas das forças da lei. As outras tentativas de acesso provinham de endereços IP em Berlim e outros locais da Alemanha. Na manhã de 12 de setembro, durante uma discussão com o chefe do departamento Gert Wolf, Lingel explicou que ainda não tinham um suspeito, mas que haviam conseguido estreitar o campo de possibilidades.

Depois do almoço, Wolf enfiou a cabeça pela porta de Lingel dizendo que precisavam ir ver o chefe divisional. Lingel entrou na sala para deparar com todo um painel de policiais mais velhos à sua espera, inclusive um oficial do sinistro Departamento 3.5 — a corregedoria policial de Stuttgart. Lingel ficou estarrecido e nervoso. O oficial de repente anunciou: "Senhor Lingel, estamos colocando o senhor sob investigação por suspeita de ter informado a um suspeito que ele estava sob vigilância".

Lingel perdeu a fala. Gradualmente o choque deu lugar à raiva. *Ali estava eu*, pensou ele, *trabalhando a semana inteira para resolver a confusão, e um belo dia meu chefe mete a cara pela porta e enfia uma faca nas minhas costas.*

"Veja, senhor Lingel", continuou o oficial, "o senhor tem duas opções. Ou coopera conosco nessa investigação, ou o colocamos imediatamente sob custódia investigativa."

Lingel concordou em cooperar. Seu chefe explicou que ele devia tirar naquele momento todo o restante de sua licença, pois em seguida seria suspenso até segunda ordem.

Aos quarenta e tantos anos, Lingel tinha uma história pouco convencional. Nascera em Windhoek, capital da Namíbia, que havia sido um posto avançado da Alemanha imperial. Aos cinco anos, mudou-se com os pais para a Cidade do Cabo, de modo que cresceu falando fluentemente inglês e alemão. Retornou à terra natal dos pais para estudar, e depois de se graduar entrou para a polícia. Progrediu bem pelos escalões da força motorizada, mesmo que não considerasse o trabalho particularmente desafiador.

Sendo um geek amador, deu um salto diante da oportunidade de se candidatar a um posto na polícia de Baden-Württemberg em 2001. A central de polícia de Stuttgart precisava de alguém com experiência no sistema operacional Linux para prover segurança de rede. Cinco anos depois, obteve permissão de migrar com suas habilidades computacionais para o departamento de investigações criminais, onde foi escalado para trabalhar sob a chefia de Frank Eissmann.

Matrix001 não era o único alemão identificado por Keith Mularski como membro ativo do DarkMarket. Os outros dois eram Soulfly, nome real Michael Artamonow, e Fake, nome real Bilge Ülusoy. Inicialmente, o promotor do Estado buscou indiciar Matrix001 por participação em conspiração criminosa, mas isso requeria provas de que ele estava trabalhando em conluio com os outros dois.

Por algum motivo, porém, jamais foi lançada qualquer investigação sobre Fake e Soulfly, o que em parte contribuiu para que um juiz, em outubro de 2007, forçasse o promotor a retirar a acusação de conspiração em favor das acusações menores de fraudes com cartões de crédito. O motivo de terem abandonado a investigação sobre os presumíveis coconspiradores era apenas a primeira de muitas questões não respondidas que acabariam por gerar desconfiança em relação à capacidade das polícias Provincial e Federal alemãs de investigarem o caso.

E a polícia de Baden-Württemberg em Stuttgart tinha um bocado de coisa em andamento na investigação sobre Matrix001. Geralmente toda comunicação em casos internacionais como esse teria de passar por Wiesbaden, mas o investigador chefe Frank Eissmann havia persuadido seus superiores a concederem permissão para que ele contatasse diretamente Keith Mularski, o homem-chave do FBI.

Havia portanto agitação de sobra quando Mularski ouviu de Matrix001 que havia recebido uma mensagem de um remetente anônimo do Hushmail avisando-o de que estava prestes a ser derrubado. E as polícias de Londres, Pittsburgh e Stuttgart estavam rezando para que a fonte não estivesse perto demais de suas próprias casas.

Depois da detenção de Linger, o alívio se espalhou pelos investigadores — parecia que tinham pegado o homem. Mas em dezembro de 2007, o Departamento 3.5 mandou a Lingel uma carta dizendo que não havia evidências adicionais que o ligassem ao vazamento de e-mails, e que ele podia retornar ao trabalho no mês seguinte, no começo de 2008. No entanto, ele não voltou ao Departamento 4, que estava tratando da investigação de Matrix001. Lingel se sentiu extremamente amargo em relação ao seu chefe imediato, Frank Eissmann, que fora pelo menos em parte responsável por culpabilizar o seu subordinado.

À medida que se aproximava o julgamento de Matrix, no fim da primavera, a atmosfera na central de polícia de Stuttgart se tornava sombria e dividida pela discórdia. Incapaz de apresentar acusação de conspiração contra Matrix, a promotoria sabia que era muito improvável conseguir uma sentença de prisão. Além do mais, estavam de volta ao ponto de partida, tentando descobrir quem era a fonte do vazamento.

Embora Lingel estivesse ressentido com o que lhe sucedera, o retorno a suas atribuições no Departamento 4 revelou-se perfeitamente palatável, e a conduta de seus novos colegas em relação a ele era exemplar. Foi um alívio e uma bem-vinda mudança após meses sendo encarado com desconfiança.

Então, em maio de 2008, Lingel foi novamente colocado em detenção. Mas dessa vez não foi acusado de ter escrito e-mails para Matrix. Foi acusado de ter colocado em risco a identidade secreta do agente do FBI, Keith J. Mularski.

37. Zorro desmascarado

Exatamente quando Matrix estava enfrentando seu julgamento, em junho de 2008, o repórter de rádio Kai Laufen folheava um exemplar da *Technology Review* do Massachusetts Institute of Technology, quando viu um artigo sobre crimes cibernéticos. Até aquele momento o jornalista investigativo de Karlsruhe, sudoeste da Alemanha, não tinha ideia de que eles estivessem se tornando um problema tão grande. Ficou intrigado e resolveu descobrir até onde o cibercrime estava afetando a Alemanha.

Com cautela, Laufen começou por pesquisar as cláusulas no código penal alemão relativas a crimes perpetrados pelo computador. Quando passou a dominar a legislação sobre a matéria, enviou e-mails a cerca de cinquenta cortes municipais e distritais por todo o país, perguntando se estavam tratando de algum caso daquele tipo.

Ele recebeu apenas um par de respostas, mas convenientemente uma delas referia-se a um caso de *carding* na corte de Göppingen, uma pequena localidade em Baden-Württemberg, a poucos minutos de carro de onde Laufen morava. Um rapaz, Detlef

Hartmann, aguardava sentença por treze acusações de uso de cartões de crédito clonados.

A história não soava particularmente interessante, mas Laufen resolveu mesmo assim entrar em contato com a polícia provincial em Stuttgart, e logo os fundamentos do cibercrime estavam sendo explicados a ele pelo inspetor Frank Eissmann. De passagem, Eissmann disse que o FBI ajudara o seu Departamento 4 na investigação de Hartmann.

No dia 2 de julho, quando Detlef recebeu a sentença de dezenove meses com direito a *sursis*, Laufen escreveu-lhe solicitando uma entrevista, estranhamente enviando o pedido por correio, e não por e-mail. Detlef e seus pais resistiram às primeiras tentativas do jornalista de conversar com ele, mas depois de três meses cederam. Assim, no começo de outubro, Kai viu-se sentado diante do rapaz com uma xícara de café.

Kai Laufen não era nenhum novato. Nascido no norte da Alemanha, foi criado em parte no Brasil e falava fluentemente português, espanhol e inglês. Trabalhava em toda a América do Sul e sabia uma ou duas coisas sobre crime organizado e bandidos. Mas agora mal podia acreditar em seus ouvidos à medida que Detlef o regalava com a história de Matrix001 e suas aventuras num mundo virtual onde todo mundo se exibia com nomes peculiares e se comunicava em um inglês híbrido — que aglomerava gírias do submundo, anarquismo e o estranho dialeto tolkieniano — enquanto compravam e vendiam informações financeiras roubadas.

Laufen captou prontamente as implicações desse novo estilo de crime. Com auxílio da internet, os criminosos podiam cometer delitos a milhares de quilômetros de distância de suas vítimas, que não necessariamente sabiam ou notavam que sua privacidade estava sendo violada, o seu dinheiro roubado e a sua identidade usada por outros.

No entanto, se era tão à prova de tolices, ponderou Kai, como é que Detlef tinha conseguido se deixar prender? "Simples", o jovem replicou, "um dos meus colegas administradores, com quem trabalhei durante muitos meses, era agente do FBI. Ele estava me rastreando e alertou a polícia alemã." O jornalista achou que o rapaz podia estar exagerando sua própria importância, então lhe perguntou se tinha alguma evidência documental para apoiar sua afirmação. "Sim", disse Detlef. "Vou mandar para você."

Alguns dias depois, Detlef enviou a Laufen a declaração do promotor apresentando o caso do Estado contra o rapaz, escrito em inconfundível juridiquês alemão:

> Conforme evidenciado pelo dossiê da investigação, esse administrador que em última análise tinha completo controle sobre todos os arranjos, pelo menos de junho de 2006 em diante, era o agente do FBI Keith Mularski, que se oferecera para abrigar o servidor no sentido de reunir informação mais acurada sobre os compradores e vendedores. Refiro-me aqui ao Documento de Caso 148, Arquivo I, no qual o sr. Keith Mularski informa ao policial investigativo da Força Regional Frank Eismann [*sic*] como segue: *Master Splynter* [*sic*] *sou eu*. Que o usuário Master Splynter [*sic*] geria o servidor é provado pelo Documento de Caso 190, e-mail de Keith Mularski datado de 09.03.2007: *Ele me pagou pelo servidor*.

Kai ficou atônito. Leu novamente a frase principal: "Master Splyntr sou eu". Não só Detlef Hatmann estava certo quanto ao fato de o FBI estar no seu encalço, como o escritório da promotoria havia dado o nome do agente e o seu codinome. O jogo tinha terminado, e ele, Kai Laufen, havia descoberto a verdade sobre um dos mais proeminentes ciberpoliciais do mundo. Três meses antes, ele mal tinha ouvido falar em cibercrime.

Quando Kai ligou para a Aliança Nacional de Cibertreinamento Forense em Pittsburgh, foi colocado diretamente em contato com Keith Mularski, cujas maneiras foram, como sempre, extremamente cordiais. Mas tão logo o jornalista leu a sentença do e-mail — "Master Splyntr sou eu" — fez-se um silêncio total do outro lado da linha. Keith sabia que fora pego. Pelo lado bom, fora pego por um jornalista de rádio no sudoeste da Alemanha e havia uma possibilidade mínima, mesmo na era da internet, de que a notícia não fosse muito além das fronteiras de Baden-Württemberg. No seu íntimo, porém, ele sabia que a possibilidade era realmente ínfima.

Seria novamente o famoso vazamento?

Kai Laufen não sabia que o comissário de polícia de Stuttgart havia sancionado pela segunda vez a suspensão de Dietmar Lingel. Nessa ocasião, porém, suspeitavam de que o policial tivesse fornecido intencionalmente o nome e o codinome de Mularski ao promotor para sua inclusão na apresentação do caso. O objetivo de Lingel, alegaram, era trazer a identidade de Mularski ao domínio público como forma de desacreditar o FBI. A motivação, argumentava o comissário, residia na insatisfação de Lingel com alguns métodos policiais envolvidos na investigação de Hartmann.

As alegações contra Lingel serviram para esclarecer diferenças fundamentais na filosofia de combate ao crime na Europa e nos Estados Unidos. Os europeus tendem a considerar operações secretas como arriscadas, além de moral e eticamente questionáveis. Os americanos, ao contrário, as utilizam com frequência. Há um intenso debate nos Estados Unidos quanto a onde termina o segredo e começa a trapaça. Na Europa alguns policiais encaravam a Operação DarkMarket como uma quase armadilha, especialmente porque o Serviço Secreto em particular parecia incentivar os membros a se envolver em atividade criminosa (no caso de Dron) durante a investigação. O FBI e Keith Mularski defendiam suas ações com convicção, enfatizando que a presença de Mularski e sua equipe no DarkMarket era o que tinha possibilitado a obtenção de informações — sobre a pretendida expansão da operação de Cha0, por exemplo —, impedindo, Mularski argumentou, perdas potenciais no valor de 70 milhões de dólares.

Exatamente quando estava dando os últimos retoques no texto que leria na rádio acerca dessa história peculiar e importante, Kai Laufen sofreu uma hérnia de disco. Quase completamente incapaz de se mover, o jornalista foi obrigado a ficar de cama por duas semanas. Chegou à conclusão de que ninguém na Alemanha daria a menor importância ao fato de o FBI ter derrubado um jovem clonador de cartões alemão nem muito menos à descoberta que ele, Kai Laufen, havia feito sobre a identidade do agente. De outro lado, a história do DarkMarket havia atraído considerável atenção na mídia americana especializada em tecnologia. Liderada pela revista *Wired*, sediada em San Francisco, a imprensa já publicara um bocado de coisa sobre o assunto, especialmente depois do dramático sequestro de Mert Ortaç, em abril daquele ano, e a prisão de Cha0, em setembro.

Laufen estava tentado a disseminar a prova de que o DarkMarket era parte de uma operação secreta do FBI. Mas assim como o Atlântico divide a cultura da polícia, o mesmo ocorre com os padrões éticos dos jornalistas alemães e seus colegas anglo-americanos. (Os policiais britânicos são mais europeus que americanos, mas os caçadores de notícias têm ainda menos escrúpulos na Grã-Bretanha que nos Estados Unidos.)

Na Alemanha, considera-se de mau gosto publicar nomes completos de suspeitos quando ainda estão em julgamento, e em muitos casos a mídia daquele país desiste de fazê-lo mesmo depois que são declarados culpados. O mesmo vale para agentes de polícia. Para qualquer um familiarizado com a mídia anglo-americana, tal noção é, obviamente, a mais estranha possível.

Assim, quando Kai Laufen falou por telefone com Kevin

Poulsen, editor da seção policial da *Wired*, no começo de outubro de 2008, disse que forneceria a Poulsen evidência documental provando que um braço da lei havia se infiltrado no DarkMarket. Incluiria a admissão por e-mail de Keith Mularski sobre seu disfarce como Master Splyntr, mas somente sob a estrita condição de Poulsen não publicar o nome de Mularski. Reiterando esse ponto, Laufen terminava o e-mail, que incluía documentos escaneados, com a exortação: "Queime depois de ler!".

Poulsen lembra o episódio de outro jeito: concordou apenas em manter o nome de Matrix001 fora do artigo. Durante anos ele e sua equipe vinham fazendo um trabalho impressionante rastreando a maioria das histórias de crimes cibernéticos, inclusive o DarkMarket. De fato, ele trouxe a esse trabalho o mesmo zelo implacável que tinha na sua ocupação anterior como hacker — uma carreira que terminou em condenação por crime. Então Poulsen não queimou depois de ler. Na segunda-feira, 13 de outubro, ele publicou a história. E Master Splyntr estava morto.

Keith Mularski ficou furioso quando leu seu nome na *Wired* — a confiança que ele construíra com tantos *carders* perdeu-se instantaneamente. Ele havia fechado o DarkMarket poucas semanas antes porque o registro de domínio do nome feito por JiLsi estava prestes a expirar. Tivesse Master Splyntr tentado registrá-lo novamente, algum hacker curioso poderia ter usado a oportunidade para revelar sua identidade.

A Operação DarkMarket era apenas a fase de abertura de um plano de longo prazo das agências da lei para infiltrar-se no mundo da cibercriminalidade. Em quinze meses, anteriores à publicação do nome de Mularski na revista *Wired*, FBI, SOCA e outras agências policiais internacionais tiveram o cuidado de capturar indivíduos aqui e ali. Haviam deliberadamente resolvido não varrer os membros do DarkMarket em larga escala, em contraste com as táticas empregadas pelo Serviço Secreto em 2004 com o Shadowcrew. Master Splyntr tencionava voltar totalmente, com sua reputação elevada, escorado em sua enorme base de dados sobre *carders* e suas atividades. O plano agora fora por água abaixo.

Não que os esforços de Mularski tivessem sido em vão — num exemplo notável de cooperação transfronteiriça entre forças policiais díspares para capturar um dos maiores peixes do *carding*, Cha0, as forças da lei haviam prendido dezenas de outros criminosos, alguns dos quais já estavam condenados e outros aguardavam julgamento.

Mas nem o agente Mularski nem ninguém estava em posição de culpar Dietmar Lingel. Não fora ele quem vazara a identidade de Master Splyntr para os papéis legais do Departamento 3.5 no caso Matrix.

Essa distinção coube ao inspetor Frank Eissmann, o chefe de Lingel, que mais tarde confessou ter "cometido um grande engano" ao submeter o documento ao promotor como parte da evidência policial contra Matrix. Foi o erro de Eissmann que levou Kai Laufen a identificar Mularski, que por sua vez detonou o colapso da operação de longo prazo contra os *carders*.

Dietmar Lingel, porém, permaneceu suspenso e não ouviu mais nada de seus empregadores até que o Departamento 3.5 o informou, em setembro de 2010, que ele iria a julgamento. O promotor tinha retirado a acusação injustificada de que Lingel vazara intencionalmente o nome de Mularski. Mas, em troca disso, ressuscitaram a acusação original: ele foi acusado de informar a um suspeito que este estava sob vigilância.

Lingel optou por contestar as acusações e mais tarde nesse mês teve início em Stuttgart o mais longo julgamento, em qualquer lugar, relacionado com o DarkMarket. Ironicamente, não envolvia nenhum dos cibercriminosos (exceto que Matrix001 e Fake serviram de testemunhas), mas voltou a polícia de Baden-Württemberg contra um de seus próprios homens. Foi um evento fascinante, encenado diante de poucas pessoas num tribunal vazio, pequeno e anônimo em Bad Cannstatt, distrito de estância termal de Stuttgart. O depoimento de quase uma dúzia de personagens envolvidos de alguma forma no drama foi surpreendente, revelando muitos dos erros e infortúnios que assolavam as operações policiais tanto na Europa como nos Estados Unidos.

38. Quem é você?

ISTAMBUL, OUTUBRO DE 2008

Çağatay Evyapan parecia relaxado na cadeia. De vez em quando um membro da polícia de Istambul sussurrava algo sobre um superpolicial que viria de Ancara para conduzir o interrogatório principal dele. Na Turquia, o prazo máximo pelo qual se pode deter um suspeito de envolvimento em atividade criminosa organizada é quatro dias. O prisioneiro estava curioso para ver o "sr. Grandão da capital".

Finalmente o inspetor Şen chegou. Ele só precisava saber uma coisa.

"Quem é o passarinho? Com quem você tem falado do lado de dentro? Isso é tudo que eu quero de você."

O prisioneiro hesitou. E entrou em desespero.

"Não há ninguém."

39. A caminho de lugar nenhum

O trabalho do inspetor Şen estava feito. Depois da prisão, o caso foi entregue à promotoria, conforme exigido pela lei turca. Mas se Çağatay Evyapan era Cha0, então quem era Şahin, o sujeito que Mert Ortaç insistia em dizer que era o verdadeiro Cha0? Seria Şahin um mero produto da imaginação de Mert? Afinal, Mert tinha um histórico de fantasias e exageros.

Por mais que Mert gostasse de torcer o fio de uma história, os aspectos fundamentais costumavam ser verdadeiros. Ele de fato trabalhou para diversas organizações oficiais, inclusive a Agência de Inteligência da Turquia; ele era um programador muito habilidoso e com um talento especial para decodificar *smart cards*; ele ganhou altas quantias vendendo cartões da Digiturk falsos, sendo mais tarde investigado por isso; ele realmente disponibilizava dinheiro e entretenimento para as pessoas que queria impressionar; ele negociou no DarkMarket usando os codinomes de Sadun: Cryptos e PilotM; ele realmente esteve de férias com sua namorada no Hotel Adão & Eva em Antalya; e de fato foi sequestrado e humilhado por Çağatay Evyapan.

No entanto, ele foi incapaz de fornecer qualquer prova para sua alegação central de que a verdadeira identidade de Cha0 era o misterioso Şahin. Mert demonstrava um conhecimento tão detalhado do funcionamento interno do DarkMarket que, se estivesse mentindo, alguém ou alguma organização devia no mínimo ter lhe fornecido alguns detalhes. A questão é — e permanece sem resposta — por quê? E a quem estavam tentando tapear ou desacreditar trazendo para a discussão o extraordinário Ortaç? Certamente não Çağatay Evyapan, pois ele emerge da história de Mert como um criminoso menor. A polícia? Ou quem sabe o homem que Mert alega ser Lord Cyric, um membro proeminente do cenário turco e mundial da internet?

Mesmo assim, a verdade de Mert se mantém não menos plausível do que a verdade do inspetor Şen. A chave reside não na identidade de Şahin ou Çağatay. Ela está oculta dentro do personagem Cha0. Não há dúvida de que o homem que concebeu a fábrica de falsificação de cartões, agindo como administrador do DarkMarket, era Çağatay Evyapan. A questão é se Evyapan controlava a operação inteira ou se estava trabalhando em nome de um sindicato criminoso maior.

No fim das contas, a polícia turca prendeu cerca de duas dúzias de pessoas que, como sugere a evidência, estavam ligadas a Cha0, ou à estrutura interna do esquema montado por ele ou como satélites dessa mesma operação. O criminoso virtual era apenas isso — não era um personagem real, mas um amálgama de indivíduos com diferentes habilidades trabalhando sob a aparência de uma unidade. Da mesma forma que o fundador ucraniano do CarderPlanet, Script, reconhecera que o termo genérico "carder" na verdade ocultava uma variedade de diferentes habilidades: uns eram hackers verdadeiros; outros eram designers gráficos; havia engenheiros eletrônicos construindo *skimmers*; aqueles que clonavam cartões em caixas eletrônicos; os que sacavam dinheiro; os que forneciam softwares de segurança; e alguns que reuniam informação, às vezes para criminosos, às vezes para a polícia.

Tanto Cha0 como Script anteciparam o mundo do cibercrime pós-DarkMarket, dando um passo além de uma comunidade de indivíduos frouxamente ligados e envolvidos em atividade criminosa oportunista. Estimularam a criação de uma organização criminosa sistemática, na qual os diversos membros preenchiam funções especializadas que iam da disseminação de informações, criação de vírus, lavagem de dinheiro e invasão e sujeição de computadores, até as muitas outras atividades criminosas essenciais do mundo virtual.

De modo que talvez "Cha0" fosse apenas uma operação dessas — a fiação toda enrolada num fio só. Cha0 seria um nome coletivo que buscava em primeiro lugar conquistar ao menos um monopólio parcial na nova indústria das fraudes dos cartões de crédito por meio das máquinas de *skimming*. Era um plano audacioso, que chegou muito perto de ter êxito, não fossem os esforços combinados de Keith Mularski e Bilal Şen, bem como o apoio fornecido por outras agências de polícia e por certos outros indivíduos.

O grau em que Cha0, a entidade, estava organizada, aponta fortemente para outra coisa. As fraternidades do crime tradicionais até recentemente "tendiam a encarar os cibercriminosos como cidadãos de segunda classe", como um dos maiores ciberpoliciais da SOCA os descreveu. Mas durante a vigência do DarkMarket, as forças policiais pelo mundo afora começaram a observar como grupos do crime organizado tradicional faziam inesperadas aparições durante as investigações de crimes cibernéticos.

Dentro do próprio DarkMarket havia círculos muito bem definidos envolvidos no projeto. O primeiro eram os administradores, moderadores e outros que detinham posições "burocráticas" mais elevadas. Esses tinham a tendência de ser homens com avançadas habilidades de hackers e certamente fluentes em manejo de computadores. Ademais, com exceção de Cha0, não faziam grandes somas de dinheiro nem trabalhavam diretamente como agentes de polícia ou informantes.

Além desses, o segundo círculo abrangia basicamente criminosos habilidosos e experientes, que trabalhavam em grande parte por conta própria — como Freddybb e RedBrigade. Eles mostravam vários graus de habilidade computacional e, se eles próprios não conseguiam resolver um problema técnico, sempre conheciam gente que conseguia. Eram indivíduos menos frequentes no site do DarkMarket do que os administradores e suas equipes. Seu objetivo era ganhar a maior quantia de dinheiro possível sem chamar atenção, embora ocasionalmente se envolvessem em bate-papos e gracejos sobre a comunidade dos *carders* como um todo.

O terceiro círculo era um valhacouto de criminosos altamente profissionais, potencialmente invisíveis — desconhecidos, exceto pela reputação que tinham na polícia e junto aos outros criminosos. Era gente que estava ainda além dos maiores atacadistas de cartões de crédito, como o ucraniano Maksik, detido pela equipe de cibercrime da Turquia em Antalya, em 2007. O mais famoso (que, segundo se acredita, supria grande parte do material de Maksik) é o russo conhecido simplesmente como Sim, que, presume a polícia, é na verdade outra organização criminosa muito eficiente. Essas são figuras que jamais emergem das sombras.

Cha0 foi fascinante e importante porque foi a primeira vez que um personagem parecido com os operadores do crime organizado tradicional se envolvia em larga escala no cibercrime, buscando influenciar o funcionamento de um site como o Dark-

Market. Foi a primeira prova real de que o cibercrime não era mais domínio apenas de cidadãos de segunda classe: estava começando a atrair algumas figuras maiores.

O crime organizado tradicionalmente desempenhava um papel importante na Turquia. Por exemplo, em combinação com curdos e homens de alguns outros grupos balcânicos, as gangues turcas dominavam todo o mercado atacadista de heroína da Europa ocidental.

No final de 1996 um Mercedes blindado envolveu-se num acidente rodoviário espetacular na pequena cidade de Susurluk. Entre os mortos estavam o chefe da academia de polícia e o líder do grupo terrorista de direita, os Lobos Cinzentos, que por acaso também estava na lista dos mais procurados da Interpol como um grande traficante de heroína e assassino. O único sobrevivente foi um deputado do então partido da situação.

Esse acontecimento deu a jornalistas e políticos da oposição a possibilidade de começar a desemaranhar a teia de interesses escusos que ligava o Estado Profundo da Turquia com os membros mais influentes do crime organizado. As histórias não só chocaram os turcos comuns, como deram importante munição para as forças emergentes na política turca — como a organização que acabaria por se tornar o partido AK, que fez da luta contra o crime e a corrupção parte central de sua plataforma política.

A Turquia progrediu um tanto desde então. Mas quando as raízes da corrupção e do crime organizado se estendem com tamanha profundidade, como foi o caso ali durante os anos 1980 e 1990, são necessárias várias décadas para que essas forças possam ser erradicadas do corpo político. Isso explica os temores de Bilal Şen quando lhe disseram que Cha0 talvez estivesse sob as asas protetoras de poderosas figuras do establishment. E também é possível acreditar, como acreditam alguns dos colaboradores de Şen fora da Turquia, que o Cha0 que habitava o DarkMarket era parte de uma organização muito maior. Grupos criminosos na

Turquia abrangem vários setores — além do tráfico de heroína, a Turquia é um importante centro de tráfico de pessoas (mais uma vez por causa da proximidade com a União Europeia). E nas últimas duas décadas um enorme mercado de lavagem de dinheiro também cresceu ali.

De modo que Çağatay Evyapan, diz a teoria deles, era na verdade um simples lugar-tenente do verdadeiro presidente da Cha0 Empreendimentos Criminosos. Çağatay seria o vice-presidente da divisão cibernética e está satisfeito de voltar para a cadeia porque, falando metaforicamente, "está levando a bala que era para o patrão". Talvez Şahin seja o presidente de toda a empresa. Se fosse o caso, o Şahin de Mert poderia existir, mas o inspetor Şen ainda assim teria prendido o homem certo.

O DarkMarket foi fechado em outubro de 2008, mas ninguém — seja da área de combate ao crime ou entre os próprios criminosos — tem qualquer ideia de qual era a sua verdadeira história e seu real significado. Até o momento da publicação deste livro, apenas uma pequena parcela dos quase cem detidos pelo mundo afora foi levada a julgamento.

Os sistemas legais estão encontrando extrema dificuldade com a natureza altamente técnica das provas do crime cibernético — e o fato de que os crimes são em geral consumados em mais de um país também cria barreiras tremendas à detenção e ao indiciamento dos contraventores. Ambiguidade, dúvida, ilusão e estranheza sempre desempenharam um papel importante na elaboração dos meios e modos do crime organizado. E a internet só amplia o poder desses fatores.

40. O expresso do meio-dia

PRISÃO DE TEKIRDAĞ, TURQUIA OCIDENTAL, MARÇO DE 2011

Um homem boa-pinta, num elegante terno preto com gravata preta examinou-me cuidadosamente ao entrar na pequena sala oval. Seus olhos negros sob uma linha capilar ligeiramente recuada acentuavam seu olhar hipnótico, e me senti momentaneamente sem fala. Ali estava o homem sobre o qual eu vinha lendo, falando e pensando por quase dois anos. Agora, quando finalmente o conheci, subitamente fui incapaz de pensar em algo apropriado para dizer.

Ele podia estar mofando na prisão por dois anos e meio, mas não perdera nem a pose nem o autocontrole. Ao longo das nossas três horas de conversa, tive a aguda consciência de que ele estava me entrevistando tanto quanto eu o entrevistava.

Minha primeira breve estada em Tekirdağ ocorreu em 1976, pouco antes da publicação do livro *Midnight Express* [O expresso da meia-noite], que mais tarde viria a se tornar um filme de sucesso dirigido por Alan Parker. O filme conta a história de Billy

347

Hayes, um jovem americano pego no aeroporto levando drogas para fora da Turquia. A terrível provação que ele sofreu nas mãos de um agente penitenciário sádico chocou plateias por toda a Europa e os Estados Unidos. Na época a Turquia tinha uma reputação de brutal e inclemente. De fato, quando estive lá fui atacado, enquanto dormia numa barraca, por um grupo de vândalos que exigiam que os estrangeiros fossem embora.

Trinta e cinco anos depois, dirigi-me à penitenciária de Tekirdağ. Como aquela onde estivera Hayes, Tekirdağ era uma prisão de segurança máxima. Localizada a pouco mais de um quilômetro e meio de subida por um morro de inclinação moderada, a cadeia era cercada de campos áridos que se estendiam até onde o olho podia enxergar. Atrás de uma grossa cortina de neve divisei os muros altos e claros da prisão, com torres de vigília onde se viam silhuetas de homens armados com metralhadoras. Minha primeira impressão sugeria que nada havia mudado desde o filme de Parker.

Dentro, porém, fiquei aliviado ao saber que, naquela parte do país pelo menos, as condições de aprisionamento haviam melhorado, a ponto de eu não reconhecer a cadeia por dentro. Todos os detentos tinham televisão, chuveiro e vaso sanitário nas celas. A comida era um tanto espartana, mas sem dúvida nutritiva e razoavelmente saborosa, enquanto os guardas agiam com cortesia, não só em relação a mim, mas também em relação aos presos. Sob muitos aspectos, as condições eram preferíveis àquelas encontradas em algumas prisões britânicas.

Há alguns presos notórios em Tekirdağ, inclusive o mandante do assassinato de Hrant Dink, o escritor de etnia armênia assassinado por extremistas por ser, bem, um escritor de etnia armênia. Também não foi surpresa que a prisão guardasse alguns dos mais notórios traficantes da Turquia.

E em meio a terroristas e chefes mafiosos havia um representante da mais elevada e atual modalidade de delito — o cibercrime. Eu tinha levado mais de um ano para conseguir uma audiência com Çağatay Evyapan: tive de convencer tanto as autoridades turcas como ele próprio. Durante meses, aquilo pareceu totalmente impossível. Meu assombro não teve limites quando, numa segunda-feira no começo de março, recebi uma mensagem da Direção Penitenciária Nacional em Ancara informando que, se Çağatay estivesse disposto, eu teria permissão para vê-lo naquela mesma quarta-feira. Depois disso, me informaram, ele seria transferido e a minha janela de oportunidade se fecharia.

O que as autoridades turcas não sabiam, e nem teriam se importado, era que meu passaporte estava nas entranhas da seção consular da embaixada chinesa em Londres, no processamento de um visto. Minhas tentativas de retirar o passaporte para poder voar para Istambul na terça eram roboticamente ignoradas pelos funcionários chineses. Em vez disso, contatei diretamente a penitenciária de Tekirdağ e implorei para que me permitissem adiar a entrevista por um dia. Fui informado de que se recebessem a ordem de transferir Cha0 antes de quinta-feira, então, independentemente de eu viajar ou não, não teria permissão de vê-lo. A caçada teria terminado.

Assim, eu estava extremamente apreensivo ao lutar contra a tempestade de neve que caía no caminho de Istambul a Tekirdağ na quinta-feira de manhã. Era bem possível que eu chegasse apenas para ouvir que tinha perdido minha chance de conhecer Cha0 em pessoa. Após uma longa espera fui conduzido através de três grossos portões de aço giratórios cujo mecanismo tinha uma impressão biométrica da palma da minha mão, e fui apresentado ao diretor da prisão. Longe do ogro que seria de esperar, tratava-se de um homem afável e simpático. Disse que não haviam recebido qualquer diretriz de Ancara e que após o almoço na cantina eu teria a possibilidade de conversar com o sr. Evyapan.

Finalmente fui levado até a pequena sala oval. Çağatay Evyapan é cauteloso, mas autoconfiante. Exatamente como Bilal Şen me dissera, seus instintos detectariam imediatamente se eu estava tentando extrair algum fragmento de informação de forma desonesta. Ele me lembrou Julian Assange, o mentor do WikiLeaks — superinteligente, mas com uma convicção férrea em sua própria superioridade intelectual, que às vezes poderia ser tomada como extremo narcisismo.

Quando sugeri a ele que Lord Cyric era Tony — o empresário atarracado e de óculos citado por Mert Ortaç — ele emitiu um rosnado do mais profundo desdém. "Você andou falando com a inteligência turca, não é?", perguntou secamente. De certa maneira, Cha0 estava correto: se Mert estivesse mentindo (vamos encarar os fatos, uma possibilidade real), então o homenzinho de óculos teria sido plantado na sua história pela MİT.

Mas durante a conversa Çağatay confirmou alguns aspectos muito importantes da história de Mert, inclusive a localização do apartamento onde Mert fora sequestrado e a existência de intercâmbio entre Mert e a funcionária local da embaixada americana, Lucy Hoover. E também admitiu que mais uma vez sua própria prisão havia sido provocada por um erro no mundo real.

Com toda a sua inteligência e autoconfiança, Cha0 indicou que tinha um grande medo — ironicamente a mesma preocupação não mencionada que assombrava seu contendor na polícia turca. Ele alegava que durante seu interrogatório um dos agentes lhe oferecera a oportunidade de entrar para o programa de proteção à testemunha. Em troca, ele seria solicitado a testemunhar na investigação Ergenekon. Exigiam que ele reconhecesse ter estabelecido uma rede cibernética secreta entre os militares, serviços de inteligência e a mídia para a conspiração do Estado Profundo. A polícia negava terminantemente que tal oferta tivesse sido feita.

Cha0 recusou — a última coisa que queria, assim como o

inspetor Şen, era ficar sob as rodas de um embate entre o Estado Profundo e o governo. No ciberespaço, as coisas são feitas de outro jeito.

Durante toda a conversa Çağatay sugeriu que ele e um restrito grupo de hackers possuíam uma compreensão muito maior do que estava ocorrendo no lado obscuro da web do que qualquer uma das autoridades. Deixou implícito que sua meta era meramente demonstrar a inutilidade das tentativas das forças da lei e da ordem de policiar a internet — argumentou que sempre haveria gente como ele, mais adiante no jogo.

De forma notável, ele não parecia perturbado pelo encarceramento nem pelo fato de poder cumprir os 22 anos restantes de sua primeira condenação de 2000, para não mencionar outras eventuais acusações adicionais proferidas contra ele em consequência de sua atividade no DarkMarket.

Quando abordamos o assunto do FBI e Keith Mularski, um ar murcho foi se espalhando lentamente pela sua face. "O FBI não tem nada contra mim. Se tivesse, por que Master Splyntr não teria mandado informação contra mim para a polícia turca?", indagou. "Em vez disso, tudo que podem usar é esse desprezível joão-ninguém, Ortaç, e tentar me tapear e me fazer cair numa armadilha." Çağatay então declarou que havia invadido a base de dados de Mularski e extraído a informação juntada pelo FBI sobre todos os membros do DarkMarket, inclusive o material sobre ele mesmo.

Estando na prisão, Çağatay obviamente era incapaz de documentar suas alegações. Disse que sabia desde o começo que Splyntr era do FBI (embora Çağatay tivesse entrado no DarkMarket a convite de JiLsi em fevereiro de 2006, quando Master Splyntr já estava bem estabelecido nos quadros) e que a sua estratégia pessoal era de "manter meus amigos perto e meus inimigos ainda mais perto" — daí seu empenho em trabalhar com Splyntr como administrador.

Era um tópico adequado para encerrar a conversa. No seu cerne, a história do DarkMarket era sobre dois homens — Çağatay Evyapan e Keith Mularski, ambos apoiados por impressionantes equipes e contatos. Cha0 não era um criminoso comum. Ainda que ganhar dinheiro fosse o propósito básico da empreitada, Çağatay parecia encarar a luta entre si e o braço da lei como tendo um significado mais profundo, quase como se buscasse demonstrar sua habilidade superior e, implicitamente, a futilidade das tentativas dos representantes da lei de policiar o ciberespaço. Nisso residia um forte elemento do anarquismo original da cultura cibernética — padrões de comportamento e códigos morais sofrem uma mudança quando passamos do real para o virtual. As regras do jogo são diferentes e novas.

O agente do FBI saiu vencedor, mas foi uma vitória por uma margem estreita e de forma nenhuma completa. Três anos depois de o DarkMarket fechar, os ecos dessa extraordinária aventura criminosa ainda podem ser ouvidos nas prisões e nos tribunais em várias partes do mundo. E, é claro, muitos participantes do DarkMarket ainda assombram o ciberespaço.

A internet é uma invenção transcendental que se insinuou em cada parte de nossa vida e em cada sala de nossa casa. Mas cuidado — Lord Cyric pode estar escondido em algum armário virtual por aí.

Epílogo

À primeira vista a morte do DarkMarket pareceu infligir um golpe fatal no crime pela internet. Mas não foi bem assim. Conseguiu, isso sim, travar temporariamente o funcionamento de algumas importantes redes de *carding*, inclusive a operação de Cha0 na Turquia, a de Maksik na Ucrânia e a de Freddybb na Inglaterra. A mensagem básica que outros cibercriminosos sérios receberam foi que o simples envolvimento com fóruns de *carding* como o Shadowcrew e o DarkMarket, e especialmente os sites de língua inglesa com grande quantidade de membros, agora encerrava um nível inaceitável de risco.

Já havia alguma evidência de que membros cujo principal objetivo era ganhar dinheiro (e não aumentar sua reputação) entravam com menos frequência no DarkMarket do que no seu antecessor Shadowcrew. O número de posts feitos por gente como Freddybb declinou drasticamente de um para o outro. No Shadowcrew ele postava cinquenta mensagens públicas e duzentas privadas. No DarkMarket o número ficava em quinze e doze respectivamente. A derrubada do Shadowcrew pelo Serviço Secreto americano demonstrou claramente a vulnerabilidade desses sites, e Freddybb aprendera a lição: reduza sua visibilidade.

Junto com os perigos de ser derrubado, os fóruns de cartões tinham em todo caso extrapolado seu tempo de vida útil. Foi pela via desses sites que os criminosos estabeleceram, em quase uma década de atividade, redes globais de gente em quem podiam confiar. Fosse como compradores ou vendedores de dados e documentos ilegais, eles tinham achado seus mercados.

Mas a exposição de Keith Mularski como Master Splyntr e a revelação de que o DarkMarket era em parte uma operação secreta das forças da lei indubitavelmente, aceleraram a morte dos fóruns de *carding*. Isso tornou obsoleta a estratégia de longo prazo do FBI e suas agências associadas na Europa ocidental. O plano era Master Splyntr ressurgir como o único operador de cartões honesto que frustrara as tentativas do FBI de capturá-lo, e que então merecia níveis de confiança ainda maiores dentro da fraternidade.

Em vez disso, em resposta ao caso DarkMarket, hackers, crackers e cibercriminosos em geral estão se entocando cada vez mais fundo nos subterrâneos digitais. Há também uma crescente especialização no negócio. Hackers e invasores de códigos em geral estão desenvolvendo programas que visam sistemas específicos ou buscam alguma informação particular. Então vendem esses programas a um grupo que efetivamente supervisiona a invasão do sistema de uma instituição financeira ou de seus clientes. Tendo obtido acesso ao dinheiro, entram em contato com um "pastor de mulas", uma pessoa ou grupo que subemprega mulas de dinheiro ao redor do mundo. Há incontáveis anúncios em sites oferecendo trabalho para pessoas que utilizam seus computadores em casa. Uma boa parte deles é tocado por pastores de mulas. O pastor pede às mulas em potencial que coloquem suas contas bancárias à disposição, em troca de uma porcentagem das somas que fluem para elas.

A divisão da atividade criminosa e tais entidades distintas torna mais difícil para as agências policiais identificarem o que de fato acontece e quem está cooperando com quem. A proliferação de aparelhos e aplicativos para celulares também oferece enormes oportunidades para os cibercriminosos.

A rápida expansão de usuários da internet apresenta outro problema fundamental. A polícia da Europa ocidental notou que o tamanho da comunidade chinesa de hackers criminosos vem crescendo a passos largos. Até recentemente, o golpe do Nigerian 419 — ou a fraude da taxa de adiantamento — era prerrogativa de grupos criminosos da África ocidental, especialmente nigerianos, os orgulhosos criadores daqueles e-mails bizarros que conclamavam o destinatário a auxiliar na movimentação dos milhões de dólares de um ditador morto.

O Nigerian 419, batizado segundo o parágrafo referente no código penal da Nigéria, é um golpe muito antigo — ele constitui o cerne da peça *The alchemist* [O alquimista], uma comédia escrita pelo dramaturgo elisabetano Ben Jonson. Em essência, o golpista convence a vítima a adiantar uma pequena soma de dinheiro com a promessa de que isso a fará receber mais tarde uma quantia muito maior. Ele então ou ordenha a vítima em busca de mais dinheiro ou desaparece com o primeiro bocado. Ainda que possível em tempos elisabetanos, era um negócio muito laborioso. A internet o tornou extremamente lucrativo porque, utilizando spam, o criminoso consegue alcançar um público de dezenas de milhões de pessoas. As chances de achar algum incauto ficam extremamente aumentadas.

O golpe do Nigerian 419 surge em muitos formatos e tamanhos. Às vezes chega como apelo aos ricos ocidentais para que auxiliem uma criança africana miserável. Cartas, faxes e e-mails suplicando, aos americanos em especial, fundos para erguer uma nova igreja ou acolher uma congregação são bastante frequentes

— nesses casos, a motivação das vítimas é caridosa e bem-intencionada. Outra presa lucrativa dos golpes 419 são os carentes de amor, em particular viúvas e divorciadas de meia-idade, que desenvolvem relações virtuais com garotos de programa, que lentamente sugam suas economias como adiantamento de encontros sexuais que nunca chegam a se realizar.

Os 419 estão agora sendo enviados da China, tanto em chinês como em inglês. Isso compreende uma segunda especialidade chinesa de invasão de computadores, que é o roubo de itens do MMORPG, uma sigla estranha para os jogos estranhamente batizados de Massively Multiple Online Role-Playing Games (grosso modo, RPGS on-line com múltiplos jogadores), tais como World of Warcraft, ou os jogos de "vida real", Second Life ou Habbo Hotel. Todos eles envolvem pagamentos digitais que podem ser trocados por dinheiro genuíno, que é, por sua vez, investido em bens e serviços virtuais, que os jogadores podem adquirir pelo prazer de sua experiência no jogo. Embora não sejam os únicos, os hackers chineses aprenderam a "roubar" essas quantias — ou itens digitais —, que podem ser convertidos em dinheiro de verdade no mundo real. O monumental potencial de computação da China permanece largamente inexplorado no momento, todavia já é visto, na maioria dos setores relacionados com a segurança computacional nas áreas civil e militar, como na ordem global, perdendo apenas para os Estados Unidos. À medida que a China começar a realizar seu potencial, a natureza da internet mudará.

Para combater essas ameaças crescentes, governos e indústrias estão agora despejando centenas de bilhões de dólares em segurança cibernética, seja na execução e aplicação das leis, seja na proteção da propriedade intelectual ou da supremacia militar. Quase todos esses fundos são investidos em tecnologia, com a ideia de que isso bastará para proteger a internet de todos os códigos ruins, ações criminosas e vírus que estão pululando pelo ciberespaço, em busca de redes de computadores desprotegidas para atacar.

Em contraste, não existe praticamente nenhum investimento na tentativa de identificar quem é responsável pelas invasões e por que as faz. Ninguém faz distinção entre hackers e a WikiLeaks, entre militares americanos e chineses, entre organizações criminosas e simples curiosos.

Mas hackers são uma cepa rara e muito especial. Seus perfis psicológicos e sociais diferem, de maneira geral, dos perfis dos criminosos tradicionais, acima de tudo daqueles que são fundamentais para descobrir as oportunidades de negócios criminosos na web mas não estão muito interessados em dinheiro — em uma palavra, os geeks. Compreender suas habilidades e sua motivação ao se envolverem em atividades específicas, criminosas ou não, seria extremamente benéfico para a indústria de segurança, que é superdependente de soluções técnicas. Nas raras ocasiões em que o braço da lei ou o setor privado rastreia hackers, provocando seu julgamento e condenação, pouco se faz para criar laços com os criminosos. Em vez disso, os sistemas judiciário-criminais da Europa e dos Estados Unidos buscam impor a eles penas pesadas e, em seguida, restringir seu acesso a computadores.

Dado o perfil psicossocial peculiar dessas pessoas, este é um grande erro. Primeiro, dever-se-ia levar em consideração a idade delas: a maioria dos hackers se envolve numa idade bastante precoce em atividades que poderiam ser mais bem descritas como legalmente ambíguas... Como Detlef Hartmann, podem ser seduzidos para o trabalho ilegal na web antes que seu compasso moral tenha se desenvolvido apropriadamente e antes de compreenderem bem as implicações do que estão fazendo.

Na vida real eles são muitas vezes vulneráveis do ponto de vista psicológico, o que equivale a dizer que trancafiá-los em meio a criminosos de verdade pode ser bastante contraproducente, como mostra o caso de Max Vision. Se por um lado ele tem um ego imprevisível, todos os responsáveis concordam que Vision tem o cérebro do tamanho de um planeta com uma compreensão sem precedentes da segurança de computadores. Num mundo onde existe escassez de especialistas em segurança de computadores e onde as ameaças estão proliferando, parece insensato encarcerar um recurso de tais dimensões. Isso não significa que hackers que tenham se envolvido em atividade criminosa não devam ser punidos, mas que a necessidade de reabilitação não é somente um imperativo moral para o Estado, como de considerável valor prático.

Raoul Chiesa, um ex-hacker, dirige um pequeno centro acadêmico chamado Hacker Profiling Unit (Unidade de Determinação de Perfis de Hacker), com base em Turim e financiado pelas Nações Unidas. Sua pesquisa baseia-se no íntimo conhecimento da comunidade hacker e nas respostas de hackers a extensos questionários que ele lhes envia. Os primeiros resultados de seu trabalho fornecem importantes pistas acerca da constituição de um hacker.

Mais surpreendente é o desequilíbrio em termos de gênero que permeia não só os domínios do crime cibernético, como também a organização e operação da internet como um todo. Este é um tema ao qual apenas aludimos nas páginas deste livro, mas que merece um estudo especial. Se os homens ainda dominam a política e a economia ao redor do mundo, este domínio é ainda mais extremo quando se trata de nova tecnologia. Existem, é claro, muitas mulheres dinâmicas envolvidas em novas tecnologias e novas mídias, mas estatisticamente elas perfazem uma minúscula porcentagem: segundo Chiesa, apenas 5%. Hackers são quase invariavelmente homens.

Um segundo achado no estudo de Chiesa é que o hacker médio é inteligente ou muito inteligente. Além disso, ele notou que entre hackers há uma alta incidência, perto de 100%, de especial talento para ciência — física, matemática e química. Isso é combinado com um nível bastante baixo de talento para humanidades.

Por fim, há a questão típica dos relacionamentos dos hackers. A maioria — mas não todos — acha muito mais fácil formar relacionamentos no ambiente impessoal da internet do que na vida real. A pergunta que se deve fazer é por que isso ocorre.

É comum hackers se colocarem em atividade ainda adolescentes, exatamente na época em que a maioria das pessoas acha difícil estabelecer relacionamentos, ainda mais com o sexo oposto. Assim, ao menos em parte, suas dificuldades nessa área são inteiramente naturais. Mas Chiesa também identificou um número anormal e elevado de hackers que descreveram problemas em se comunicar com a família, especialmente com os pais.

Ao ler a pesquisa de Chiesa, e tendo passado um bocado de tempo entrevistando diferentes tipos de hackers, veio à minha mente o trabalho de Simon Baron-Cohen, professor de psicopatologia do desenvolvimento na Universidade de Cambridge. Seu trabalho pioneiro sobre o autismo trouxe uma compreensão maior do espectro de padrões comportamentais do homem e da mulher. Em essência, um comportamento masculino típico mostra uma capacidade realçada de "sistematizar" o mundo exterior, enquanto é tipicamente feminino exibir uma maior habilidade de "enfatizar". Isso não quer dizer que todas as mulheres sejam más leitoras de mapas e que todos os homens sejam péssimos ouvintes; quer dizer apenas que existe uma tendência pronunciada em cada gênero — de sistematizar entre os homens e de enfatizar entre as mulheres.

A pesquisa subsequente de Baron-Cohen o levou a descobrir um vínculo entre a mente masculina extrema, que em certas circunstâncias poderia ser descrita como "autista", e elevados níveis de testosterona aos quais o feto fica sujeito no útero. Sua tese é controversa, mas sob muitos aspectos convincente, e sem dúvida preciosa quando se consideram os hackers e seus padrões de comportamento. Os hackers não são, é claro, todos autistas; na verdade, poucos deles são (embora alguns celebrados, tais como Gary McKinnon, procurado nos Estados Unidos por invadir o sistema do Pentágono, tenham sido diagnosticados com a síndrome de Asperger). Mas eles parecem, sim, corresponder a muitas das observações clínicas registradas pelo professor Baron-Cohen que estão muito próximas da extremidade "masculina" do espectro.

Com pesquisa adicional, isso poderia significar que será possível identificar tipos de personalidade hacker entre crianças ainda em idade escolar. Dessa forma, colegas e professores poderiam estimular suas aptidões e ao mesmo tempo oferecer orientação ética, de modo que seus talentos fossem canalizados para direções positivas. A palavra "hacker" tende a carregar conotações pejorativas. Mas a capacidade de invadir computadores é de fato um pertence, tanto pessoal como social. Computadores e redes jamais estarão seguros se não forem protegidos por hackers de nível avançado. Alguns desses indivíduos já estão trabalhando para esse fim. Pela minha experiência, 90% dos hackers envolvidos em atividades criminosas manifestaram um forte desejo de trabalhar dentro da indústria lícita de segurança — e, mesmo carregando uma condenação criminal, deveriam receber essa chance.

ADEWALE TAIWO, VULGO FREDDYBB

Em 1º de janeiro de 2009, Adewale Taiwo foi condenado a quatro anos de prisão pelo Tribunal de Hull por formação de quadrilha objetivando fraude entre junho de 2004 e fevereiro de 2008. Ele se declarou culpado no mês de novembro anterior, já tendo admitido que fraudara pouco menos de 600 mil libras de contas bancárias em todo o mundo. O juiz recomendou que, como complemento de pena, ele fosse deportado para a Nigéria.

Com a pena reduzida por bom comportamento, Taiwo deveria ser libertado em 29 de agosto de 2010. Duas semanas antes ele aparecera na corte em Grimsby, do lado oposto de Hull no estuário de Humber. Foi uma audiência regida pelos novos procedimentos do Código de Processo Penal do Reino Unido, uma das raras emendas sensatas feitas por Tony Blair para o sistema jurídico-criminal, que possibilita ao Estado recobrar bens de criminosos. Foi um final farsesco para um caso sério. O promotor tinha perdido um arquivo-chave, provocando uma reação inesperada do barbado juiz Graham Robinson, cujo bom humor inicial rapidamente se deteriorou. Ele declarou que não iria remarcar a audiência, e então as duas partes deveriam chegar a um acordo mais ou menos imediatamente. Isso deu a Adewale uma vantagem muito grande. O juiz finalmente aceitou um número pouco maior que 53 mil libras, que viera a ser reduzido da avaliação inicial de 353 067 libras que Taiwo declarou que não pagaria, o que significava que teria de cumprir um ano a mais na prisão. De fato, em 7 de abril de 2011 ele foi deportado para a Nigéria. Um dos personagens mais inteligentes a agraciar o mundo dos cartões de crédito, Taiwo quase conseguiu sustentar sua vida dupla como talentoso engenheiro químico e cibercriminoso.

SARGENTO INVESTIGADOR CHRIS DAWSON

Chris Dawson havia trabalhado no caso Freddybb com excepcional diligência, dedicando muitas das suas horas privadas para assegurar que o emaranhado de cifras, datas e detalhes tecnológicos fosse compreensível para qualquer pessoa leiga quando chegasse à corte. Num intervalo para consultas durante as audiências de procedimentos do crime de Taiwo, Dawson julgou ter ouvido Taiwo dizer: "Foda-se, eu não vou pagar". Quando o juiz deixou a sala do tribunal, o detetive saiu em disparada num acesso de fúria causado pela incompetência do sistema jurídico inglês.

Ele continua a trabalhar como oficial sênior de homicídios, em Hull.

DIMITRY GOLUBOV

Após sua detenção em Odessa, o hacker Dimitry Golubov passou cinco meses e meio na prisão, tempo durante o qual foi interrogado por funcionários do sistema legal americano, incluindo Greg Crabb do Serviço de Inspeção Postal dos Estados Unidos. No entanto, por intervenção de dois membros do parlamento ucraniano, foi libertado, e finalmente em 2009 foi inocentado de qualquer acusação por uma corte em Kiev.

Um homem de 1,85 metro de altura, com olhos azuis carismáticos, Golubov nega qualquer relação com Script, embora haja inconsistências em sua versão dos fatos e as provas digitais nas mãos dos responsáveis americanos contem uma história muito diferente (tais evidências incluíam dados revelados pela análise do computador de Roman Vega segundo os quais Script seria Golubov).

Script sumiu depois de sua libertação, mas Golubov voltou com um compromisso renovado de empreendimento e mudança social formando o Partido da Internet da Ucrânia. Ainda com sede em Odessa, Golubov desenvolveu um programa político que visa combater a corrupção, a pornografia e o tráfico de drogas na internet. Ele está confiante de que dentro de uma década será eleito primeiro-ministro ou presidente da Ucrânia, e, embora atualmente pareça uma aposta inviável, seu impulso e ambição devem ser levados a sério. O Partido da Internet abrigou dezenas de candidatos nas eleições para conselhos locais em Odessa, e, apesar de ter conseguido até agora uma única cadeira, é inquestionável que o movimento está crescendo por todo o país.

Estranhamente, porém, apesar de a moral feroz da organização calcar-se em alguns tópicos criminosos, tais como pornografia infantil, Golubov deu início a uma campanha para conseguir a libertação do notório Maksik da sua pena de trinta anos na Turquia.

ROMAN VEGA

Roman Vega está encarcerado desde a sua prisão em Nicósia, em fevereiro de 2003. Transferido para a Califórnia em junho de 2004 a pedido dos Estados Unidos, está sob custódia desde então, mas nunca foi julgado. Enquanto escrevo este livro, ele é prisioneiro no Centro Metropolitano de Detenção, Brooklyn, uma instituição perto da Gowanus Bay. Durante todo esse período, Vega não recebeu nenhuma visita, exceto de seus representantes legais.

Em agosto de 2007 foi marcada uma audiência diante do juiz Charles R. Breyer no distrito Norte da Califórnia. Promotoria e defesa estavam prontas a assinar um acordo que libertaria Vega, tendo ele já cumprido a sentença de 46 meses. Na tarde anterior a sua libertação, um promotor do distrito Leste de Nova York deu entrada a toda uma nova série de acusações, requisitando a transferência de Vega para o Brooklyn. As acusações eram essencialmente idênticas às da Califórnia. O conselho da promotoria em Nova York, porém, escolheu um estatuto diferente sob o qual fazer as acusações, para evitar a dupla persecução penal.

A transcrição da audiência na corte deixa claro que o juiz Breyer, irmão do membro da Suprema Corte Stephen Breyer, ficou constrangido e irado pelas táticas do distrito Leste de Nova York. Os novos indiciamentos baseavam-se em informações fornecidas por agentes do Serviço Secreto dos Estados Unidos.

Depois de Vega chegar ao Brooklyn, o Serviço Secreto lhe ofereceu um acordo: se ele testemunhasse contra Dimitry Golubov e outros membros do establishment ucraniano (não hackers, mas figuras políticas tradicionais), eles retirariam as acusações. Mas, se ele se recusasse, dariam entrada com novas acusações contra ele em diferentes estados da União. Continuariam até que ele concordasse em cooperar.

Independente do que Vega tivesse feito ou não, já tinha passado na cadeia o triplo do tempo que outros condenados por atividade criminosa no Shadowcrew, com dois casos não resolvidos ainda pendentes e a ameaça de outros a lhe pesar nas costas. Vega vem sofrendo de degeneração dentária precoce por vários anos e dor crônica, muitas vezes incapaz de comer adequadamente. Tem-lhe sido recusada assistência médica por parte do Departamento Prisional e do us Marshall Service.

Não há perspectiva de Vega ser libertado num futuro próximo.

MAKSYM KOVALCHUK, VULGO BLADE

Kovalchuk foi preso em maio de 2003 na Tailândia e extraditado para os Estados Unidos, onde cumpriu quatro anos de prisão. O FBI assinou um acordo, e ele foi libertado no final de 2007, após o que retornou ao anonimato na Ucrânia. A decisão do FBI de libertá-lo contrasta fortemente com a tática do Serviço Secreto de manter preso Roman Vega.

RENUKANTH SUBRAMANIAM, VULGO JILSI

Em 26 de fevereiro de 2010 Subramaniam se declarou culpado de uma acusação de fraude de cartões de crédito e quatro acusações de fraude de hipotecas, pelas quais o juiz da Corte da Coroa de Blackfriars o condenou a quatro anos de prisão. Enquanto escrevo este livro ele é detento na prisão de Wormwood Scrubs, no oeste de Londres, pela qual passaram celebridades como o compositor sir Michael Tippett e o guitarrista dos Rolling Stones, Keith Richards.

Com tempo descontado por bom comportamento, espera-se que Subramaniam seja libertado no fim de julho de 2012. O grosso do seu caso está relacionado não com o DarkMarket, mas com fraude de hipotecas. A promotoria incluiu cinco casos (embora três fossem baseados em acusações que posteriormente foram retiradas pelas instituições financeiras). Ainda que a fraude de hipotecas seja um crime por si só, a promotoria sugeriu uma ligação entre os rendimentos de Subramaniam com o DarkMarket e sua liquidez para pagar as hipotecas. Na verdade, Subramaniam argumenta que não foi responsável por esses pagamentos, uma vez que requereu empréstimos em nome de amigos que não teriam direito. Adicionalmente, Subramaniam está aguardando o resultado de uma audiência para ver se está sujeito a adicional confisco de fundos. Sob os termos da ordem restritiva, ele não terá acesso a computadores sem supervisão durante os cinco anos subsequentes à sua libertação.

DETLEF HARTMANN, VULGO MATRIX001

Em 9 de outubro de 2007 a Corte Regional de Stuttgart determinou que Hartmann deveria responder a treze acusações de fraude de cartões de crédito. No entanto, a mesma corte anunciou que a moção de processá-lo sob acusação de formação de quadrilha fora rejeitada. Com a acusação mais séria retirada, Hartmann foi libertado da prisão de Stammheim, onde passara os últimos quatro meses. A decisão-chave de impedir seu julgamento residiu na interpretação que a corte fez da constituição alemã, que afirma que o membro de uma quadrilha precisa sentir-se parte de um "grupo unificado" no qual existe uma presumida "subordinação do indivíduo à vontade do coletivo". O juiz argumentou que a natureza fluida da internet e as estruturas de participação no DarkMarket não atendiam a esses critérios — uma legislação que, obviamente, tem importantes implicações para o desenvolvimento das leis relativas a cibercrimes na Alemanha.

Em julho de 2008 Hartmann obteve uma sentença com *sursis* de 21 meses pelas acusações de fraude. Desde então, retomou seus estudos em design gráfico e rompeu completamente quaisquer vínculos com o mundo subterrâneo.

REDBRIGADE

Reabilitou-se e está atualmente na Europa.

MAX VISION, VULGO MAX BUTLER, VULGO ICEMAN

Em 12 de fevereiro de 2010 Max Vision foi condenado por um tribunal em Pittsburgh a treze anos atrás das grades, a mais longa sentença já dada por uma corte americana para invasores cibernéticos. A promotoria calculou que a sua atividade resultou em prejuízos a cartões de crédito de mais de 85 milhões de dólares. Ele agora é detento de uma prisão de baixa segurança, o Instituto Correcional Federal de Lompoc, no sul da Califórnia, onde não lhe é permitido nenhum acesso a qualquer tipo de computador.

A capacidade de invasão de Vision não tem paralelo — ele é inquestionavelmente um dos homens mais inteligentes cumprindo pena nos Estados Unidos. Numa conferência fechada ocorrida no outono de 2010 discuti seu caso com um dos mais antigos funcionários do Departamento de Segurança Doméstica que lida com ameaças cibernéticas. Ele concordou comigo de que deixar um usuário de computador com a habilidade de Vision definhando numa cadeia provavelmente era um péssimo uso dos recursos humanos dos Estados Unidos, mas ressaltou que o ego de Vision — quase tão grande quanto seu intelecto — desempenhara um papel importante na decisão.

NICHOLAS JOEHLE, VULGO DRON

Joehle foi libertado da prisão, tendo cumprido sua sentença por fraude de cartões de crédito e fabricação ilegal de máquinas de *skimming*.

HAKIM B., VULGO LORD KAISERSOSE

Lord Kaisersose está em Marselha aguardando julgamento, mas preso. A França é outro país onde as rodas da justiça poderiam ser um pouquinho lubrificadas.

CHA0

Cha0 está ou dirigindo seus negócios na Eslovênia ou na cadeia, dependendo de quem seja o verdadeiro Cha0, Şahin ou Çağatay Evyapan. Este último está encarcerado numa das instituições turcas de segurança máxima em Tekirdağ. Seu julgamento deve começar em 2011, mas o promotor retirou as acusações mais sérias relacionadas com o crime organizado.

MERT ORTAÇ, VULGO SLAYRACKER

Mert estava encarcerado numa prisão em Istambul respondendo a acusações relativas ao caso Akbank quando foi libertado por causa de um detalhe técnico, em março de 2010. Voltou a ser preso em novembro de 2010 e, enquanto este livro é escrito, ainda está na cadeia. De todos os envolvidos no DarkMarket, Mert foi um dos personagens mais talentosos, ainda que seja instável e imprevisível.

KEITH MULARSKI E BILAL ŞEN

Ambos estão de novo patrulhando as ruas do ciberespaço.

LORD CYRIC

Quem é ele? A caçada continua...

Fontes

A maior parte das informações contidas neste livro provém das aproximadamente duzentas horas de entrevistas que conduzi entre 2009 e 2011. Leonida Krushelnycky também realizou várias horas de entrevistas.

Além das entrevistas, tomei como base duas principais fontes documentais. A primeira são os registros de tribunal de numerosos julgamentos relacionados aos sites CardPlanet, Shadowcrew e DarkMarket. A segunda são os arquivos dos próprios sites, em particular dos dois primeiros, que estão prontamente acessíveis na internet. Infelizmente, o arquivo do DarkMarket é menos acessível. Sei de apenas um, e está de posse do FBI que, por razões operacionais, não tem liberdade de divulgá-lo.

Há uma quantidade considerável de literatura sobre os tópicos de cibercrime, ciberespionagem industrial e cibermaterial de guerra, grande parte encontrada na internet. Por meticulosidade, devo ressaltar o trabalho de Kevin Poulsen e sua equipe, cujo blog Threat Level é bem escrito e baseado em cuidadosa pesquisa. Recomendo dois livros que tratam especificamente de cibercrime:

Kingpin, de Kevin Poulsen, e *Fatal system error*, de Joseph Menn. Para uma introdução mais ampla a alguns dos desafios que estão surgindo como consequência da tecnologia da internet, o primeiro porto a ser considerado seria *The future of the internet: and how to stop it*, de Jonathan Zittrain.

Outros blogs de real valor incluem o Krebs On Security, de Brian Krebs; o Crypto-Gram Newsletter, de Bruce Schneier; o blog da F-Secure, a Companhia Finlandesa de Segurança de Computadores; e finalmente o blog de Dancho Danchev e Ryan Naraine, Zero Day.

Agradecimentos

Escrever este livro apresentou muitos desafios que eu jamais poderia ter enfrentado sem a generosa ajuda que recebi de numerosos amigos e colegas pelo mundo afora.

Na Grã-Bretanha, duas pessoas desempenharam um papel fundamental. Leonida Krushelnycky provou ser uma pesquisadora incansável, muitas vezes descobrindo material vital muito depois de eu ter abandonado qualquer esperança de encontrá-lo. Não fossem seus esforços, o livro teria sido consideravelmente mais pobre. Vesna Vucenovic assegurou que a administração deste projeto fosse a mais indolor possível.

Nas minhas viagens, tive a fortuna de encontrar dois jornalistas cuja paciência e entusiasmo se combinavam com sua capacidade e profissionalismo, que eram da mais elevada ordem. Kai Laufen me ajudou a compreender as complexidades da justiça alemã. Mas sua contribuição foi ainda maior por causa dos contatos que ele me ajudou a fazer e da hospitalidade que me ofereceu. Igualmente, eu estaria perdido em Istambul e na Turquia sem Şebnem Arsu. Tenaz, invariavelmente polido e capaz de forjar uma solução quando tudo parecia perdido, tenho com ele uma dívida considerável.

Dos vários policiais ao redor do mundo que discutiram o caso do DarkMarket comigo, devo ressaltar o agente Keith J. Mularski do FBI, o inspetor Bilal Şen do Departamento Anticontrabando e Crime Organizado da polícia turca, e o detetive Chris Dawson da polícia de Humberside. Os três cederam muito do seu valioso tempo para conversar comigo de forma extremamente esclarecedora, e sempre tinham prazer em iluminar algo que eu não tivesse captado muito bem. Gostaria também de agradecer aos policiais da SOCA, em Londres, e a Christian Aghroum, ex-funcionário do OCLCTIC em Paris.

De uma perspectiva bastante diversa, RioRita na Ucrânia foi uma mina de informação sobre o CarderPlanet e mais — meus agradecimentos especiais a ele. Aprendi muita coisa acerca das porcas e parafusos do cibercrime com RedBrigade. Devo a ele muito por sua resposta amigável e bem-humorada às minhas incontáveis solicitações de informação e análise.

Matrix001 e JiLsi estiveram sempre dispostos a compartilhar seu conhecimento sobre detalhes do DarkMarket e sua avaliação de fatos específicos. Em Pittsburgh, me encontrei com Max Vision, um interlocutor brilhante e proveitoso. Meus sinceros agradecimentos aos três.

Çağatay Evyapan e Mert Ortaç foram duas das mais interessantes personalidades que encontrei nos últimos três anos, mesmo que os dois não se tolerem. Gostaria de expressar minha gratidão a ambos, apesar da dificuldade de suas situações atuais.

Na Estônia, Madis Tüür foi um guia exemplar para a política e a história do país, para não mencionar o sempre acolhedor anfitrião.

Minha gratidão também a Brooks Decillia da CBC em Calgary pela sua despojada pesquisa. Da mesma forma, Daniel Goldberg e Linus Larsson vieram em meu socorro em Estocolmo.

Duas pessoas me ajudaram por trás do pano em assuntos técnicos. Em Helsinque, Mikko Hyppönen, oficial chefe de pesquisa da F-Secure, e Vicente Diaz, dos Laboratórios Kaspersky, em Barcelona, sempre estavam à disposição para me ajudar a contornar situações que eu simplesmente não conseguia entender. Também obtive conselhos sábios referentes a questões de cibersegurança mais genéricas de Rex Hughes, do Wolfson College, em Cambridge.

Também quero agradecer às seguintes pessoas que me ajudaram de diferentes maneiras: Allison Culliford, Luke Dembosky, Sophie Devonshire, Joris Evers, detetive Spencer Frizzell, Tamara Glenny, Camino Kavanagh, Suat Kiniklioğlu, Dirk Kolberg, Darryl Leaning, Melissa Llewelyn-Davies, Jane McClellan Q. C., Mark Medish, Steve Milner, Jaan Prisaalu, Colin Robinson, Anya Stiglitz e Eneken Tikk.

Meus agentes e editores foram muito generosos. Clare Conville, em Londres, é a melhor agente que se possa imaginar, respaldada por uma equipe maravilhosa. Michael Carlisle provê um serviço igualmente dinâmico em Nova York. Sou afortunado de ter um trio de editores, Will Sulkin na Bodley Head, Dan Frank na Knopf e Sarah MacLachlan na Anansi Press, que tornaram a experiência de escrever mais administrável, ao mesmo tempo que enriqueceram enormemente o produto final. Se escaparam erros sou eu que, naturalmente, tenho total responsabilidade por eles. Gostaria também de agradecer a duas outras pessoas que tiveram um significativo impacto sobre o livro, Kay Peddle, na Bodley Head, e Janie Yoon, na Anansi.

Meus três filhos, a quem este livro é dedicado, mantiveram um interesse sadio no meu trabalho, apesar do fato de eu ter estado frequentemente ausente e distraído enquanto escrevia. Eles nunca deixaram de mostrar seu apoio e entusiasmo.

E, finalmente, minha gratidão e amor a Kirsty Lang, minha esposa, que comentou, criticou, elogiou e me manteve à tona todo o tempo. Não pela primeira vez, não teria conseguido sem ela.

junho de 2011

Glossário

Botnet — Nome que se dá ao conjunto de computadores capturados e utilizados num ataque D DoS.

Carder — Especialista em roubo e clonagem de dados de cartão de crédito.

D DoS — Distributed Denial of Service, ou ataque distribuído de negação de serviço. Uma das formas mais comuns de ataque na internet. Um vírus "captura" milhares de computadores na rede, que ficam à disposição de um hacker mal-intencionado, sem que o usuário perceba. Esse exército é usado para acessar simultaneamente um determinado site, em geral derrubando o servidor e tirando o site do ar.

Dumps e *wholes* — Jargão para números de cartões de crédito e de códigos de segurança, respectivamente. Um "full" é um cartão roubado com senha e número de segurança.

Endereço IP — O endereço numérico de um usuário ou site na rede. Traz informações sobre o usuário, como o país de onde está acessando a internet.

Escrow — Serviço em que duas partes contratantes em uma

operação financeira ou comercial concordam em confiar uma soma a uma terceira parte, como garantia de pagamento.

Geek — Alguém interessado em informática, tecnologia, jogos eletrônicos etc. O uso do termo, que já foi pejorativo, mudou com os anos. Nas palavras de um célebre hacker, um geek é "um nerd com traquejo social".

Malware — Nome que se dá ao conjunto de ameaças encontradas na internet, como vírus, *worms* e *trojans*.

Phishing — Fraude eletrônica que visa ao roubo de dados pessoais do usuário. Em geral vem na forma de e-mail, passando-se por uma mensagem de banco ou outra empresa, como um pedido de atualização de cadastro, por exemplo. O usuário preenche os dados, que são enviados aos fraudadores.

Proxy — Um servidor de internet que repassa o pedido de um usuário a outra máquina na internet, sem que esta saiba quem realizou o pedido inicial. Uma das maneiras mais comuns de se manter o anonimato na rede.

Rippers — Bandidos eletrônicos que roubam outros bandidos eletrônicos, vendendo serviços inexistentes e desaparecendo após a transação.

Skimmer — Dispositivo utilizado na leitura e cópia da fita magnética de um cartão de crédito. Pode ser instalado por clonadores em caixas eletrônicos e máquinas de cartão usadas no comércio. No Brasil, também conhecido por "chupa-cabra".

Trojan ou cavalo de troia — Programa que o usuário instala inadvertidamente no computador e que, como na lenda grega, deixa aberta uma porta para invasões posteriores. Um *keylogger* é um cavalo de troia que registra todas as teclas pressionadas pelo usuário, incluindo nomes e senhas, e envia a um terceiro.

VPN, ou Rede Privada Virtual — É uma rede de comunicações privada, dentro de uma empresa, por exemplo, da qual também se acessa a internet. Torna possível dois ou mais computadores compartilharem o mesmo endereço IP. Ferramenta utilizada por hackers para mascarar suas atividades na rede, mas também por especialistas em segurança para proteger seus computadores.

Worm — Vírus que tem a capacidade de se reproduzir num computador hospedeiro e então usar os programas de comunicação deste computador para se espalhar a outras máquinas.

Índice remissivo

"à prova de bala", servidor, 232-3
Aarelaid, Hillar, 222, 224, 227
Académie Française, 210
Acordos de Bretton Woods *ver* Bretton Woods, Acordos de
Adão & Eva, Hotel, Antalya, 306, 307, 341
administradores, 48-9, 80, 82-3, 104, 119, 135-7, 147, 157, 159-60, 163--4, 166, 169, 172, 182, 186, 199, 213, 252, 255, 275, 293, 304, 322, 334, 344; do DarkMarket, 199, 209, 213, 252, 304, 322
Adobe, 142
adware, 234
Afeganistão, 240
África, 77; ocidental, 355
África do Sul, 32, 35, 36, 135
Agência Central de Combate à Criminalidade Ligada às Tecnologias de Informação e Comunicação *ver* OCLCTIC

Agência de Combate às Drogas (DEA — Drug Enforcement Administration), 22
Agência Nacional de Inteligência (Turquia), 290
Aghroum, Christian, 184
AK, Partido, 260, 263, 264, 265, 282, 345
Akbank, 260, 261, 306, 308, 310, 368
Alemanha, 45, 100, 113, 122, 157, 172, 180, 184, 198, 202, 206-7, 215, 245, 252, 255, 257, 282, 328-9, 332-3, 335-6, 366; cibercriminosos individuais com base na *ver* Artamonow, Michael, vulgo Soulfly; Grendel; Hartamnn, Detlef, vulgo Matrix001; MiCe!; Ulusoy, Bilge, vulgo Fake
Alemanha Oriental, 91
Alès, 308, 309
Ali B. *ver* B., Ali
Alison Lapper Grávida, 217
Alt 2600, 52

379

alta tecnologia, 71, 81, 90, 92, 95, 177, 282

Amazon, 20, 70, 120

América do Sul, 65, 77, 278

American Express (Amex), 126, 127, 128, 153; Centurion, 153, 154

amexsux.com, 127

Ancara, 252, 253, 254, 266, 281, 282, 283, 292, 321, 340, 349; Universidade de Ancara, 254

Andersson, Karin, vulgo Kafka, 137

anonimato, 16, 34, 364

Antalya, 306, 312, 341, 344

anúncios/propaganda, 52, 53, 93, 123, 124, 209, 233, 279, 298, 354

Apartamentos Sözdener, Istambul *ver* Sözdener, Apartamentos, Istambul

armas cibernéticas, 238, 241, 242

arquivos zipados *ver* zip, arquivos

Artamonow, Michel, vulgo Soulfly, 330

Ásia Central, 259, 282

Associação para o Progresso da Atividade Criminosa *ver* IAACA

ataque distribuído de negação de serviço *ver* D DOS

Atatürk, Kemal, 263, 291

atmskimmers.com, 194

Audiogalaxy, 122

Auditor, 76

Auld, Andy, 234

Austrália, 18, 65, 84

autismo, 359

Autodesk, 89, 90, 91, 93, 94, 97, 102

B., Ali, 212

B., Hakim, vulgo Lord Kaisersose, 209, 210, 211, 212, 215, 255, 367

Bad Cannstatt, 339

Baden-Württemberg, 184, 199, 204, 205, 329, 330, 332, 335; *ver também* Eislingen, Suttgart

Bálcãs, 101, 259, 282

Baldur's Gate, 299

bancos, 48, 53, 55, 58- 60, 68, 71-3, 78, 87, 127, 129, 131, 133-5, 148, 157, 160, 175, 180, 228, 261

Bangcoc, 97

Bank of America, 48, 175

Bankfraud@yahoogroups.com, 49, 53

Baranets, 100

Barclays, 32, 72

Baron-Cohen, Simon, 359, 360

BASIC, 115

BBS *ver* Bulletin Board System

Belize, 55, 184

Berlim, 91, 328

Besiktas, 290, 305

Bigbuyer, 76

Black Amex *ver* American Express (Amex)

Blackfriars, Corte da Coroa, 365

Blade *ver* Kovalchuk, Maksym, vulgo Blade

Blair, Tony, 61, 361

Boa Factory, 85, 95

Boa *ver* Vega, Roman, vulgo Boa

botnets, 150, 226, 244, 295

botscan, 222

Bradford, 32, 34, 35

Brasco, Donnie, 173

Brasil, 13, 14, 258, 333

Brasília, 14

Bretton Woods, acordos de, 193

Breyer, Juiz Charles R., 363, 364

BRIC, países, 258, 259; *ver também* Brasil; Rússia; Índia; China

Brookhaven, laboratório, 144

Buffalo, 194, 195

Bulgária, 58, 91, 259, 278

Bulletin Board System (BBS), 298, 319

Bush, governo, 230

c0rrupted0ne, 170, 171

CAD (Computer-Aided Design), software de, 41, 89

caixas eletrônicos, 21, 68-9, 131, 133, 157, 192, 212, 273, 277, 279-80, 304, 318, 342

Calgary, Alberta, 191

Canadá, 15, 18, 65, 72, 196, 252, 301, 327; Joehle, atividades no Canadá ver Joehle, Ocholas, vulgo Dron

capacidade operacional ofensiva e defensiva, 240

Carder.org, 70, 81

Carder.ru, 70, 81

CarderPlanet, 73-85, 88-9, 94-8, 104, 124, 128, 134, 136, 149, 155, 161, 164, 183, 210, 342

carders, 15, 56, 77-8, 81-2, 85-7, 96--7, 104, 135-6, 138, 152, 154, 157, 161, 165, 167, 182-3, 186, 198, 201, 256, 300-1, 315, 337-8, 344; Primeira Conferência Mundial de Carders, 65, 74, 76, 86

CardersMarket, 138, 146-9, 151, 155, 165, 169-72, 180-2, 186, 209, 256, 300-1

Cardiff, 233

carding, 21, 68, 69, 104, 147-9, 154--7, 162, 168, 174, 181, 211-2, 214, 218, 234, 256, 292, 295, 299, 302, 308, 312, 323, 332, 338, 353-4

Carnegie Mellon, Universidade (CMU), 179

Carnegie, Andrew, 179

cartões de crédito, 15, 21, 48-9, 54, 56, 58, 61, 68, 70, 72, 74, 77-8, 86, 95, 124, 127, 132, 135, 138, 147, 151, 154, 157, 164, 174, 183, 186, 194, 212, 214, 272-3, 275, 280, 294, 296-7, 304, 310, 318, 330, 333, 344, 365-7; fraudes de ver carders; carding; leitoras de cartões

cassinos, 66, 153

Cáucaso, 282

cavalos de troia, 43, 56, 57, 156, 159, 244, 252, 376

c-c ver comando e controle, servidor de

CCDCOE ver Centro de Excelência de Defesa Cibernética Cooperativa

Cena, A ver Scene, The

Centro de Excelência de Defesa Cibernética Cooperativa (Cooperative Cyber Defense Centre of Excellence – CCDCOE), 224

Centro Metropolitano de Detenção, Brooklyn, 363

Centurion ver American Express (Amex)

CERT (Computer Emergency Response Team — Equipe de Resposta Emergencial em Computadores), 221, 222, 227, 228

Cha0, 154, 156, 162, 164, 166, 182, 186-7, 209, 251-2, 256-62, 266, 268, 271-3, 275-80, 282-4, 297--8, 300-4, 306-7, 310-4, 316-7, 319-22, 336, 338, 341-6, 349-50, 352-3, 368; ver também Evyapan, Çagatay

Chennai, 126

Chiesa, Raoul, 358, 359

China, 17, 41, 55, 175, 193, 241, 242, 244, 254, 258, 356

Chipre, 68, 95, 97

CIA, 22

ciberarmas *ver* armas cibernéticas

cibercrime/crime cibernético, 17, 21, 33, 37, 58, 75, 76, 79, 85, 92, 104, 174, 178, 184, 210, 234, 254-6, 259, 272, 273, 302, 312, 320, 332, 333-4, 343-6, 349, 358, 366, 369; *ver também indivíduos específicos*; *websites específicos*

ciberespaço, 98, 124, 146, 150, 152, 163, 165, 174, 238, 239, 240, 242, 243, 276, 351, 352, 357, 368; domínio militar no, 240, 241

ciberespionagem industrial, 25, 174, 236, 244, 369

cibersegurança, 301

Cidade do Cabo, 329

Cihangir, 287

Cingapura, 166, 295, 296

Çiragan, Palácio (Istambul), 290

Cisco Systems, 174

Citibank, 131, 132, 175

Clarke, Richard: *Cyber war*, 238

Click Through Rate ver ctr

CMU *ver* Carnegie Mellon, Universidade

CNI *ver* "infraestrutura nacional crítica", 11

Código de Processo Penal do Reino Unido, 361

Colombo, Sri Lanka, 108, 109

comando e controle, servidor de, 49, 150

COMECON, 91

comércio eletrônico, 70, 71

Computação Virtual via Rede *ver* VNC

computadores controlados *ver* botnets

Computer-Aided Design *ver* CAD

Comunidade Gülen, 260

Congresso (EUA), 175, 185, 193, 194

Conhecimento Total da Informação, programa *ver* TIA

copyright, 122

Coreia do Norte, 84, 194

Crabb, Greg, 92-7, 102, 362

crime cibernético *ver* cibercrime

CrimeEnforcers.com, 271, 272, 279

criptografia, 17, 18, 183, 241, 296, 302

Cryptos *ver* Ozkaya, Sadun, vulgo Crytos ou PilotM

CTR (Click Through Rate), 124

CumbaJohnny *ver* Gonzales, Albert, vulgo CumbaJohnny

Cyric, Lord *ver* Lord Cyric, 11

Danchev, Dancho, 370

D DOS (Distributed Denial of Service — ataque distribuído de negação de serviço), 21, 150, 163, 165, 226, 227, 228, 244

DarkMarket: administradores, 199, 209, 213, 252, 304, 322; batalha entre CardersMarket e, 151, 166-7; colegas de Iceman partilham suas suspeitas, 170, 171; e crime organizado, 341-6; endereço de IP suspeito descoberto por Iceman, 168, 169, 170; impacto da morte do, 353, 354, 355; investigações e ações de agência de cumprimento da lei relativas a, 62, 173-4, 179-85, 193-218, 251-63, 266, 271-2, 275-84, 299-300, 310-1, 317-23, 327-40; investigado pelo autor, 23, 24, 25, 107, 108, 347, 348, 349, 350; morte do, 322; revelações sobre identidade secreta de Mularski, 331-9; surgimento e crescimento, 136, 137, 152, 153, 154; temores sobre possível denúncia, 171-2; pessoas envolvidos no *ver* Artamanow, Michael, vulgo Soulfly; B., Hakim, vulgo Lord Kaisersose; Cha0; Evyapan, Çagatay; Gendel; GombeenMan; Hartamann, Detlef, vulgo Matrix001; Joehle, Nicholas, vulgo, Dron Kalouche; Lord Cyric; McHugh, John, vulgo Devilman; Master Splyntr; Mustafa, vulgo MYD; Ortaç, Mert, vulgo Kier ou SlayraCkEr; Ozkaya, Sadun, vulgo Cryptos ou PilotM; Recka; Shtirlitz; Subramaniam, Renukanth (Renu), vulgo JiLsi; Taiwo, Adewale, vulgo Fred Brown ou Freddybb; Theeeeel; Ulusoy, Bilge,vulgo Fake; Yastremsky, Maksym, vulgo Maksik

Darknet.com, 134

DARPA, 230

Dawson, Chris, 32-4, 37-8, 48-51, 56, 58, 60-2, 361-2

Deep Freeze, 159

Defesa, Departamento de ver Departamento de Defesa (EUA)

"Departamento 3.5", 329, 331, 338

Departamento de Combate ao Crime Organizado (Ucrânia), 102

Departamento de Defesa (EUA), 175, 240

Departamento de Segurança Doméstica (EUA), 367

Depeche Mode Baar, Tallinn, 223

Design Auxiliado por Computador *ver* CAD

Dev Yol, 294

Devilman *ver* McHugh, John, vulgo Devilman

DHKP/C (Partido/Frente Revolucionário Popular de Libertação), 294, 295, 297, 304

DHL, 212

Digiturk, 292, 293, 341

Diners, cartão de crédito, 77

"dinheiristas", 137

Dink, Hrant, 348

direitos de administrador, 82

Divisão Turca de Combate ao Contrabando e ao Crime Organizado (Turquia), 253, 260

dólares, 13, 60, 69-72, 80, 89-90, 93, 103, 123, 130-4, 153-4, 175-6, 192, 194, 208, 212, 229, 233, 235, 237, 279, 306-7, 316, 336, 355-6, 367

Doncaster, 274

Donovan, Edwin, 196

Dron *ver* Joehle, Nicholas, vulgo Dron

drones, 240

Dubai, 68, 256

Dustin, 211, 212

dystopia, 170, 171

eBay, 70, 89, 90, 91, 92

Echelon, 18, 231

Eisenstein: *O encouraçado Potemkin*, 77

Eislingen, Suttgart, 113, 198, 202, 206

Eissmann, Frank, 200, 201, 204, 205, 330, 331, 333, 338

El Mariachi, 168

emails spam *ver* spam

Emirados Árabes Unidos, 50, 68

Encouraçado Potemkin, O, 77

engenharia social, 178, 180

engodo, 300

EP-3E Aries, avião de reconhecimento, 239, 241

Equipe de Resposta Emergencial em Computadores *ver* CERT

Ergenekon, 265, 266, 350

Escola Langdon (Londres), 110

Escola Secundária Newham de Ensino Aprofundado, 111

escrow, serviço de (fiel depositário), 164, 183, 275, 277

Escrow, Serviço de (Fiel Depositário), 276

Eskisehir, 253

Eslovênia, 368

Esmirna, 316, 318

Espanha, 13, 157

espionagem industrial *ver* ciberespionagem industrial

Estado Profundo, 263, 264, 265, 282, 345, 350

Estados Unidos, 13, 15, 21-2, 45, 69, 72, 83-4, 91, 94-5, 97, 101-2, 123, 144, 147, 153, 161, 177, 179, 183-5, 193-4, 202, 208, 212, 214, 226-7, 230-2, 240-2, 245, 253, 256, 260, 263, 278, 302, 309, 319, 335-6, 339, 348, 356-7, 360, 363-4, 367; cibercriminosos individuais com base nos *ver* RedBrigade; Vision, Max, vulgo Iceman; *ver também* FBI; USPIS (United States Postal Inspection Service — Serviço Americano de Inspeção Postal); Serviço Secreto dos Estados Unidos

Estônia, 221-9, 234, 238-9

Europa, 15, 44, 65, 72, 77, 84, 94, 184, 196, 224, 228, 231-2, 253, 263, 268, 280, 282, 290, 302, 311, 319, 335, 339, 345, 348, 354-5, 357, 366

Europa Oriental, 66, 72, 90; *ver também* União Europeia; *países específicos*

Evyapan, Çagatay, 305, 318, 320, 322, 340-2, 346, 349-50, 352, 368; *ver também* Cha0

Exército de Libertação Popular (China), 242

Exército Vermelho, 205, 225, 228

Facebook, 20, 23, 43, 44, 121

Fake *ver* Ulusoy, Bilge, vulgo Fake

Família, A, 76, 78, 82, 83, 85, 86, 94

FBI, 22, 23, 61, 89, 91-2, 134, 141-2, 144-5, 161, 168, 170, 172-81, 185-6, 194, 196-7, 199-201, 207, 215-6, 230-1, 242, 252-3, 256, 266, 274, 300-1, 311-2, 322-3, 327-8, 330-1, 333-7, 351-2, 354, 364, 369; *ver também* Mularski, Keith J.

Fenerbahçe, 305, 306, 313

fiel depositário *ver escrow*, serviço de

Finlândia, 227, 283

folha de pagamento, esquemas de, 236

Força Aérea Chinesa, 240

Força Aérea dos Estados Unidos, 144, 245

Força de Defesa israelense, 242

Forgotten Realms, 299

Fórum dos Carders, 82

Fox (Turquia), 296, 303, 304, 307, 308

França, 152, 157, 184, 196, 198, 210, 212, 215, 239, 252, 308, 310, 367

fraude de hipotecas *ver* hipotecas, fraude de

fraude dos cliques *ver* cliques, fraude dos

Freddybb *ver* Taiwo, Adewale, vulgo Fred Brown ou Freddybb

Frizzell, Spencer, 195, 196, 207, 208, 209, 278, 279

FSB, 19, 229

384

FWCC (First Worldwide Carders Conference) *ver* Primeira Conferência Mundial de Carders

fXp (File Exchange Protocol — protocolo para transferência de arquivo), 114, 119, 120

Galatasaray, 305

Gates, Bill, 115

Gates, Robert, 240

gênero, 358

globês, 273

Goldman Sachs, banco, 258

Golubov, Dimitry, vulgo Script, 67, 70, 73-6, 78, 80-9, 95-9, 102, 104, 138, 342-3, 362-4

Gonzales, Slbert, vulgo CumbaJohnny, 136

Google, 15, 16, 20, 21, 22, 23, 128, 133, 223, 287

Göppingen, 332

Göztepe, estação de, Istambul, 313

Grã-Bretanha/Reino Unido, 13, 18, 37, 38, 40, 45, 50, 54, 72, 184, 198, 218, 230, 231, 336, 361; cibercriminosos individuais com base na *ver* Subramaniam Renunkanth (Renu), vulgo JiLsi; Taiwo, Adewale, vulgo Fred Brown ou Freddybb

Grand Theft Auto, 138

Grendel, 180, 257, 296, 304, 311

Grifters, The (thegrifters.net), 168, 301

Grimley Smith Associates (GSA), 40-3, 45, 49

Grimsby, 361

Grishko, 100

GSA *ver* Grimley Smith Associares

Guerra Fria, 263, 281

guerreiros cibernéticos, 238

Guissani, Bruno, 19

Gülen, Fethullah, 260

Habbo Hotel, 356

Haber, 260, 262, 266, 283, 284, 303, 312, 315, 320

Hacker Magazine, 52

Hacker Profiling Unit, 358

hackers: banco de dados de, 19; criminosos atípicos, 137; em relação a cibersegurança, 243, 244, 356, 357, 360; habilidades, 254; tipo de personalidade, 357, 358; *ver também indivíduos específicos*

Hakim B. *ver* B., Hakim, vulgo Lord Kaisersose

Hamburgo, 176, 235

Handy Bits EasyCrypto, 97

Hansabank, 226, 227, 228

Hartmann, Detlef, vulgo Matrix001, 104, 113, 155-6, 163, 170, 181, 186, 198-9, 201, 202, 216, 255, 297, 327-8, 330-1, 333, 335, 337-8, 357, 365-6

Hayes, Billy, 348

Heathrow, Aeroporto de, 31, 32, 217

Hebeurt, Dr. H. M., 132

Hersh, Seymour, 241

Hilbert, E. J., 134

hipotecas, fraude de, 217, 218, 365

Hoover, Lucy, 311, 312, 313, 314, 350

Hotel Castelli, Nicósia, 95

Hull, 50, 361, 362; Tribunal de Hull, 360

Hushmail (hushmail.com), 198, 199, 200, 202, 327, 328, 330

IAACA (International Association for

the Advancement of Criminal Activity), 134, 155, 162
Iceburg, 323
Iceman *ver* Vision, Max vulgo Iceman
ICQ, 53, 78, 157, 170, 183, 187
império dos produtores de software comercial, 116
Império Otomano, 281
Índia, 31, 32, 34, 35, 38, 108, 125, 126, 258
informantes confidenciais (CIS), 18
"infraestrutura nacional crítica" (critical national infrastructure – CNI), 11
Inglaterra, 31-2, 35, 52, 126, 196, 202, 214-5, 218, 245, 252, 255, 272, 353; *ver também* Grã-Bretanha/Reino Unido
Innovative Marketing (IM), 234, 235
Instituto Sênior de Ciências da Tecnologia, 291
Internet Relay Chat *ver* irc
Interpol, 95, 96, 322, 345
IP (internet protocol — protocolo da internet), endereço, 15, 16, 17, 135, 137, 169, 170, 183, 195, 257, 276, 301, 327, 328
Irã, 41, 148, 237, 238, 259
IRC (Internet Relay Chat), 53, 78, 127
Israel, 195, 242; Força de Defesa, 242
ISS, 14
Istambul, 162, 251, 253, 257-62, 266, 268, 275, 277, 280-3, 287, 290, 292, 305, 307-8, 312-3, 317, 319--20, 322, 340, 349, 368

Jackson, Douglas, 183
Jaffna, 108, 109
Jameson, Mick, 215, 216, 217

Japão, 72, 153
Java Bean, cibercafé (Londres), 155, 158, 159, 164, 165, 214, 215, 216
JCB, 77
JiLsi *ver* Subramaniam, Renukanth (Renu), vulgo JiLsi
Joehle, Nicholas, vulgo Dron, 191-6, 207-9, 211, 272, 278-80, 303, 335, 367
jogos de computador, 54, 113, 116, 122, 299
John, Reverendo Andrew Arun, 31-8, 51, 61
Jonson, Ben: *The Alchemist*, 355

Kadiköy, 282, 287, 305, 312
Kafka *ver* Andersson, Karin, vulgo Kafka
Kaisersose, Lord *ver* B. Hakim, vulgo Lord Kaisersose
Kalouche, 209
Kaminski, Paver, vulgo Master Splyntr, 156, 166
Karlsruhe, 332
Kelly, Grace, 152
Kemal Atatürk, 263, 291
kemalismo, 263, 264
KGB, 18, 19, 77, 78, 81, 101, 149, 161, 229, 232
Kharkov, 65, 255
Kier *ver* Ortaç, Mert, vulgo Kier ou SLayraCkEr
Kiev, 65, 99, 100, 101, 102, 104, 234, 362
Kolberg, Dirk, 235
Kovalchuk, Maksym, vulgo Blade, 93, 94, 95, 97, 102, 364
Krebs, Brian, 301, 370
Krushelnycky, Leonida, 369

386

Kuchma, Leonid, 94

Lagos, Universidade de, 52
Lansky, Meyer, 179
Lapper, Alison, 217
laptop, 96, 97, 145, 256, 295, 313, 314
Larsson, Stieg: *Os homens que não amavam as mulheres*, 75
Lastminute, 70
Laufen, Kai, 332, 333, 334, 335, 336, 337, 338
Leaning, Darryl, 41, 45, 49
leitoras de cartões, 278, 298
Letônia, 65, 93, 223
LGE (London Gold Exchange), 55
Lingel, Dietmar, 327, 328, 329, 331, 335, 338
Linux, 330
Livermore, laboratório, 144
Lobos Cinzentos, 345
Lompoc, Instituto Correcional Federal de, 367
London School of Economics, 231
Londres, 38, 52, 61, 71, 110-1, 113, 126, 149, 155, 165, 196, 200, 216, 218, 293, 330, 349, 365; Java Bean, cibercafé, 155, 158-9, 164-5, 214-6
Lord Cyric, 161, 168, 183, 186, 256, 275, 289, 297-304, 307, 311, 312, 321, 342, 350, 352
Lord Kaisersose *ver* B. Hakim, vulgo Lord Kaisersose
Lorents, Peeter, 239
Louie, Corey, 21, 22, 23
LTTE *ver* Tigres Tâmeis

Maksik *ver* Yastremsky, Maksym, vulgo Maksik
Malásia, 227

malévolo, software *ver* cavalos de troia; *malwares*; vírus; *worms*
Malta, 85, 95
Malware Destroyer, 235
malwares, 21, 57, 82, 131, 156, 159, 178, 233, 235, 237, 243, 244, 252, 376
Manchester, Universidade de, 55
Manning, Bradley, 237
Manningham, 34, 35, 36, 37, 38
Marselha, 209, 211, 212, 367
Martinica, 308
Massachusetts Institute of Technology *ver* MIT
Master Splyntr: apelido de Pavel Kaminski, 156; apelido usado por Mularski, 156, 160, 163, 166, 167, 182, 256, 275, 297, 303, 311, 322, 335, 337, 338, 351, 354
MasterCard, 68, 77
Matrix001 *ver* Hartmann, Detlef, vulgo Matrix 001
Maxx, T. J., 138
Mazafaka.ru, 149, 155, 187, 256
McAfee, 22, 234, 235
McHugh, John, vulgo Devilman, 274
McKinley, Presidente, 193
McKinnon, Gary, 360
Meinhof, Ulrike, 205
Mellon Institute of Industrial Research, 179
Menn, Joseph, 370
mensagem instantânea, serviços de, 46, 53
Messenger *ver* Windows Instant Messenger
MiCe!, 116, 117, 118
Microsoft, 20, 57, 115, 142, 184
Midnight Express ver *Expresso da meia-noite, O*

Milli İstihbarat Teskilati *ver* Agência Nacional de Inteligência (Turquia)

Ministério do Interior (Turquia), 255

Ministério do Interior (Ucrânia), 102

MIT – Massachusetts Institute of Technology (Instituto de Tecnologia de Massachusetts), 115, 179, 332; *Technology Review*, 332

MMORPG (Massively Multiple Online Role-Playing Games), 356

Mônaco, 152, 153

Monte Carlo, 153, 154

Montreal, 301

Moore, Lei de, 318

Mountain View, Califórnia, 20

MSR206, 56, 186, 187

Mueller, Robert, 176

Mularski, Keith, 24, 173, 174, 176-85, 199-201, 215-6, 252, 257, 266, 271, 277-8, 301, 320, 327-8, 330-1, 334-8, 343, 351-2, 354; operando sob o nome Master Splyntr, 156, 160, 163, 166-7, 182, 256, 275, 297, 303, 311, 322, 335, 337-8, 351, 354

"mulas de dinheiro", 236

Murdoch, Rupert, 296

Muro de Berlim, 91

músicas, downloads de, 122, 123, 127, 178

Mustafa, vulgo myd, 313

Mustafa, vulgo MYD, 312, 313

Mykonos, ilha de, 307

Nações Unidas, 358

Namíbia, 329

Napster, 122, 127

Naraine, Ryan, 370

NATO *ver* Otan

NatWest, 58

NCFTA (National Cyber-Forensics & Training Alliance), 169, 170, 171

Nevada, 241

New Yorker, The, 241

News International, 296

Nicósia, 95, 96, 97, 363

Nigéria, 52, 355, 361

Normington, Jeffrey, 145, 169

Noruega, 263

Nova Délhi, 108

Nova Jersey, 137, 238

Nova York, 132, 173, 300, 363

Nova Zelândia, 18, 50, 278

NSA — National Security Agency (Agência Nacional de Segurança — EUA), 17, 18, 239, 240

Null_Name, 96

Obama, Presidente, 240, 242; governo, 239, 241

Obrizan, Natasha, 100

Oceania, 77

OCLCTIC (Agência Central de Combate à Criminalidade Ligada às Tecnologias de Informação e Comunicação), 184, 185, 196, 211, 212

Odessa, 65-9, 73-4, 76-7, 79-81, 86, 89, 99, 102-4, 128, 211, 362-3

Odessa, Hotel, 76

Organização de Cooperação e Desenvolvimento Econômico, 153

Oriente Médio, 153; *ver também países específicos*

Ortaç, Mert, vulgo Kier ou SLayraCkEr, 260-2, 266, 268, 283-4, 287, 290, 296, 302, 305, 307, 315-6, 336, 341-2, 350-1

Otan, 100, 101, 102, 224, 225, 239, 263, 295

Özkaya, Sadun, vulgo Cryptos ou PilotM, 260, 296, 302, 341

Öztan, Hakan, 313, 319

Pacman, 67

Paget, François, 234

Palk, Estreito de, 108

Paquistão, 36, 240

Parâmetros de Monitoramento (EUA), 134

Paris, 184, 196, 199, 200, 209, 211, 308

Parker, Alan, 347, 348

Parlamento europeu, 231

Partido da Internet da Ucrânia, 362

Partido/Frente Revolucionário Popular de Libertação *ver* DHKP/C

"pastor de mulas", 354

PDF, leitor de, 142

Pembrooke Associates, 169, 170, 180, 186

Pentágono, 143, 175, 230, 240, 242, 360

phishing, 131, 132, 233, 237, 376

PilotM *ver* Özkaya, Sadun, vulgo Cryptos ou PilotM

PIN *pads*, 279, 280, 283, 321

Pistone, Joe, 173

Pittsburgh, 169-170, 176-7, 179, 183, 199, 251, 260, 266, 277, 301, 330, 335, 366

Pokémon, 114

Police Dog, 81

Polícia da Cidade de Londres, 38

Polícia Federal (Alemanha), 184, 200

Polícia Metropolitana (Reino Unido), 38

Popov, Boris Borisovich, 99, 100, 102, 103, 104

pornografia, 114, 147, 156, 164, 178, 233, 362, 363

Portsmouth, 214

Portugal, 13

Poulsen, Kevin, 336, 337, 369, 370

Poyiadjis, Modesto, 95, 96

Praga, 161

Priisalu, Jaan, 226, 227

Primeira Conferência Mundial de Carders, 65, 74, 76, 86

Procuradoria dos Estados Unidos, 91

promotoria, 331, 334, 341, 363, 365, 366

propaganda *ver* anúncios/propaganda

provedores de acesso à internet, 147, 156, 169, 185, 186, 229, 231, 232, 234, 327

proxy, servidores, 17, 295, 376

pump-and-dump, esquemas de, 235

Putin, Vladimir, 239

PVV, 175

rádio amador, 84

Rainier, Príncipe de Mônaco, 152

Rapla, 222

raskat, 103, 104

Rayden, 76

RBN (Russian Business Network), 232, 233, 234

RCMP (Royal Canadian Mounted Police), 301

Real Polícia Montada do Canadá *ver* RCMP

RealTek, 244

Recka, 152, 162, 183, 209

RedBrigade, 129, 130, 131, 132, 133, 134, 135, 136, 300, 344

Rede Virtual Privada *ver* VPN

Reino Unido *ver* Grã-Bretanha

Revolução Laranja, 100, 101, 102
rippers, 83, 146, 164, 183, 262, 376
River Raid, 254
Robinson, Juiz Graham, 361
Romênia, 278
Rússia, 18, 78, 86, 91, 94, 100-2, 135, 149, 161, 225, 228-30, 232, 256, 258-9, 282

Safemail, 53, 60, 195
Sahin, 303, 305-6, 313-5, 341-2, 346, 368
San Francisco, Califórnia, 22, 92, 95, 97, 142, 169, 266, 336
San Jose, Califórnia, 91
San Rafael, Califórnia, 89
Sanem (namorada de Mert Ortaç), 304, 306, 307, 308
Santa Clara, Califórnia, 141, 144
São Petersburgo, 65, 232, 234
SBU (polícia secreta ucraniana), 77
scareware, 234, 235
Scene, The, 112, 113, 117, 127
Schneier, Bruce, 370
Script *ver* Golubov, Dimitry, vulgo Script
Scunthorpe, 32, 33, 38, 40, 48, 61, 62, 89, 162
Second Life, 356
security fix, 142
securocratas, 13; *ver também* guerreiros cibernéticos
Semyonov, Julian, 161
Sen, Bilal, 251, 265, 317, 321, 343, 350
senhas, 13, 48, 54, 56, 78, 86, 119, 132, 138, 149, 154, 214, 279, 294, 304, 327, 328
Sérvia, 101
Serviço Americano de Inspeção Postal *ver* USPIS

Serviço Secreto dos Estados Unidos, 19, 21-3, 81, 92, 136-8, 146-7, 161, 174-5, 185, 193-200, 207, 209, 212, 214-6, 242, 245, 256, 278, 327, 328, 335, 337, 353, 364
servidores, 20, 119, 169; comando e controle, 49, 150; *proxy*, 17, 295
Shadowcrew, 134-8, 146, 147, 149, 162, 175, 183, 191-4, 200, 210, 300, 338, 353, 364, 369
shells, 180
Shtirlitz, 155, 160, 161, 183, 186, 256, 257, 275, 297, 311
Siemens PLC, 244
silo (siloadmin), 170, 171
Sim, 344
sindicatos do crime organizado, 91
sistema de verificação de endereço, 135
skimmers, 68-9, 154, 162, 191, 192, 208, 257, 272-8, 283, 306, 319, 321, 342, 376
Skype, 45, 224
SLayraCkEr *ver* Ortaç, Mert, vulgo Kier ou SLayraCkEr
Smith, Mike, 48
SOCA (Serious Organised Crime Agency), 38, 61-2, 184, 196, 199-200, 215, 217, 234, 337, 343
Sockaddr, 214
Sófia, 58
SORM-2, 228-30
Soulfly *ver* Artamonow, Michel, vulgo Soulfly
Sözdener, Apartamentos, Istambul, 313, 314
spam, 78-9, 86, 131-2, 150, 156, 160, 210-1, 226, 232-4, 303, 355
Spamhaus, 156, 233
Splyntr, Master *ver* Master Splyntr

Sri Lanka, 107-11, 128, 154
Stammheim, presídio de, 205, 206, 366
Stirlitz, Max Otto von (personagem fictício), 161
Street Fighter, 111
Stuttgart, 200, 205, 328-31, 333, 335, 338-9, 365
Stuxnet, 237, 238, 240, 241, 244
Suadiye: Apartamentos Sözdener, 313, 314
Subramaniam, Renukanth (Renu), vulgo JiLsi, 108-14, 125-8, 158-9, 164-6, 213-8, 365; sob o apelido JiLsi, 104, 128, 138, 154-60, 163-6, 182, 185-7, 196, 200, 209, 213-7, 252, 255, 257, 275, 284, 297, 328, 337, 351
Suécia, 15, 152, 162, 183, 209, 227
Suíça, 55
Sükrü Saracoglu, Estádio, 305
Sun Microsystems, 22
Süper Lig, 292, 305
Suprema Corte (EUA), 230, 364
Susurluk, 345

T. J. Maxx, 138
Taft Correctional Institution, 144
Tailândia, 97, 256, 364
Taiwo, Adewale, vulgo Fred Brown ou Freddybb, 52-62, 162, 344, 353-4, 360-2
Taiwo, Adewale, vulgo Fred Brown ou Freddybb ver Taiwo, Adewale, vulgo Fred Brown ou Freddybb
TalkCash, 148
Tallinn, 221-40
Tamil Nadu, 125
taxa de Adiantamento, fraude da (golpe 419), 355

Tekirdag, penitenciária de, 347-9, 368
Tel Aviv, 53
Ternopil, 65, 93
Tesouro (EUA), 22, 134
Tetris, 67
Theeeel, 209, 210, 211, 215
Theftservices.com, 134
Thegrifters.net, 134
TIA (Total Information Awareness — Conhecimento Total da Informação)
Tigres Tâmeis (LTTE), 108, 109
Titã, chuva sobre, 175
Toshiba, 293, 294
Trafalgar Square, 217
trojans ver cavalos de troia
Turim, 358
Turquia, 154, 157, 245, 252, 254-60, 263-5, 268, 277-8, 282, 290-1, 294, 296, 303, 307, 309, 311-2, 318, 340-1, 344-6, 348, 353, 363; criminosos com base na ver Cha0; Evyapan, Çagatay; Mustafa, vulgo MYD Ortaç, Mert, vulgo Kier ou SlayraCkEr; Özkaya, Sadun, vulgo Cryptos ou PilotM
Tuzla, 317, 321
Tymoshenko, Yulia, 101, 102

Ucrânia, 50, 65, 67-8, 76, 78, 87, 89, 91, 93-4, 97, 99-102, 104, 128, 149, 234, 255, 282, 353, 362, 364; cibercriminosos individuais com base na ver Golubov, Dimitry, vulgo Scrypt; Kovalchuk, Maksym, vulgo Blade; Yastremsky, Maksym, vulgo Maksik
Ülusoy, Bilge, vulgo Fake, 330, 338
União Europeia, 100, 101, 102, 264, 346

União Soviética, 68, 84, 86, 91, 135, 225, 263, 282
Unidade de Alta Tecnologia de Londres, 61
Unidade de Crime Cibernético (Turquia), 253, 259
Unidade de Determinação de Perfis de Hacker *ver* Hacker Profiling Unit
USCYBERCOMMAND, 240
USPIS (United States Postal Inspection Service— Serviço Americano de Inspeção Postal), 92, 96, 102

Vachon, 244
Vale do Silício, 21, 22, 90, 135, 145, 223
Valor de Verificação de pin (PVV – Pin Verification Value) *ver* PVV
Vancouver, 195
Vega, Roman, vulgo Boa, 76, 77, 80, 83-6, 95-7, 104, 160, 362-4
Verizon, 236
vermer *ver worms*
vírus, 13, 42-4, 56-8, 78, 82, 142, 144, 150-1, 156, 159, 178, 233, 235, 237, 244, 252, 343, 356; *ver também* cavalos de troia; *malwares*; *worms*
Visa, 58, 68, 77, 95
Vision, Max, vulgo Iceman, 141-50, 155, 163, 165, 167-72, 176, 181-2, 185-7, 200-1, 236, 256, 300, 358, 366
VNC (Virtual Network Computing), 44-7
Vouched, The, 154, 187
VPN (Virtual Private Network), 16, 17, 136, 180, 183, 193, 376
vulnerabilidades, 43, 142, 143, 165, 224, 241, 245

warez, 111
Warhola, Andrij e Julia, 177
Washington Mutual (WaMu), 129, 130, 132
Washington Post, The, 301
Washington, DC, 16, 92, 149, 178, 226, 239, 240
Wembley Park, 216, 218
Wembley, Estádio de, 158, 159
Western Union, 50, 55
Westminster, Universidade, 111, 125
Whitehats.com, 142
Wiesbaden, 200, 330
WikiLeaks, 226, 237, 350, 357
Windhoek, 329
Windows, 142
Windows Instant Messenger, 46
Wired, revista, 266, 321, 323, 336, 337
Wolf, Gert, 329
World of Warcraft, 356
worms, 43, 57, 244
Wormwood Scrubs, 365
WWF Smackdown 2: Know Your Role, 114

Xaker.ru (revista Hacker), 78, 86
X-Force, 14
Xhora, 96

Yahoo!, 22, 49, 52, 53, 60
Yarris, Yastremsky, Maksym, vulgo Maksik, 93, 97, 102, 154, 212, 255--6, 320, 344, 353, 363
Yushchenko, Viktor, 101, 102

zip, arquivos, 171-2
zumbis, 150, 151, 226
Zittrain, Jonathan, 370

ESTA OBRA FOI COMPOSTA PELO GRUPO DE CRIAÇÃO EM MINION E
IMPRESSA PELA RR DONNELLEY EM OFSETE SOBRE PAPEL PÓLEN SOFT
DA SUZANO PAPEL E CELULOSE PARA A EDITORA SCHWARCZ
EM NOVEMBRO DE 2011